MANY MANSIONS

지나 서미나라 지음
강태헌 옮김

윤회

행복한 삶을 위한 마음공부

피피에

윤회의 진실

청전 스님

흔히 한국 땅에선 불자라 해도 자기 삶, 생의 윤회 문제를 반신 반의하기 십상이다. 오늘과 내일은 쉽게 긍정하며 알아차리는데 왜 확실한 지난 '어제'에 대해서는 믿지 않으려 할까? 바로 지금 이 생 은 지난 생(전생)의 연속이며, 또한 연속될 미래 생(내생)을 준비하는 생이기도 하다. 그래서 항상 지금 바로 이 생이 중요한 것이다. 전생 은 이 생의 참고가 될 기존의 틀인 것이다. 또한 내생도 이 생의 틀 을 기준으로 이어질 삶이기에 항상 '지금 여기'가 가장 소중한 삶 으로 대두되는 것이다.

이 실제 상황을 증명하면서 삶을 영위하는 것이 티베트 불교의 환생제도이다. 현재 78세인 달라이 라마 존자님은 전대 제13대 달 라이 라마(1876~1933)의 후신으로 14대 달라이 라마(1935~현재)의 자리를 지켜나간다. 또 중국에서 2000년 1월에 탈출한 지금 28세의 카르마파 스님은 제16대 카르마파(1923~1981)의 후신으로 17대 카르마파(1985~현재)의 자리를 지켜나간다. 티베트 불교의 한 가지 특징이 바로 이 환생제도인데, 수행을 이어가고 또 법을 지켜가는 데에 그 뜻을 두고 있다. 역사적으로 현 카르마파 스님부터 시작되는데 초대 두숨 켄파(1110~1193) 스님이 다음 카르마 팍시(1204~1283) 스님으로 환생하면서 이 제도가 티베트 불교에 자리를 잡게 된다. 하나같이 원력수생(願力受生)이라는 큰 뜻을 가지고 이 생에 더 나은 수행과 나아가 법을 지키고 바로 펴나가는 데 목적이 있다.

이 윤회의 진실이 어찌 티베트 불교에 한하겠는가. 남방의 전통 불교나 대승 차원의 모든 불교도들은 이 윤회 사상을 몸소 실천하면서 불자로서의 이 현생을 이뤄가는 것이다. 우리 우주에서 생명 가진 모든 것은, 하찮은 벌레 초목까지도 나고 죽으면서 생을 반복한다. 즉 윤회를 거듭하는 것이다. 그리고 부처님께서는 바로 이 윤회는 고(苦)와 무상(無常)을 뿌리로 한다고 누누이 강조하시며 바른 수행 정진으로 윤회를 넘어설 때 궁극적인 평화, 즉 열반에 든다는 것을 몸소 실천해 보이셨다.

내가 살고 있는 이곳 인도 땅에는 세상 모든 형태의 종교가 존재한다. 그 속에서 힌두교도, 자이나교도, 시크교도, 불교도 할 것 없이 윤회를 삶의 축으로 하기에 상호간의 존중과 배려로 상생 공존하는 아름다운 사회를 만들어간다. 첫째로 윤회 속에서 생명 있는 것들에 대한 경외심으로 살생하지 않음을 최고의 덕목으로 삼기에 남의 생을 배려할 줄 아는 것이다. 사실 인류 역사에서 모든 전쟁과 살육이 종교의 이름으로 자행되어 왔음은 누구나 교과서적인 사실로 받아들인다. 불교를 떠나서라도 온 인류가 남을 배려하고 상생 공존하려면 이런 윤회의 진리를 바탕으로 더 이상 남을 죽이는 일이 벌어져서는 안 된다. 윤회를 깨달을 때는 언제나 자기 책임이 따르는 것이다. 또 남을 배려하는 것이 결국은 남이 아닌 바로 자기 자신에게 베푸는 선행이다. 다시 한 번 이 우주적인 진리, 윤회의 실상을 바로 알아차리며 각자의 소중한 삶을 아름답게 창조하는 나날이 되어야겠다.

히말라야 설산 아래에서
해동 비구 청전 합장

더욱 충만한 삶을 위해

휴 린 케이시

지나 서미나라 박사가 쓴 이 책 『윤회Many Mansions』는 1950년에 발행된 이후 100만 부 이상 판매되고 있는, 윤회와 카르마에 관한 최고의 책이다. 물론 에드가 케이시의 아들로서 가진 편견일지도 모르겠지만 이 책의 근거인 2,500여 회의 케이시 리딩과 함께 서미나라 박사의 설명은 아주 극적이고 포괄적인 내용이라고 생각한다.

1901년 이후 케이시는 그의 투시력으로 의학적인 진단을 시작하였으며, 1923년 오하이오 주 데이턴에서 처음으로 리딩 도중 윤회에 관해 말한다. 한 남자가 몸이 아닌 호로스코프를 봐달라고 요청했는데, 케이시는 그런 부탁은 처음 받아보았다. 그는 최면 상태에서 무심코 더듬거리며 "태양계의 영향으로 받은 충동보다도 전생에 그가 가졌던 충동, 재주, 그리고 능력이 더 중요하다."라고 말했다. 그리고 그는 그 주제에 대하여 계속 말하면서 "그는 한때 승려였다."라고 하였다.

이 리딩은 나중에 케이시의 가족과 친지들이 '라이프 리딩'이라고 부르게 되는 단초가 된다. 케이시는 이런 리딩의 각각에서 현재에 가장 영향을 끼친 사항들을 분명하게 끄집어내면서, 전생에 관하여 자세히 말하게 된다. 그때 그는 이름, 날짜, 장소, 그리고 재주와 약점, 능력 등에 관한 특징적이고 본능적인 충동을 언급하였다. 때로는 깊은 무의식 단계에서 전생에서 끌어올린 기억의 결과로 인한 육체적·정신적 문제점을 말하기도 했다고 한다.

이런 리딩들을 분석하기 시작한 서미나라 박사는 버지니아 비치에 2년 동안 머무르면서 정통 심리학의 관점에서 연구를 진행했다. 서미나라 박사는 리딩을 받은 많은 사람들과의 인터뷰를 통해서 사례를 분석한 기록뿐만 아니라, 업(業)의 기억에서 명백하게 특이한 능력이나 어려운 문제를 해결하려고 애쓰면서 살아가는 사람들의 다양한 이야기를 실음으로써 책에 생동감을 불어넣었다.

초심리학 연구사상 가장 자세히 기록되고 널리 알려진 『윤회』는 케이시 이야기로 시작된다. 서미나라 박사는 인류 역사상 가장 오래된 믿음이면서 대다수 사람들에게 종교적인 개념보다 더 널리 인식되고 있는 '윤회'와 '카르마'라는 동반 주제에 접근하면서 심층심리학 측면에서 자료를 분석하고 있다. 잘 알려진 정신적 문제들에 대한 분명한 설명을 가능케 한 그녀의 분석적 인식과 이 두 개념의 분석 덕분에 주제는 원시 사람들과 무지한 이들의 맹목적인 종교적 믿음에서 진지하고 분석적인 연구로 방향이 바뀌게 된다.

케이스 리딩에서는 환경이나 유전 속에서 원인을 찾을 수 없었던 많은 종류의 문제점들을 다루고 있다. 이 책에서 많은 독자들이 가장 흥미를 갖는 부분은 '카르마와 건강의 함수관계', '부모 자식의 카르마', '결혼과 여성의 운명', 그리고 '직업 능력의 카르마' 등일 것이다. 독자들은 이런 내용에서 자기 자신을 쉽게 발견할 것이고, 이런 여러 가지 명확한 분석을 통해 자신의 인생을 더 풍요롭고 충만하게 하는 데 많은 도움이 될 수 있는 거울을 갖게 될 것이다.

의학요법 수단으로 최면을 채택하고, 전생의 여러 기억을 밝히면서 더욱더 깊은 기억의 영역을 넓혀가고 있다. 많은 환각제 덕분에 명백하게 장애물이 사라졌고, 의식이 있는 인식의 범위를 초월하여 여러 기억이 드러났다. 정신 의학자이며 초자연 현상에 관한 조사전문가인 이안 스티븐슨은 전생의 의식이 있는 기억에 관한 600가지 이상의 사례를 연구한 작품으로 유명하다. 그의 『윤회·환생의 실례 20 The Twenty Suggestive Cases of Reincarnation』은 아주 진지한 생각을 하게 하는 전문적인 에세이다.

『윤회』에서 도전적으로 다루고 있는 윤회와 카르마라는 주제의 찬반에 대한 모든 증거는 여전히 완벽하지 않지만, 서미나라 박사는 주류를 이루었던 하나의 아이디어만큼 강력한 것은 없음을 시사하고 있다. 이 책은 쉽고 간결하게 이런 아이디어에 대한 풀이를 시도하였다. 독자들은 스스로 쉽게 흥분되기도 하고, 실제로 있을 법한 충격적인 경험을 하게 될 것이다.

삶의 자극제, 윤회

지나 서미나라

힌두교도나 불교도에게 윤회 사상은 전혀 새로운 것이 아니다. 사실 그것은 고대의 종교가 남겨준 유산 가운데서도 아주 중요한 것이다. 그러나 힌두교나 불교의 지역에서조차 지식인이라는 사람들 가운데 많은 이들이 윤회 사상을 케케묵은 종교적 미신으로 오해하고 있다.

이것은 별로 놀라운 일이 아니다. 왜냐하면 현대 교육 중에서도 이른바 과학은 옛 신앙에 대해 사람들이 회의를 품게 만드는 경향이 있기 때문이다. 이것도 나쁜 일은 아니다. 온갖 종교적 유산 중에는 오랜 세월동안 신앙으로 지속되어 오고 있기는 하지만 이미 뒤틀린 미신이 되어버려 그 신빙성이나 세력을 잃은 것이 너무나 많기 때문이다.

그러나 가짜가 범람하는 현대의 사고(思考)에 비해 윤회의 이론에는 오히려 미신적 요소가 적다고 할 수 있을 것이다. 사실 이 이론을 지지하는 증거가 최근에는 점차 늘어가고 있다. 그 실례 가운데 첫째로 들 수 있는 것이 미국의 위대한 영능자(靈能者) 에드가 케이시의 업적이고, 둘째로는 많은 최면술 연구가들에 의한 연령 퇴행(年齡退行, Prenatal Regression) 실험이며, 셋째로는 자신의 전생을 기억하고 있고 더구나 그 세밀한 점들까지 실증할 수가 있는 아이들이 속출하고 있어 그 내용을 철저히 연구하고 있다는 사실이다.

버지니아 대학의 정신 의학자인 이안 스티븐슨 박사는 전생의 기억에 관한 선구자적인 연구를 계속해 오고 있으며, 그 연구 결과를 간추려서 매우 가치 있는 책을 내놓았다. 그것은 『윤회·환생의 실례 20』이라는 책이다.

우리는 앞으로 의식의 본질이라는 분야에서 더욱 많은 새로운 발견들이 나오리라 예측할 수 있다. 즉, 의식을 확대하기 위해 어떤 화학 약품을 쓴다든가 전자 공학적 기법을 응용한다든가 하는 일이 이제부터 더 많아지고 놀라운 시야가 열릴 테니, 그런 새로운 발견 속에서 '윤회·환생은 자연의 법칙'임을 증명하는 증거가 틀림없이 계속 나올 것이다.

힌두교도나 불교도로서 그런 신앙에 젖은 사람들도 그 옛날부터의 전설을 새로운 눈으로 다시 보아야 할 필요가 있을 것이다. 동시에, 현대 생활과는 관계가 없어지고 시대에 맞지 않는 요소는 버려야겠다는 생각도 하게 될 것이다. 아울러 윤회·환생의 문제가 우리에게 큰 가치가 있고 밀접한 관계가 있으며, 또한 매우 흥미롭고도 중요하다는 것을 새삼 이해하게 될 것이다.

그리스도교에서는 윤회나 환생을 말하지 않지만 미국에서는 이에 대한 관심이 차츰 높아지고 있다. 〈패튼 장군의 생애〉는 제2차 세계 대전에서 활약한 장군의 일생을 그린 할리우드 영화인데, 이 영화는 패튼 장군이 윤회와 환생을 믿었고 자신이 많은 과거생 가운데 한 번은 로마 병사였다고 확신하고 있었음을 밝히고 있다. 영화화되기도 했던 브로드웨이의 장기 히트 뮤지컬인 〈맑은 날에는 영원(永遠)이 보인다〉는 윤회와 환생을 다룬 내용이다. 등장인물 하나가 그리스의 선박 왕인데, 그는 윤회를 믿고 있어 자신의 전 재산을 내생을 위해 남겨두려고 결심한다는 이야기다. 또 미국에서는 '리인카네이션(Reincarnation, 還生)'이라는 미용 크림이 잘 팔리고 있는데 그것은 혈액 순환을 촉진시키고 피부를 재생시킨다고 한다.

나의 이 책이 부디 독자들의 심리학적·철학적 식견을 새롭게 가꾸는 데 도움이 되고, 나아가 생명·의식 및 인간의 운명에 관한 모든 중요한 면들을 보다 드높이는 데 작은 자극제가 되기를 기원한다.

차례

케이시 병원 전경.

제1장

위대한 가능성

"인간이란 태어나 괴로워하다가 죽는 것."

유명한 작가 아나톨 프랑스는 그의 작품에서 한 현자(賢者)의 입을 통해 인류의 역사를 이렇게 요약했다.

인간의 고뇌에 관한 또 한 가지, 더 오래되고 깊은 뜻이 담긴 이야기가 전해져 오고 있다. 그것은 젊은 태자 싯다르타, 후에 붓다, 곧 깨달은 이로 일컬어진 사람에 관한 이야기이다. 싯다르타의 아버지 정반왕(淨飯王)은 아들이 세상의 나쁜 것을 모르고 자라도록 지켜주어야 한다는 신념을 갖고 있었다. 그리하여 태자는 바깥 세상의 괴로움과는 동떨어진 채 온갖 호사에 묻혀 살면서 청년이 되었고, 궁전에서 한 발짝도 밖에 나가 보지 못하고 아름다운 태자비를 맞이했다. 그러나 첫아들이 태어나고부터는 가족과 더불어 세상에 다시없는 행복한 나날을 보내면서도 이상하게 궁전 밖의 세계에 마음이 끌려 어느 날 경비병의 눈을 속이고 혼잡한 거리로 나섰던 것이다.

그 숙명적인 나들이 길에서 그는 충격적인 세 가지 광경을 목격했다. 늙은 사람, 병든 사람, 죽은 사람의 모습을 본 것이다. 크게 충격을 받은 태자는 수행하던 시종에게 그 무서운 모습들의 뜻을 물었다. 그리하여 그는 그런 괴로움이 특별한 것이 아니라 모든 인간에게 공통되는 운명임을 알았다. 그는 이 광경을 목격한 후 다시는 평안하고 쾌락에 넘치는 생활로 돌아갈 수가 없었다. 마침내 태자는 일체의 세속적인 재보(財寶)를 버리고 그 괴로움에서 인류를 건질 수 있는 지혜를 얻는 길에 나섰으며 오랜 수행 끝에 드디어 깨달음을 얻었다. 새로이 눈뜬 '불성(佛性)'이 시키는 대로 그는 만나는 사람 모두에게 해탈(解脫)의 길을 설했다.

우리들은 붓다처럼 삶의 불가사의를 풀기 위해 애정·권력·부·쾌락·가족의 따뜻한 유대를 끊어버리지는 못한다. 그러나 그런 우리도 누구나가 이 어려운 문제, 곧 '인간은 왜 괴로운가', '인간은 괴로움에서 벗어나기 위해 무엇을 할 수 있는가'를 생각할 수는 있으며, 끝내는 그것을 생각하지 않을 수 없게 된다.

이상향을 꿈꾸는 사람들은 붓다에게 뜻밖의 큰 충격을 준 인간의 괴로움 가운데 두 가지, 곧 늙음과 병이 이 세상에서 추방되는 날을 마음에 그려 왔다. 그러나 현대 과학의 진보가 아무리 눈부시다 해도 과학의 힘으로 모든 생명체의 궁극적인 '죽음'을 없앨 가능성은 전혀 보이지 않는다. 때문에, 보다 건전한 세계의 운영 조직과 방법이 세워져 모든 사람에게 안전과 건강과 평화와 아름다움과 젊음이 보장되기까지 우리는 끝없는 불안과 위험 그리고 행복과 마음의 평화에 대한 온갖 위협 속에서 살아가야만 한다. 화재와 홍수, 전염병이나 지진, 질병과 재해, 전쟁과 괴멸의 위험, 이것들은 외적인 위협의 일부일 뿐이다. 오히려 인간 스스로의 마음속에는 자기 자신과 주변의 남들이 고통을 겪게 되는 원인인 무수한 결점과 불완전함, 곧 이기주의·어리석음·질투·악의·탐욕이 들끓고 있는 것이다.

이따금 좋은 음악을 듣거나 떠오르는 아침 해를 바라보며 그 아름다움에 젖어 황홀감을 맛볼 때는 이 우주의 밑바닥에는 기쁨과 뚜렷한 목적이 틀림없이 있을 것이라고 느낀다. 그러나 다시 무자비하고 압도적인 환멸에 가득 찬 인생의 냉혹한 현실로 돌아갈 때, 적어도 어느 정도의 지각과 감정과 이성적인 호기심이 있는 사람이라면, 그저 '산다'는 분명하고도 단순한 사실을 느끼는 것 외에 아무리 생각해 보아도 어떤 특별한 뜻이나 목적은 찾아낼 수가 없는 것 같다. 그리하여 끝내는 '삶의 속내는 무엇이며 목적은 무엇인가'라는 궁극적인 물음을 던지지 않을 수 없는 것이다.

'나'란 대체 누구인가? 나는 왜 여기에 있는가? 나는 어디로 가고 있는가? 왜 나는 괴로운가? 나와 남들과의 근본적인 관계는 무엇인가? 우리 인간의 안팎에서 작용하고 있는 온갖 거대한 힘과 우리들과의 상호 관계는 무엇인가? 결국 인간은 방황을 면치 못하게 된다.

이런 문제는 인류가 태곳적부터 품어온 근본적인 의문이다. 여기에 대한 해답이 얻어지지 않는다면, 고통을 줄여주는 일시적인 수단은 물리적인 것이든 심리적인 것이든 모두가 결국은 무의미하게 될 것이며, 괴로움의 '존재 이유'가 해명되지 않는 한 아무것도 궁극적으로 해명되지 못한다. 아주 하찮고 조그만 생물 하나의 괴로움이 해명되지 않는 한, 문제 전체를 해명할 수 없으며 따라서 인생에 대한 철학적 파악도 불완전하다 할 수밖에 없다.

가장 원시적인 민족까지도 아득한 옛날부터 이런 궁극적인 의문을 품어 왔다. 그들은 광막한 하늘을 우러러보고는 인간의 괴로움이나 슬픔은 겉으로 드러난 것처럼 하찮은 것이 아님을 느껴 왔다. 인간과 별 사이에 엄청난 우주적 관계를 느끼면서 그 모양을 상상해 보고 더듬어 보아 왔다. 또는 숲 속에 여러 정령(精靈)이 있음을 직감함으로써 인간을 비롯한 일체의 생명에는 얼이 있고 넋이 있으며, 인간의 영혼은 잠시 이 지상에 살며 괴로워하다가, 죽으면 보다 행복하고 평화로운 곳으로 간다고도 생각했다. 한편으로는, 자기 자신의 내부에 선악을 가리는 그 무엇이 있음을 깨닫고, 우주의 양심에는 보다 큰 선악이 있으며 어딘가에 상과 벌을 주는 굉장한 곳이 있을 것이라고도 생각했다.

이런 신앙에 대한 설명은 비교적 유치한 것도 있지만 상당히 세련되고 합리적인 것도 있으며, 그 수가 정말 많고 많다. 오늘날에도 많은 사람들이 그 중의 어떤 설명이 참이라는 가정 아래 고난에

씩씩하게 맞서면서 인생을 살아가고 있는 것이다. 어떤 사람은 마호메트의 권위를 믿고 살고 있는가 하면, 어떤 사람은 붓다를, 또는 모세나 예수, 크리슈나를 믿는다. 또한 삶이란 설명이 불가능한 것이라고 믿고, 나아가 그런 의문을 갖는 것조차 무시하고 그저 찰나의 쾌락만을 좇고 있는 사람도 적지 않다.

그리스도교 국가에서 나고 자란 사람은 삶과 그 괴로움에 대하여 나름대로 설명을 한다. 그리스도교도로서의 설명은 대개 이렇다.

인간은 영혼을 가지고 있으며, 영혼은 불멸이다. 괴로움이란 신이 주는 시련이며, 천국과 지옥은 우리를 기다리고 있는 상과 벌이다. 그 어느 쪽으로 가게 되는가는 이 세상에서 각자 고난에 어떻게 대처했느냐에 달려 있다.

이런 설명은 확실한 증거가 있는 것은 아니며, 다만 부모나 목사의 권위에 의해 가르쳐진 생각이다. 그렇게 가르친 사람들도 역시 자신의 부모나 목사에게서 배운 관념이다. 이렇게 더듬어 올라가면 끝내는 『성서』라는 한 권의 책과 예수라는 한 사나이에 닿게 된다.

극히 많은 사람들이 한결같이 권하고 주장하는 것처럼 성서는 주목할 만한 책이고, 예수가 인간인지 신인지는 차치하고 굉장히 비범한 인물이었음은 틀림없다. 그러나 르네상스 이후 서구인은 그것이 책이든 인간이든 권위로 지탱되고 전승된 신앙에 대해서는 차츰 회의를 품게 되었으며, 냉혹한 과학 실험실에서 증명되지 못하는 일체의 신앙에 대해 갈수록 회의가 깊어지고 있다.

프톨레마이오스는 태양이 지구 주위를 돈다고 했다. 그러나 코페르니쿠스가 발명한 장치는 지구가 태양의 주위를 돈다는 것을 증명했다. 아리스토텔레스는 무게가 다른 두 개의 물체를 높은 데서 떨어뜨리면 무거운 쪽이 먼저 땅에 닿는다고 했다. 그러나 갈릴레오는 피사의 사탑 꼭대기에서 간단한 실험을 해 보임으로써 부피가 같고 무게가 다른 두 개의 물체가 동시에 바닥에 닿는다는 것을 증명했다. 『성서』 속의 수많은 말들이 가장 분명한 상식적 관찰과 마찬가지로 지구는 납작하다는 것을 암시한다. 그러나 이런 상식적인 신념도 콜럼버스를 비롯한 15세기의 탐험가들이 서쪽으로 항해해 나가면 동쪽에 닿는다는 엄연한 사실을 보여줌으로써 간단히 무너져 내렸다.

이런 무수한 실험과 증명에 따라 인간은 차츰 예로부터의 권위에는 잘못이 있을 수 있다는 것을 이해하게 되었다. 이것이 이른바 과학 시대에 태어난 사람들의 태도이며, 여기서 현대인의 회의가 생겨난 것이다. 잇달아 나온 발견들이 여태까지 인간이 품어 온 편협한 세계관을 뒤흔들어 놓았다. 정령? 누구도 정령을 본 사람은 없다. 영혼? 누구도 영혼을 볼 수가 없다. 그것이 원형질(原形質) 속에 들어 있는 것인지, 또는 데카르트의 말처럼 송과선(松果腺) 속에 박혀 있는 것인지. 영혼의 불멸? 누가 저승에서 와서 말해 준 적이 있는가. 천국? 망원경으로는 천국에 대해 아무것도 증명하지 못한다. 우주는 거대한 기계, 인간은 원자의 우연한 배열과 그것의 자연의 진화로 이루어진 작은 기계, 괴로움은 생존 경쟁을 피할 길 없는 인간의 필연적 운명, 그밖에는 아무런 의미도 목적도 찾아볼 수 없다. 죽음은 육체의 화학적 분해이고 남는 건 아무것도 없다…… 등등.

이리하여 저 위대한 인물, 위대한 책, 위대한 교사의 권위는 밀려나고 우리 인간 자신의 오관(五官)의 권위가 대신 들어섰다. 분명히 과학은 현미경·망원경·X선·레이더 등을 통해 인간의 감각 영역을 확대해주었다. 또한 이성은 수학과 반복 가능한 실험 기술에 의한 관찰을 조직화했다. 그러나 원래 과학이나 이성의 증명은 인간의 오관에 의한 증명이고, 과학의 기초도 인간의 눈·귀·코·혀·촉각, 곧 오관으로 되어 있는 것이다.

그러나 우리들은 최근 몇십 년 사이에 스스로 알고 있는 것이나 또는 안다고 여기고 있는 것에 대하여 갈수록 회의가 나올 만큼 학문에 치우쳐 왔다. 우리가 이 당돌하고 오만한 오관으로 만들어낸 기구나 장치는, 얄궂게도 이 오관의 장치 그것이 있는 그대로의 세계를 우리에게 알려주기에는 불충분하고 불완전하다는 것을 증명한 것이다. 전파·방사능·원자력 등 현대인에게는 이미 상식이 되어버린 현상 몇 가지만을 예시해 보아도, 우리 인간이 눈에 보이지 않는 파동과 에너지의 진동에 묻혀 있으며, 극히 미세한 물질 입자 하나 속에도 상상을 넘어서는 거대한 힘이 들어 있다는 사실을 어쩔 수 없이 인식하도록 분명히 증명하고 있는 것이다.

우리는 이제 좀 더 겸허한 마음으로 눈이나 귀를 통해 이 세계를 바라보는 것은 단지 육체의 작은 세포의 구멍을 통해 바라보는 것과 같다는 것을 알게 되었다. 인간의 빛에 대한 감도(感度)는 실제로 존재하는 빛의 진동 전체의 극히 일부분만을 감지할 수 있음에 불과하며, 또한 소리에 대한 감도 역시 우주라는 거대한 악기의 음력(音力) 가운데 극히 일부의 소리를 감지할 수 있을 뿐이다. 장난감 가게에서 50센트만 주면 살 수 있는 개피리 소리를 개는 들을 수 있지만 사람의 귀에는 들리지 않는다. 왜냐하면 진동수가 인간의 최대한의 감도를 넘은 것이기 때문이다. 동물이나 새, 곤충 가운데에는 청각과 시각, 후각의 범위가 인간의 그것과 전혀 다른 것이 많이 있다. 따라서 그들의 세계에는 우리 인간이 지각하지 못하는 많은 것이 있다.

생각이 깊은 사람들은 만물의 영장인 인간이 실제적인 지각 능력에 있어 동물이나 새, 곤충, 심지어는 인간 자신이 발명한 정교한 기계에까지도 뒤진다는 이 기묘한 사실에 회의를 품기 시작하였으며, 이 눈에 보이지 않는 위대한 세계를 얼마간이라도 스스로 보게 될 수는 없을까 하고 궁리하기 시작했다. 예컨대, 빛이나 소리에 대한 감도를 조금이라도 키우도록 감각 기관을 훈련 내지 개선할 수 있다면 어떻게 될까? 그렇게 하면 여태까지 인간에게는 허락되지 않았던 많은 것을 지각할 수 있게 되지는 않을까? 또는 태어날 때부터 비교적 광범위한 감성을 지니고 있는 사람이 얼마간 있다고 상상해 보자. 그렇다면 그런 사람들이 보통 사람들은 보거나 들을 수 없는 것을 보고 듣는다 해도 당연하지 않겠는가. 그런 사람들은 라디오 수신기나 텔레비전 화면처럼 먼 곳의 것을 보고 들을 수 있지는 않을까? 여러 가지 기계나 도구를 써서 믿을 수 없을 만큼 거대한, 전에는 결코 볼 수 없었던 물질이라든가 에너지의 세계까지도 눈으로 볼 수 있게 된 오늘날, 이런 일을 생각할 수 있게 된 것이다. 길고 긴 불가사의한 인류를 돌이켜 보면 그렇게 확대된 지각의 기록이 역사 속에도 실제로 존재했던 것 같은 흔적을 발견할 수 있다. 전기(傳記) 작가에 따르면, 18세기의 위대한 수학자이자 과학자였던 스베덴보리는 만년에 초자연적 지각 능력을 인위적으로 발달시킬 수 있었다고 한다. 텔레비전과 같은 그의 지각 능력에 대해 철학자 칸트를 비롯한 많은 학자들이 그 진실성을 증명함으로써 그런 사실이 상세히 알려지게 된 것이다.

어느 날 저녁 6시, 예테보리 거리에서 친구들과 식사를 하고 있던 스베덴보리는 갑자기 흥분하면서 그곳에서 3백 마일 이상이나 떨어진 고향 스톡홀름의 거리에 큰 화재가 일어났다고 외쳤다. 그리고 잠시 후에 그는 자기 집 근처에까지 이미 불길이 번져 자신의 집도 위험해졌다고 안절부절 못했다. 그날 밤 8시에 스베덴보리는 약간 마음이 놓이는 듯 그의 세 번째 이웃집에서 불길이 가라앉았다고 소리쳤다. 이와 같은 스베덴보리의 말은 이틀 뒤에 실제의 화재 소식으로 상세한 점까지 일치한다는 것이 확인되었으며, 더구나 그 대화재는 그가 처음 그런 느낌을 받고 소리쳤던 그 시각에 일어났던 것이다.

스베덴보리의 이런 실례는 많고 많은 저명인사들의 전기나 자서전에 기록되어 있는 같은 종류의 수많은 예 가운데 하나에 불과하다. 마크 트웨인, 에이브러햄 링컨, 생상스 같은 사람들의 자서전이나 전기를 읽어 보면 그들의 생애 어떤 때에 그 시각에 멀리서 일어난 사건이나 또는 몇 달 내지 몇 년 뒤에 일어날 사건을 갑자기 환영으로 보았다는 대목들이 있다. 스베덴보리의 경우, 그 공간적 투시 능력이 만년에는 강력한 지속적 능력으로 발전했지만, 다른 많은 경우에 있어서는 그런 고도의 초능력적 감수성이 위기의 순간에만 나타나는 것처럼 보인다.

우리는 이런 현상을 곁눈으로 바라보거나 얼마간 의심의 눈초리로 보는 경향이 있다. 아무리 완벽하게 증명되어도, 또는 신뢰할 수 있는 지식인에 의하여 그 진실성이 입증되어도, 또한 그런 일이 아무리 빈번히 일어나도 슬쩍 외면하거나 어깨를 으쓱하면서 '우연의 일치겠지'라든가 '그거 재미있군' 따위의 말로 슬쩍 지나쳐 버리는 경향이 있다.

그러나 이제 그런 일을 가볍게 무시할 수만은 없는 때가 왔다. 설명이 되지 않는 사실에서 고도의 발견이 흔히 나온다는 것을 알고 있는 사람들이나 우리 시대의 위대한 과학적 발전과 필요에 대하여 자각하고 있는 사람들에게는 인간의 이런 종류의 불가사의한 잠재 능력 문제가 엄청나게 중요하고도 흥미진진한 문제인 것이다.

초감각적 현상을 체계적으로 연구 실험할 가치가 있다고 보고 실제로 그렇게 실험한 선견지명이 있는 과학자 가운데 미국 듀크 대학의 J. B. 라인 박사가 있다. 그는 1930년 이래 동료들과 더불어 인간의 정신 감응과 투시 능력에 관한 광범위한 연구를 계속해 오고 있었다. 실험에 있어 엄격한 반복 관리 방식을 적용하고 정밀한 과학적 방법을 지켜, 많은 사람이 실험실의 조건 하에서 초감각적 능력을 발휘한다는 사실을 발견했다. 라인 박사의 실험은 면밀한 통계 기술에 의하여 평가되었다. 그리하여 수학적으로 그 실험을 결코 우연한 현상으로 돌릴 수 없음이 발견되었다.

이밖에도 프랑스의 와르콜리에, 소련의 코티크, 독일의 티히너 역시 실험실의 방법으로 연구하여 각각 라인 박사와 같은 결론에 도달했다. 이렇게 잇달아 과학적인 증명이 나왔기 때문에 서구 세계에서는 정신 감응이나 투시 능력이 인간의 정신 구조 속에 있다는 사실에 대한 일반 대중의 회의가 점차 뒤집혀 가고 있다.

따라서 다음 세 가지 관점에서 보아 인간의 감각적 지각이라는 좁은 틈새를 확대할 수 있다고 믿는 것은 당연하다고 여겨진다. 첫째, 추론적(推論的)으로 그런 확대가 가능하다고 믿는 것은 합리적이다. 둘째, 역사적으로 보아 실제로 있었던 일들의 많은 기록이 분명히 초감각적 지각 현상을 입증하고 있다. 끝으로 과학적으로 보아 반복 실험에 의해 인간에게는 통상적 감각 영역을 넘는 지각 경험이 가능하다는 것을 증명하는 데이터가 쏟아지고 있다.

그러나 지금까지의 연구 결과는 엄밀히 말해서 '투시(透視)'가 가능하다는 것을 확증한 것에 불과하다. 그것을 실제로 인간 생활에 이용하는 방법의 개발에는 아직 손도 대지 못하고 있는 것이다. 만약 인간이 육체의 눈이나 귀에 의지하지 않는 지각 방법을 소유하게 된다면, 그리하여 인간이 어떤 조건 하에서는 먼 곳에서 일어나는 일을 눈에 의하지 않고 텔레비전처럼 볼 수 있게 된다면, 그때 인간은 자기와 자기 주위의 세계에 관한 지식을 획득하는 새로운 방법을 갖게 되었다고 할 수 있을 것이다.

인간은 여러 세기에 걸쳐 많은 위대한 업적을 쌓아 왔다. 그 힘과 지혜는 공간의 정복을 가능케 했고, 물질을 인간의 의지에 복종시킬 수 있게 했다. 그러나 이런 힘과 발명의 재능을 가지고도 인간이 아직 취약하고 공격받기 쉬운 존재임에는 변함이 없다. 그 위대한 외적 정복에도 불구하고 인간은 여전히 무능함을 한탄하지 않을 수 없는 것이다. 예술과 문화 및 문명의 놀라운 발전에도 불구하고 인간은 자기 자신과 사랑하는 가족들을 위협하는 '괴로움'의 속내와 목적에 대해서는 아직도 별로 아는 것이 없이 방황하고 있다.

오늘날 인간은 원자(原子)의 깊은 속으로까지 탐구의 바늘 끝을 들이밀고 있다. 이제 아마도 인간은 새로 발견된 스스로의 초감각적 능력과 의식 및 무의식의 미묘한 상호 관계에 관한 새로운 인식을 가지고, 자기 자신 내부를 탐구해 들어가는 문턱에 서 있을 것이다. 그리하여 앞으로 얼마 동안의 암중모색 끝에 마침내 자기의 존재, 자기의 태어남, 괴로움의 원인 등 거대하고도 근본적인 삶의 의문에 대하여 만족할 만한 과학적 해답을 찾아낼 수 있게 될 것이다.

제2장

에드가 케이시의 의학적 투시

투시 능력의 가능성에 대하여 이리저리 상상해 보는 것은 매우 흥미로운 일이다. 그런데 더욱 흥미 있는 것은 그런 투시 능력을 태어날 때부터 갖고 있는 사람이 그것을 실제적으로도 학문적으로도 뜻있게 활용한 사실을 살펴보는 일이다. 에드가 케이시야말로 투시 능력을 타고났고 그것을 실제로 발휘한 인물이다.

케이시는 만년에는 '버지니아 비치의 기적의 사나이'라고 불리기도 했다. 그러나 이런 별명은 오해를 부르기 쉽다. 그의 도움으로 질병을 치유한 경험이 있는 사람은 몇 백 명이나 되지만, 그는 결코 일상적인 의미에서의 기적을 만들어 내는 사람은 아니다. 상처가 난 사람의 환부에 손바닥을 대어 병을 고치는 것도 아니고, 마술사처럼 홀연히 모습을 드러내지도 않는다. 또는 그에게 닿기만 하면 앉은뱅이나 절름발이가 멀쩡해져서 지팡이를 내던지지도 않는다. 에드가 케이시의 이른바 기적이란 그의 놀랍도록 정확한 의학적 투시에 의해 진단이 내려지고 또한 치료법이 처방되는 데 있다. 더구나 그 진단은 흔히 환자로부터 몇 천 마일씩 떨어진 곳에서 내려졌다. 그리고 그의 투시는 완전한 최면 상태에서 이루어졌다. 이것은 최근 무의식의 마음을 연구하는 수단으로 최면술을 많이 이용하게 된 정신과 의사들에게는 특히 흥미로운 일일 것이다.

케이시의 최면 투시가 입증된 가장 극적인 예는 앨라배마 주 셀마에 사는 한 소녀의 경우이다. 이 소녀는 무슨 까닭에서인지 이성을 잃고 정신 병원에 입원했다. 너무 걱정이 된 소녀의 오빠가 케이시에게 도움을 청했다.

케이시는 긴 의자에 누워 두어 번 깊은 숨을 쉬고는 최면 상태에 들었다. 이윽고 소녀의 몸을 진찰하라는 암시가 주어졌다. 이삼 분 지나자 최면 상태에 든 사람이 모두 그러듯이 케이시가 말을 하기 시작했다. 그러나 그는 최면 상태에 든 대개의 사람들과는 달리, 마치 X선 사진을 들여다보기라도 하는 듯이 정신 이상이 된 소녀의 몸 상태를 설명했다. 그는 소녀의 잇몸에 잘못 박혀 있는 사랑니 하나가 뇌신경을 건드리고 있으니 그것을 빼면 병이 낫고 정상으로 돌아온다고 했다. 케이시의 말에 따라 소녀의 입 안을 살펴보았더니 정말로 잇몸에 잘못 박혀 있는 사랑니가 있었다. 결국 치과 치료를 적절히 함으로써 소녀는 완전히 정상으로 돌아왔다.

또 한 가지 극적인 예는 조산을 한 켄터키의 어떤 젊은 부인이다. 아이는 태어나면서부터 매우 허약했는데 4세 때 심한 발작을 일으키자 아이 아버지는 물론 진찰을 한 세 명의 의사가 모두 아이는 살아나지 못할 것이라고 했다. 절망에 빠진 어머니는 케이시에게 도움을 청했다.

최면 상태에 든 케이시는 독약인 벨라도나 제(劑)를 한 번 투여하고, 필요하다면 계속해서 해독제를 먹이도록 지시했다. 의사들이 말도 안 된다고 반대하였지만, 아이 어머니는 그대로 독약을 먹이겠다고 우겼다. 약을 투여하자 아이의 발작은 즉시 멎었고, 이어서 해독제를 먹였더니 아이는 몸이 풀리면서 편안한 표정으로 잠이 들었다. 물론 아이는 정상으로 되살아났다.

이런 예는 얼마든지 있는데, 이것을 심리학에서 말하는 '신앙 요법'의 범주에 넣기에는 적당하지 않다. 그러나 위의 두 가지 경우처럼 치유가 거의 순간적으로 이루어지는 경우는 상당히 드물며, 대개의 경우 매우 구체적이고 때로는 장기간의 치료법이 사용된다. 치료법도 내복약·외과 수술·식이 요법·비타민 요법·수치료법(水治療法)·마사지 요법·전기 충격 요법·자기 암시 요법 등 매우 다양하다. 이런 것은 어느 모로 보나 종교의 신앙과 결부시킬 수는 없는 것이다.

버지니아 비치의 기록철에는 케이시에게서 영향을 받은 3만 명이상의 사람들에 대한 세세한 기록이 보존되어 있다. 이 기록은 자격을 갖춘 사람이 조사를 원한다면 언제든지 공개된다. 그 속에는 온 세계의 여러 나라에서 괴로움에 시달린 사람들이 보낸 문의 편지, 호소 편지, 감사 편지, 각종 중상의 기록, 의사들의 증언서, 최면 상태에서 케이시가 말한 일들의 기록 등이 모두 모아져 있다. 그 모두가 케이시의 투시 능력의 진실성을 보여주는 결정적 증거들이다.

　에드가 케이시는 1877년 켄터키 홉킨스빌 근교에서 한 농부의 아들로 태어나 시골학교를 9년 동안 다녔다. 목사가 되려는 젊은이다운 꿈을 가지고 있었지만, 케이시의 형편으로는 그 이상의 교육을 받을 수 없었다. 그러나 농사일은 청년 케이시의 관심 밖이었기 때문에 그는 거리로 나가 처음에는 책방 점원이 되고 나중에는 보험 세일즈맨이 되었다.

　21세 때 이상한 운명의 전환에 의해 삶의 방향이 바뀌어 버렸다. 후두염에 걸렸는데 이상하게도 목소리가 나오지 않게 된 것이다. 어떤 약이나 치료도 소용이 없었다. 의사를 아무리 찾아다녀 보아도 치료법을 찾아내지 못했다. 세일즈맨으로서의 일을 계속할 수 없게 되었기 때문에 젊은 케이시는 부모에게로 돌아가 불치병으로 보이는 상태에 절망하면서 1년 남짓을 아무것도 하지 못하고 무기력하게 지냈다.

　마침내 그는 사진사라는 직업을 선택했다. 그 일은 그다지 목소리를 쓰지 않고도 할 수 있는 직업이었기 때문이다. 사진관 보조로 일하고 있을 때 하트라는 떠돌이 연예인 겸 최면술사가 홉킨스빌 오페라 하우스에서 저녁마다 공연을 했다. 케이시의 증상을 알게 된 하트는 최면술로 고쳐 보자고 제안했다. 케이시는 기꺼이 실험에 응했다. 그런데 하트의 시술로 최면 상태에 들어 있을 때는 암시에 따라 정상적인 목소리로 말을 했지만, 최면 상태에서 깨어나면 다시 목소리가 나오지 않는 결과만이 되풀이되었다. 그리하여 다음 단계로는 최면 상태에 들어간 후에 다시 깨어나도 정상적으로 말을 할 수 있다는 암시가 주어졌다. 이것은 바로 최면 암시 요법으로서 많은 경우에 효과가 있고, 특히 지나친 흡연이나 그 밖의 나쁜 버릇을 교정하는 효과가 입증된 방법이었다. 그러나 케이시의 경우에는 완전히 실패였다.

하트는 다시 다른 지역으로 가야 할 약속이 있어서 실험을 계속하지 못했지만, 레인이라는 그 마을의 사나이가 흥미를 갖게 되어 그 실험을 계속해주기로 했다. 레인도 나름대로 암시 요법이나 마사지를 연구하고 있었고, 최면술사로서의 재능도 약간 있었던 것이다. 레인은 아직 완치되지 않은 케이시의 목병에 자신의 최면술 치료를 한번 시도해 보자고 제안했다. 케이시는 목소리가 다시 나오게만 된다면 어떤 방법이든 사양할 처지가 아니었기에 그 제안을 받아들였다.

레인의 생각은 케이시에게 최면을 걸고, 최면 상태에 들어 있는 케이시 자신이 자기의 병을 살펴보고 말하도록 하려는 것이었다. 이상하게도 케이시는 주어진 암시에 응하여 자기 자신의 상태를 말했던 것이다. 최면 상태에서 그는 정상적인 목소리로 자기 자신의 성대가 어떻게 되어 있는지를 설명했다.

네, 우리는 몸을 볼 수가 있습니다(케이시는 이때 이후 항상 '나'가 아니라 '우리'라는 일인칭 복수 대명사를 쓰곤 했다). 보통 상태에서 이 몸은 목소리를 낼 수가 없습니다. 신경이 일그러졌기 때문에 성대의 내부 근육 일부가 마비되어 있는 것입니다. 이것은 심리 상태가 육체에 영향을 미친 결과입니다. 무의식 상태에 들게 해서 암시를 주어 환부의 혈액 순환이 잘 되게 하면 나을 것입니다.

그 설명을 듣고 레인은 케이시에게 환부에 혈액이 충분히 흐를 수 있게 하면 증상이 좋아진다는 암시를 주었다. 그러자 케이시의 가슴 아래쪽과 목이 차츰 분홍색으로 바뀌기 시작하면서 장밋빛으로, 드디어 검붉은 자줏빛으로 변해 갔다. 20분쯤 지나자 최면 상태에 든 채로 케이시는 기침을 하면서 "마비는 풀렸다. 혈액 순환이 제대로 되었으니 이제는 몸에 활력이 되살아난다는 암시를 걸어달라."고 말했다.

물론 레인은 그 말대로 암시를 주었다. 최면 상태에서 깨어난 케이시는 1년 만에 정상적인 목소리로 말을 할 수가 있었다. 그 후 몇 달 동안은 이따금 다시 목소리가 나오지 않는 상태로 되돌아가기도 했지만 그때마다 레인이 혈액 순환에 대한 암시를 주면 정상으로 회복되곤 했다.

케이시 사건은 그것으로 끝났을지도 모른다. 그러나 레인은 예민한 사람이어서 케이시에게 나타난 상태의 속내를 꿰뚫어 보았다.

레인은 최면술의 역사도 많이 공부하여 알고 있었으며, 프랑스의 최면술파 기록에도 비슷한 경우가 있다는 것도 알고 있었기 때문에, 케이시가 스스로 자기의 몸 상태를 진단할 수 있다면 남의 몸도 진단할 수 있지 않을까, 생각했던 것이다. 그리하여 레인은 자기가 오랫동안 앓고 있던 위장병을 케이시에게 진단시켜 보는 실험을 했다. 최면 상태에 든 케이시는 레인의 몸 내부 상태를 설명하고 어떤 치료법을 지시했다. 케이시가 지시한 치료법은 그때까지 누구도 말한 적이 없는 방법이었으며, 약과 식사와 운동이 포함되는 치료법이었다. 그러나 케이시가 설명한 레인의 몸 상태는 이미 몇 명의 의사가 진단한 바와 똑같았다. 레인은 크게 기뻐하며 케이시가 지시한 치료법을 그대로 실천했다. 그러자 3주 후에는 증상이 뚜렷이 개선되었다.

정작 케이시 자신은 그런 모든 일에 반신반의했지만, 레인은 자기들 이외의 환자들도 협력하여 고쳐줄 수 있게 되었다고 흥분했다. 10세 때에 성경에 흥미를 품고 완독하기도 했던 케이시는 예수의 제자들처럼 사람들을 도와주고 병을 고쳐주고 싶다는 절실한 소망을 품고 있었다. 바로 그런 이유로 목사가 되고 싶어 했지만 형편상 포기할 수밖에 없었던 것이다. 이상하게도 그는 그 후 많은 사람들을 고쳐주는 일을 하게 되었다. 아무튼 이때의 케이시는 만약 자기가 최면 상태에서 해로운 것을, 어쩌면 치명적인 것을 말한다면 어쩌나, 하는 생각 때문에 자신의 투시 능력을 인정하기를 두려워했던 것이다.

한편 레인은 자신이 여러 가지 치료법을 연구하여 알고 있기 때문에 위험한 일은 전혀 없으리라고 보증했다. 케이시는 성서를 다시 읽으면서 하늘의 계시를 받고자 했으나 결국 그는 자신이 할 수 있는 방법으로 사람들에게 도움을 주기로 했다. 그러나 이것은 실험이니 돈은 받지 않겠다고 우겼다.

레인은 케이시가 최면 상태에서 말하는 내용을 그대로 속기해 나갔다. 그리고 이런 일을 나타낼 적당한 말을 생각해 내기 어려워 이것을 '리딩(Reading)'이라고 부르기로 했다.

케이시가 사진사로 일하며 틈틈이 괴로운 사람들을 위해 질병을 진단해주는 데 있어 가장 놀라운 사실 가운데 하나는 평상시의 케이시가 의학에 대해서는 전혀 아는 것이 없고 의학 서적을 읽은 적도 없음에도 불구하고 최면 상태에서 진단을 할 때는 해부학이나 생리학 전문 용어를 자유롭게 구사한다는 점이었다. 그리고 또한 케이시 자신도 가장 놀란 것은 자신이 최면 상태에서 말하는 바에 따라 사람들이 실제로 병이 낫고 괴로움이 해소된다는 사실이었다. 하지만 레인은 아직 완전히 믿을 수가 없는 것 같았다. 어쩌면 자신의 위장병이 좋아져 간다고 느끼는 것은 자신의 상상에 불과한 것은 아닐까? 케이시가 목소리를 낼 수 있게 된 것은 분명 상상의 힘만은 아닌 것 같았지만 그 또한 다만 우연일 뿐이고, 자기의 투시 능력이라는 것이 다만 자기 자신에게 관계가 있을 때에만 해당되는 것은 아닐까……? 리딩을 시작한 초기에 끊임 없이 그를 괴롭힌 이와 같은 의구심은 불치병 선고를 받은 여러 사람의 병이 하나하나 치유된다는 부정할 수 없는 사실들이 쌓이면서 차츰 해소되어 갔다.

그의 놀라운 능력에 대한 소문이 차츰 퍼져 나갔다. 어느 날 케이시는 홉킨스빌의 공립학교 교장에게서 장거리 전화를 받았다. 그의 다섯 살짜리 아이가 3년 동안 병으로 누워 있었던 것이다. 소년은 두 살 때 독감에 걸린 후로 정신 발육이 정상적이지 못했다. 부모는 여러 전문의를 찾아다니면서 물었지만 어떤 전문의도 도움을 주지 못했다. 최근에는 아이의 발작이 잦아지고 의사는 그것이 매우 희귀한 뇌의 이상이며 치유 가능성이 전혀 없음을 선고했다는 것이다. 부모는 슬픔에 젖어 아이를 데리고 집으로 돌아갔다. 그때 마침 어떤 친구가 에드가 케이시의 신비한 능력을 말해주었던 것이다.

케이시는 그의 호소를 받아들여 리딩을 해주기 위해 특별히 그들의 집까지 여행하기를 승낙했다. 당시 케이시는 경제 상태가 좋지 않았기 때문에 그들에게서 왕복 차비를 받았다. 이것이 케이시가 자신의 봉사에 대해 상대방에게서 받은 최초의 물질적 보수였다.

그러나 여행길에 나서면서 그의 마음은 불안으로 가득했다. 더구나 막상 그 이상한 아이를 만나자 더더욱 자신의 주제넘음이 느껴졌다. 의학에 대해서는 손톱만큼의 지식도 없는 무식한 농부의 아들이 최고의 전문의도 포기한 아이를 고치려 하다니……. 그 집 거실 의자에 누워 눈을 감을 때까지 그의 마음속에는 약간의 불안이 남아 있었다. 그러나 일단 최면 상태에 들자 자기 자신에 대한 불신은 깨끗이 사라져 버렸다. 함께 간 레인이 암시를 주었다. 그리고 늘하던 대로 케이시가 말하는 것을 속기했다. 최면 상태에 든 이 사진사는 언제나처럼 고요한 목소리로 정확하게 아이의 상태를 설명하기 시작했다. 그의 말에 따르면, 아이는 독감에 걸리기 전에 차에서 떨어졌고, 그때 독감 바이러스에 감염되어 발작을 일으키고 있다는 것이었다. 그리고 적당히 마시지를 해주면 병이 바로잡혀 정상 상태로 되돌아간다고 했다.

아이 어머니는 아이가 차에서 떨어졌던 사실을 확인해주었다. 그러나 그 일이 아이의 그런 이상 상태와 관계가 있다니, 겉보기에는 아무 상처도 없었기 때문에 생각도 해보지 않았던 것이다.

레인이 리딩의 지시대로 처방을 했다. 그러자 3주가 채 못 되는 사이에 아이는 발작에서 완전히 해방되고 정신 상태가 맑아지는 것처럼 보였다. 아이는 병이 나기 전에 가지고 놀던 인형의 이름을 부르며 몇 년 만에 아버지와 어머니의 이름도 불렀다. 3개월이 지나자 아이는 완전히 정상으로 회복되었으며, 지난 3년 동안의 공백을 차츰 되찾아가고 있다는 감사의 편지가 날아왔다.

이와 같은 여러 실례에서 케이시는 자신의 설명할 수 없는 이상한 능력을 이용하는 것이 결코 나쁜 일은 아니라고 확신했다. 그리하여 그의 명성은 갈수록 커지고 마침내 신문·잡지에서까지 그를 크게 보도하기에 이르렀다. 그는 도움을 갈구하는 절망적인 사람들에게서 전보나 장거리 전화를 끊임없이 받았다. 그리고 그가 멀리 떨어진 곳에 있는 환자라도 그 정확한 이름과 위치만 암시로 주어진다면 리딩이 가능하다는 것을 알아차린 것도 그때였다.

그는 자기가 리딩을 해주는 대상자의 주변 상황을 작은 목소리로 속삭이곤 했다. "오늘 아침 이곳에는 굉장히 세찬 바람이 불고 있군." 이라든가, "스위스의 이곳은 아주 아름다운 곳이야. 맑고 깨끗한 강물이 흐르고 있어.", "지금 몸이 내려가고 있네……. 엘리베이터를 타고 아래로 내려가고 있어.", "아주 훌륭한 옷을 걸치고 있군.", "아아, 어머니가 기도하고 있어." 등등. 이런 사실 묘사는 언제나 정확했음이 나중에 판명되었으며 케이시의 투시가 진실임을 입증하는 증거로 쌓여갔다.

확실히 케이시의 리딩은 대상자가 멀리 떨어져 있든 곁에 있든 한결같았다. 그저 구두를 벗고 넥타이와 와이셔츠 깃을 풀어 놓고 긴 의자나 침대에 누워 몸을 완전히 이완시키기만 하면 되었다. 그러나 머리는 남쪽으로, 발은 북쪽으로 향해 눕는 것이 더 좋다는 사실이 차츰 판명되었다. 머리는 긴 의자 위에 팔걸이나 베개를 고일 뿐, 그밖에는 아무것도 필요 없었다. 이것도 그저 머리를 편히 하기 위해서 했을 뿐, 없어도 별로 상관없었다.

리딩은 밤이든 낮이든 아무 때나 할 수 있었다. 어둠이나 빛의 영향도 전혀 받지 않았다. 몸을 눕히고 2, 3분 지나면 그는 최면 상태에 든다. 그리고 레인이나 케이시의 아내, 나중에는 아들인 휴 린, 또는 그 밖의 적당한 보조자가 암시를 주는 것뿐이다. 암시의 형식은 언제나 다음과 같았다.

지금 당신 앞에는 어디어디(정확한 위치)의 아무개(환자의 이름)가 있습니다. 이제 당신은 이 사람의 몸을 잘 살펴보고 철저하게 검사하여 현재의 상태를 말해줍니다. 왜 이런 상태가 되었는지, 그리고 어떻게 하면 이런 상태에서 벗어날 수 있는지에 대해서도 지시를 해줍니다. 내가 묻는 것에 대해 대답해 주십시오.

2, 3분쯤 지나면 케이시는 말을 하기 시작한다. 레인과 데이비스 양이 속기를 한다. 나중에 이 속기록은 타자로 정서된다. 타자를 칠 때 몇 장을 복사하여 한 장은 환자나 그의 부모 또는 의사에게 넘겨준다. 원본은 케이시의 기록철에 보관해 둔다.

신문의 보도와 직접 리딩을 받은 사람들의 입소문을 통해 케이시는 차츰 일확천금을 꿈꾸는 이들의 주목을 받게 되었다. 어떤 투기꾼은 주식시장에서 매일 리딩을 해주면 2주에 100달러를 내겠다고 제안했다. 그 무렵 케이시는 매우 돈에 궁색했지만 거절했다. 그밖에 땅에 묻혀 있는 보물의 위치를 찾으려는 이라든지, 경마에서 어떤 말이 우승을 할 것인지를 알고 싶어 하는 이도 있었다. 시험 삼아 몇 번 그런 요구에 응한 적도 있는데, 경마에서 어떤 말이 이길지를 예언한 것이 두세 번 성공하기도 했다. 그러나 실패도 몇 번 있었다. 그리고 이런 경우에는 최면 상태에서 깨어난 후 에너지가 너무 많이 소모되어 스스로 불쾌감을 느끼곤 했다. 텍사스에서 사업을 하라는 권유를 받은 적도 있었다. 투시 능력을 이용하여 유전(油田)을 찾아내는 일이었다. 그러나 결과는 별로 재미가 없었다. 드디어 그는 자기의 능력이 환자를 도와줄 때에만 믿을 수 있음을 알아차렸다. 그리하여 그 목적을 위해서만 능력을 써야 하며, 자기를 위해서든 남을 위해서든 돈벌이를 목적으로 그 능력을 써서는 안 된다는 것을 깨달았다.

그는 홍보를 해주겠다는 제안을 수없이 받았지만 한결같이 무시했다. 1922년에 「덴버 포스트」 편집장이 케이시의 소문을 듣고 그를 덴버로 불렀다. 케이시의 능력을 눈으로 확인하고 감동한 편집장은 케이시에게 하루 1,000달러의 계약으로 그를 홍보해주겠다고 제안했다. 조건은 머리에 터번을 두르고 동양인의 이름을 쓰며, 반투명 커튼 뒤에서 상대방이 보지 못하게 리딩을 하는 것이었다. 케이시는 그 제안을 단호하게 거절했다.

브런즈윅 라디오·텔레비전 회사의 사장으로, 뒤에 케이시의 절친한 친구가 된 데이비드 칸이 케이시의 일을 처음에는 사적으로 친구나 친지들에게 소개하다가 좀 더 널리 케이시를 세상에 알리기 위해 적극적인 홍보 방법을 제안했을 때도 케이시는 단호하게 거절했다. 케이시는 버밍햄에서 강연을 한다는 광고를 앨라배마 신문에 내는 것을 승낙한 적은 있지만, 그밖에 리딩을 위해서나 공개 강연을 위해서나 한 번도 광고를 내게 한 적이 없다. 또한 그는 자기에 대해 별로 아는 바 없는 사람과 이야기할 때, 묻지도 않았는데 자신의 범상치 않은 능력을 자랑하거나 하는 일이 결코 없었다. 같은 동네에 사는 사람들도 그가 교회 주일학교에서 성경을 가르친다는 것 말고는 그에 대해 아무것도 몰랐다. 그는 사교적인 단체나 친목 단체 따위에는 속하지 않았다. 그는 자신이 괴로움을 겪는 사람들에게 치유와 도움을 주는 하나의 도구에 불과하다는 확고한 신념을 가지고 일관되게 살았던 것이다. 그는 세간의 주목 대상이 되는 것을 원치 않았다. 그리고 고통 받는 사람이 찾아올 때에도 화려한 신문 광고를 보고 오는 것보다는 그로부터 도움을 받은 사람들이 개인적으로 권해서 찾아오는 것을 더 좋아했다.

초기에 케이시는 사진사로서의 직업을 계속하며 사람들을 도왔기 때문에, 리딩에 대한 보수를 완강히 거부했다. 그러나 나중에는 찾아오는 사람이 너무 많아져서 사진사로서의 직업을 계속할 수 없게 되었고, 그때서야 비로소 가족을 부양하기 위해 약간의 보수를 받는 것은 무방하리라고 생각하게 되었다. 그러나 이때도 가난해서 돈을 낼 수 없는 사람들은 무료로 도와주었다. 그는 사무적인 태도를 취한 적이 없었다. 버지니아 비치에 있는 – 1927년에 그는 자신의 리딩에 나타난 지시에 따라 버지니아 비치로 이사했다 – 그의 편지 사본들이 이것을 확실하게 말해준다. 그의 편지는 문법상의 오류나 철자가 틀린 곳이 많지만 이웃을 돕고 이끌어주려는 열의가 행간에 넘쳐 있었다.

그는 이렇게 봉사하는 세월을 보내면서도 줄곧 자기 자신이 하는 행위에 대한 회의로 끊임없이 고민했다. 리딩을 의뢰받고도 어떤 때는 입을 다물고 아무 말도 하지 않는 일도 있었다. 그의 능력이 그 자신의 건강과 정신 상태로 좌우되는 것이 명백했다. 그는 대체로 온화한 성품의 사람이었지만 감정이 폭발하는 때도 없지는 않았다. 경제적인 근심이 그의 마음을 무겁게 하는 일도 흔히 있었다. 그런 종류의 감정 상태는 분명히 그의 능력 발휘를 방해했다. 많은 경우 그의 리딩이 실패하는 것은 시간이 늦어서 암시를 여러 번 되풀이하거나, 또는 몸이나 마음의 상태가 좋지 않을 때였다.

　　그러나 그가 가장 안타까워한 것은 자신이 준 리딩이 대상자의 몸 상태를 정확하게 맞추지 못했다고 항의를 하거나 자신이 지시한 대로 치료를 해보았지만 낫지 않았다고 화를 내는 사람을 만나는 일이었다. 그런 때에는 말로 또는 긴 편지를 써서 자기가 하는 일에 절대로 잘못이 없다고 주장할 생각은 추호도 없노라고 정중하게 사죄하곤 했다. 너무 분명치 않은 부분이 많이 있었기 때문에 그것이 리딩에 영향을 준 것 같다든지, 때로는 라디오 수신기도 그런 일이 있는 것처럼 분명하게 수신할 수 없는 경우도 있다는 식으로 말하면서 "제 목적은 오로지 남을 도와주는 데 있습니다. 도움을 받지 못하셨다면 돈은 돌려드리겠습니다."하고는 받은 돈을 그대로 돌려주곤 했다.

　　때로는 그런 사람도 몇 달 뒤에 "그 후 의사에게 진찰을 받았더니 당신이 말한 것과 똑같은 진단이 나왔습니다."하는 편지를 보내는 경우도 있었다. 또 어떤 때는 낫기는 했지만 만족스럽지는 못하다고 불평을 하던 사람이, 그것은 식사나 약물, 그 밖의 치료와 정신적인 수련을 지시받은 대로 하지 않았기 때문이었다고 실토하는 경우도 있었다.

아무튼 케이시는 자신의 리딩에 절대로 잘못이 없다고는 할 수 없음을 깨달았지만, 시간이 흐름에 따라 투시의 투명도와 정확도가 더더욱 높아져 갔기 때문에 자신의 능력을 활용하는 방법을 차츰 이해하게 되었다. 더구나 이따금 생기는 실패나 부정확도 시간이 지나면서 뒤늦게 놀라운 치유 효과가 나타남으로써 뒤집히기 일쑤였다.

캐나다의 어떤 가톨릭 신부의 간질병이 치유되고, 오하이오 주 데이턴의 고등학교 졸업생이 오랫동안 고생하던 관절염에서 벗어났으며, 뉴욕의 치과 의사가 2년 이상 시달리던 편두통에서 2주 만에 해방되고, 유명한 테네시 대학 병원에서도 포기했던 켄터키의 젊은 여류 음악가의 괴상한 피부병이 1년 만에 사라졌으며, 선천성 녹내장 – 이것은 거의 불치병으로 여겨지고 있다 – 에 시달리던 필라델피아의 소년이 케이시가 지시한 치료를 의사에게서 그대로 받음으로써 시력이 회복되었다.

이러한 투시 능력은 항상 겸손하고 회의적이며 양심적인 그의 태도에 의해서 때로는 일그러지기도 하고 방해받기도 하였지만, 결국은 신이 주신 능력이지 악마가 준 능력은 아니라는 믿음을 그에게 주었던 것이다.

그는 평생에 몇 번인가, 그 자신이 그랬듯이 그에 대해 회의적인 학자를 만나기도 했다. 하버드 대학 심리학자인 휴고 뮌스터버그도 그 중 한 사람이다. 뮌스터버그는 암실이라든가 휘장이라든가 그밖의 여러 야바위 영매(靈媒)들이 쓰는 장치나 소도구를 들추어내어 본때를 보여주겠다는 심산으로 케이시를 찾아왔다. 그러나 그는 케이시가 어떤 도구도 없이 다만 밝은 대낮에 긴 의자 위에 몸을 눕히고 간단한 암시를 갖는 것만으로 최면 상태에서 뚜렷이 논리 정연하게 설명하는 것을 직접 보고는 깜짝 놀랐다.

뮌스터버그는 케이시가 리딩을 하는 현장을 면밀히 관찰했다. 또한 케이시의 투시로 병이 나은 사람들과 면접을 하고, 그때까지의 리딩 기록을 샅샅이 조사하기도 했다. 야바위 속임수를 멋지게 폭로해주겠다고 의기양양하게 쳐들어오기는 했지만, 그럴 심산으로 찾아왔던 다른 사람들과 마찬가지로 그도 돌아갈 때에는 케이시가 틀림없는 진짜라고 인정하게 되었다. 뮌스터버그는 실제 기록이 보여주는 수많은 증거와 케이시라는 한 인간의 소박하고 성실한 인품을 확인했던 것이다.

한편 케이시의 생애에는 여러 시기에 선견지명이 있는 호의적인 사람들이 많이 나타나, 그가 하는 일의 인도적이고 과학적인 가치를 인정하고 세월의 흐름에 따라 변화하는 상황에 맞추어 정신적, 경제적 원조를 아끼지 않았다. 그런 사람들 가운데는 케이시가 리딩을 해주고 또한 리딩에 따른 치료를 실제로 해줄 수 있는 병원을 세우려고 계획하는 사람도 있었다. 케이시의 리딩으로 목숨을 건진 모턴 블루멘탈이라는 부호는 그 꿈을 실현시켰다. 1929년 케이시 병원이 버지니아 비치에 설립되었다. 그 병원은 2년 동안 운영되었는데, 후원자가 주식 시장의 폭락으로 재산을 날렸기 때문에 어쩔 수 없이 문을 닫고 말았다.

1942년에는 케이시의 전기가 출간되었으며, 잇달아 1943년에는 『버지니아 비치의 기적의 사나이』라는 책자가 나왔고, 또한 잡지 「코로네트」 등이 앞장서서 케이시의 치유 능력을 미국 전역에 알리게 되었다. 그 결과 온 나라에서 편지가 홍수처럼 밀려들었다.

그 편지 가운데에는 당장 촌각을 다투는 비통한 호소도 적지 않았다. 케이시는 누구에게도 등을 돌릴 수 없었기 때문에 리딩은 이미 1년 반 이상 예약이 되어 있는 상태였다. 하루에 둘이나 셋을 치료하는 것으로는 도저히 요구에 응할 수 없어 오전과 오후에 네 사람씩 하루에 도합 여덟 사람씩이나 리딩을 했다.

최면 상태, 곧 잠들어 있는 사이에 하는 일이니 아주 편하리라 여길지 모르겠지만, 사실은 엄청난 에너지를 소모하는 일이었다. 그런 끊임없는 긴장된 생활의 당연한 결과로 마침내 1945년 1월 3일 케이시는 67세를 일기로 운명하고 말았다.

이상으로 에드가 케이시 개인의 경력 소개는 끝난 셈이지만, 그의 죽음과 더불어 그의 가치도 사라진 것은 아니다. 만약 인간의 불멸성이 일반인들에게 그 사람이 가져다 준 행복의 크기에서 나오는 것이라면 케이시의 불멸성은 확고부동한 것이라고 할 수 있을 것이다.

그러나 이보다도 더 중요한 것은, 인간에게 투시 능력이 정말로 있음을 확증하는 데에 그가 결정적인 공헌을 했다는 사실이다. 왜냐하면 케이시의 투시는 엄격한 현장 테스트를 통과했기 때문이다. 다른 사람이 볼 수 없는 것을 볼 수 있었을 뿐만 아니라 그가 본 것은 나중에 진실임이 입증되었고, 진실임이 입증되었을 뿐만 아니라 실제적인 효과를 나타냈으며, 효과를 나타냈을 뿐만 아니라 많은 사람에게 실제로 큰 도움이 되었던 것이다.

제3장

인생의 수수께끼에 대한 해답

20여 년에 걸친 봉사 활동을 통해 에드가 케이시의 투시 능력은 문자 그대로 수천의 실제 사례에 의하여 믿을 수 있는 것임이 증명되었다. 이 사실은 그의 불가사의한 생애의 다음 발전 단계를 살펴볼 때 특히 상기할 필요가 있다.

그의 지각 능력은 처음에는 인간의 몸 내부로 돌려졌다. 이 능력이 외부로, 곧 우주라든가 인간과 우주의 관계라든가 또는 인간의 운명이라는 문제로도 돌려질 수 있는 것은 아닐까 하는 생각이 들 때까지는 상당히 긴 시간이 필요했다. 그리고 그런 일은 다음과 같은 경위에서 나왔다.

오하이오 주 데이턴의 부유한 인쇄업자인 아서 라머스가 친구에게서 케이시의 이야기를 듣고 흥미를 느껴 일부러 케이시가 사는 앨라배마의 셀마까지 그를 찾아왔다. 라머스는 건강상에 문제가 있지는 않았다. 그런데 며칠 동안 케이시의 리딩 현장을 보고는 그의 투시 능력이 진짜임을 확신하게 되었다. 라머스는 박식하고 지적인 면에서 아주 예민했기 때문에, 보통의 시력으로는 볼 수 없는 것을 지각할 수 있는 능력이라면 병든 사람의 간장 기능이나 고장난 소화기 작용을 꿰뚫어보는 것만이 아니라, 좀 더 보편적인 문제도 밝힐 수 있을 것이라고 생각했다. 예컨대, 지금까지의 인류의 철학 체계 가운데 어떤 것이 가장 진리에 가까이 이르렀는지, 인간 존재의 목적은 – 만약 있다면 – 무엇인지, 영혼 불멸이라는 가르침에는 어떤 진리가 있는지, 죽으면 인간은 어떻게 되는지 등에 대해서도 케이시의 투시가 해답을 줄 수 있을 것이라는 생각이었다.

케이시는 전혀 알 수가 없었다. 삶의 궁극적 문제에 관한 그러한 추상적인 의문은 여태까지 그의 마음에서 전혀 일어난 적이 없었다. 그는 교회에서 가르쳐 주는 종교 교리를 그대로 순진하게 받아들이고 있었다. 교회의 가르침을 철학이나 과학 또는 다른 종교의 가르침과 비교해 본다는 따위는 전혀 생각도 할 수 없는 일이었다. 그가 보통 사람들과는 다른 이상한 잠, 곧 최면 상태에 자기 자신을 들게 하는 것은 오직 괴로워하는 사람들을 도와주고 싶다는 고결한 소원에서 나온 것이었다. 그의 능력 속에 병을 진단하고 치료해주는 것 말고도 다른 가능성이 있다고 생각한 것은 라머스가 처음이었으며, 그것은 당장 케이시의 상상력을 일깨웠다. 케이시의 리딩은 그때까지는 주어진 문제에 해답을 주는 데 실패한 적이 별로 없었다. 그러므로 라머스가 제기하는 의문에 해답을 주지 못할 이유가 없을 것이라 여겼던 것이다.

라머스는 사업 관계로 셀마에 계속 머물 수 없었기 때문에 몇 주 동안 케이시를 데이턴으로 초청했다. 케이시는 아마도 신이 그에게 새로운 봉사의 길을 보여주시는 것이리라 생각하고 그 초청에 응하기로 했다.

당시 라머스는 점성학(占星學)에 관심을 갖기 시작했었다. 만약 점성학이 올바른 학문이라면 그것은 당연히 인간과 우주의 다른 부분과의 관계를 바르게 분석하고 체계를 세우는 것인지도 모른다고 생각했다. 따라서 그것이 케이시의 투시 능력을 이용한 새로운 연구의 출발점이 될 것이라고 생각했던 것이다. 그리하여 1923년 10월 어느 날 오후, 케이시가 데이턴의 한 호텔방 침대에 누웠을 때, 그에게는 라머스의 몸 속을 살펴보는 것이 아니라 호로스코프(Horoscope, 天宮圖)를 살펴보라는 암시가 주어졌다.

케이시는 최면 상태에 들자마자 짤막하게 요약된 말로 라머스의 호로스코프를 말했다. 그리고 그 리딩이 거의 끝나갈 무렵 뭔가 약간 모호한 말투로 더듬더듬 "그는 한때 승려였다."라는 묘한 말을 했다.

그것은 단지 낱말 몇 개를 잇는 단순한 말이었다. 그러나 박식하고 인간의 운명에 관한 여러 지식을 섭렵한 라머스에게 그것은 매우 자극적인 말이었다. 그 한 마디는 바로 케이시의 비상한 투시력이 예로부터의 윤회 사상을 사실로 인정하는 말이었다.

그때의 리딩이 라머스의 호기심을 완전히 만족시킬 수는 없었지만, 그로 인하여 라머스의 호기심은 더욱 거세게 타올랐다. 케이시가 눈을 떠보니 라머스가 흥분하여 방금 케이시가 한 말의 의미를 그 자리에 있던 사람들과 함께 토론하고 있었다. 만약 윤회가 사실임이 증명된다면 그것은 철학·종교 및 심리학에 관한 현대 사상에 혁명을 가져올 것이라고 라머스는 외쳤다. 만약 케이시가 이런 문제에 대하여 더 많은 리딩을 해 준다면 윤회의 법칙이 어떻게 작용하는가를 밝혀낼 수 있을지도 모른다. 예컨대 점성학과 윤회는 어떻게 연관될까? 그것들은 인간의 삶과 성격 및 운명을 어떻게 설명해줄까?

라머스는 이런 문제에 대해 더 깊이 리딩을 해달라고 애타게 졸랐다. 당혹스럽고 마음이 내키지 않았지만 케이시는 하는 수 없이 승낙했다. 라머스의 열정적인 질문에 대하여 케이시의 리딩은 라머스 자신의 과거세(過去世)의 경험과 앞으로 그가 연구하고자 하는 추상적인 문제에 대하여 더욱 상세한 설명을 해주었다.

그 리딩에 따르면, 점성학에는 어느 정도의 진리가 들어 있다는 것이다. 태양계는 끊임없이 진화해 가고 있는 영혼에 대하여 일련의 경험을 제공한다. 인간은 이미 이 세계에서의 온갖 경험과 또한 차원이 다른 세계에서의 의식 경험을 번갈아 갖게 된다. 이런 차원들에 대하여 점성학은 예로부터 그 중심적 역할을 하고 있는 행성의 이름을 부여해 왔다. 그러나 현재 전해져 있는 점성학은 다만 진리에 가까운 것이라고 할 수 있을 뿐이다. 그것은 완벽하게 정확하지는 않다. 그 까닭은, 첫째로 윤회를 고려하지 않는다는 점, 둘째로 그것은 이름과 점성학적 영향이 인간의 선 조직(腺組織)을 통하여 그리고 다른 영역에서의 그 이전의 경험을 통하여 어떻게 인간에게 작용하는가를 충분히 이해하지 못하고 있기 때문이다. 라머스는 점성학 지식을 두루 섭렵했지만 그 두 가지의 상호 관계에 대해서는 아직 생각해보지 못하고 있었다.

케이시는 이런 모든 것을 한낱 공상처럼 여겼지만, 그 자신도 호기심이 일어났기 때문에 라머스가 청하는 대로 리딩을 계속했다. 그런 가운데 두 사람은 만약 리딩 도중에 케이시에게 '호로스코프'에 대하여 좀 더 적절하고 구체적인 질문을 한다면 보다 자세한 정보를 얻을 수 있지 않을까 하는 생각을 하게 되었다. 그리하여 최면중에 다음과 같은 형식의 암시를 하게 되었다.

당신 앞에는 'X라는 곳'에서 'XX년 X월 X일에 태어난' 'XX라는 이름'의 사람이 있습니다. 당신은 현세에서의 이 사람의 현재적(顯在的) 및 잠재적(潛在的) 성격의 상태를 설명하면서, 이 사람과 우주와의 관계, 그리고 이 사람과 우주의 모든 힘과의 관계에 대하여 말해주십시오. 또한 전생에서의 때와 장소와 이름, 그 각각의 전생에 있어 이 사람의 인간적 성장을 도운 것과 그것을 지연시킨 것에 대해 말해주십시오.

그로부터 리딩은 전생에서의 그 개인의 상태를 분명하고 노골적으로 말해주게 되었으며, 이런 리딩과 그때까지의 각 개인의 육체와 건강 상태를 말해주는 리딩을 구분할 필요가 생겨, 전생이나 성격을 말해주는 리딩은 '라이프 리딩(Life-reading)', 육체와 건강 상태를 말해주는 리딩은 '피지컬 리딩(Physical-reading)'이라고 부르게 되었다. 라이프 리딩과 피지컬 리딩을 하는 방식은 한 가지만 제외하고는 모두 같다.

케이시는 라이프 리딩을 계속하면 어김없이 심한 현기증이 난다는 것을 알았다. 그는 현기증의 원인을 발견하려고 자기 자신의 피지컬 리딩을 해보았다. 그 결과 라이프 리딩을 할 때는 몸의 위치를 피지컬 리딩 때와는 반대로 머리는 북쪽으로, 다리는 남쪽으로 향하도록 하라는 지시가 나왔다. 여기에 대해서는 '극성(極性)의 문제'라는 언급이 있었을 뿐 다른 설명은 주어지지 않았다.

케이시 자신에 대한 라이프 리딩에 따르면, 그는 수백 년 전 이집트에 살던 위대한 신비력을 지닌 고승이었는데, 자아가 강하고 관능적이었기 때문에 파멸을 자초했다는 것이다. 그 후 페르시아에 태어나서는 내과 의사였다. 그 무렵 사막 전쟁에서 부상을 당했을 때 사막에 홀로 버려져 사경을 헤맸다. 그는 먹을 것도 물도 없이 3일 밤낮을 극도의 육체적 고통 속에서 지내면서 그 고통을 면하기 위해 육체에서 의식을 풀어놓으려고 필사적인 노력을 했다. 작가 잭 런던의 윤회 소설 『스타 로버 The star rover』에는 미치광이가 된 어떤 죄수가 이와 비슷한 노력을 하는 재미있는 장면이 있다. 케이시는 육체에서 의식을 풀어놓는 시도에 성공했다. 이것이 바로 그가 현생에서 마음을 풀어놓는 능력을 지니게 된 바탕이 된 것이다. 그리하여 현생에서의 그의 모든 미덕과 결점이 솔직히 평가되고, 그것들이 모두 그의 과거생에서의 경험에서 연유한다는 것이 밝혀졌다. 현생의 생애는 그의 영혼에게는 일종의 시금석이었다. 그는 자신을 버리고 인류에 봉사할 기회를 얻었으며, 그리하여 과거의 오만하고 유물적인 생각과 관능적이었던 삶에 대한 보상을 하고 있는 것이었다.

라머스는 리딩이 보여주는 이 새로운 방향이 앞으로 더욱 연구할 가치가 있는 중요한 것임을 느끼고, 케이시에게 셀마에 있는 가족들을 데이턴으로 불러오라고 했다. 케이시의 생활비는 자기가 부담하겠다는 것이었다. 케이시 부인과 아들 둘, 그리고 비서인 데이비스 양이 모두 데이턴으로 옮겨왔다. 그들도 케이시와 마찬가지로 사태의 변화에 놀랐고 처음에는 믿지 않았지만 차츰 호기심과 흥미를 갖게 되었다. 그들 모두에 대해서도 라이프 리딩을 했다. 어느 사람에 대해서나 개인적인 성격에 관한 솔직한 평가가 내려졌고 그것이 과거의 어떤 경험에서 연유하는지가 밝혀졌다. "전생은 네 번 다 과학자였다."라든가 "그래서 유물적이고 자기중심적인 것이다."라든가 "당신은 성질이 매우 급했다. 그 때문에 이집트나 영국에 태어났을 때에는 그런 성질로 말미암아 슬프고 쓰라린 경험을 하게 된 것이다. 그리하여 현생에서는 그것을 억제하기를 배우고 있다." 등등.

케이시 자신이 잘 알고 있는 사람들만이 아니라 라머스나 그의 여러 친구와 같이 케이시가 잘 알지 못하는 사람들의 성격 묘사도 참으로 정확하고 솔직하고 노골적이어서 라머스의 연구열은 점점 더 강해졌다. 그러나 반대로 케이시는 자신이 하는 일의 의미를 알게 되면서 점점 더 불안해져갔다. 자신에 대한 의심과 자기 평가의 괴로운 시기가 또다시 닥쳐왔던 것이다. 오랜 회의(懷疑)를 거쳐 자기가 투시를 하여 의학적인 진단과 처방을 내려주는 것은 악마가 하는 나쁜 일이 아니라 신의 역사를 돕는 좋은 일이라는 확신은 갖게 되었지만, 라이프 리딩을 하기에 이르러서는 그런 투시가 자신이 지금까지 받아들여온 교회의 가르침에 어긋나는 사상을 담고 있으니 무엇을 어떻게 믿어야 할지 알 수 없게 되어 버린 것이다.

케이시의 마음의 동요는 능히 상상할 수 있다. 그는 엄격한 정통 그리스도교 분위기에서 자랐기 때문에 다른 종교에 대해서는 별로 아는 것이 없었다. 따라서 당시 그는 자신의 믿음과 다른 사람들의 믿음 사이에 깊은 공통점이 있다는 사실을 거의 알지 못했으며, 자신이 믿는 그리스도교라는 불빛 속에 들어 있는 도덕적이고 영적인 빛을 평가해 볼 기회가 없었던 것이다. 더구나 힌두교나 불교의 주된 가르침인 윤회 사상에 대해서는 전혀 아는 바가 없었다.

케이시는 인간이 죽으면 어떤 경우에는 동물의 모양을 띠고 다시 지상으로 온다는 이른바 영혼 전생(轉生)의 교리와 윤회를 혼동하고 있었기 때문에, 같은 상태에 있는 다른 사람들과 마찬가지로 윤회라는 말을 듣는 것만으로도 불쾌했다. 그는 어쩌면 자기 할아버지가 소로 다시 태어났을지도 모르기 때문에 소를 죽이지 않는다는 힌두교도의 이야기를 읽은 적이 있었다. 또한 자기의 죽은 조상이 어쩌면 곤충으로 다시 태어났을지도 모른다고 하여 곤충을 죽이지 않는 사람들의 이야기를 들은 적도 있었다.

그러나 케이시의 이런 혼란을 오래지 않아 라이프 리딩이 풀어주었다. 리딩이 설명해주는 바에 따르면, 윤회란 인간이 동물의 형태로 다시 태어난다는 뜻이 아니며, 결코 무지한 사람의 미신이 아니라 철학적·종교적 견지에서 절대로 존중해야 할 가르침인 것이다. 인도나 그밖의 불교 국가에서는 교양 있는 몇백 만 명이나 되는 사람들이 이것을 믿고 있으며, 그런 도덕적 원리를 바탕으로 하여 생활을 영위하고 있다. 실제로 인도나 그밖의 동양의 어떤 종교 유파 가운데에는 인간의 영혼이 동물의 형태를 띠고 나온다는 전생(轉生) 사상을 설하는 것도 있다. 그러나 이것은 참된 윤회의 원리를 잘못 해석하고 있는 것이다. 우리는 왜곡된 설에 대한 좁은 지식 때문에, 그 근본에 가로놓여 있는 진리의 가능성에 대해 마음의 눈을 닫아 버리는 어리석음을 저질러서는 안 된다.

라머스는 리딩에 의하여 윤회 사상을 더욱 분명히 밝혀 나갔다. 그는 윤회란 '진화'라고 설명한다. 지상에서의 많은 연속적 생애를 통하여 인간의 영혼은 진화하는 것이다. 즉 어떤 때는 남성으로 또는 여성으로, 또 어떤 때는 가난한 신분으로 또는 왕자로 어떤 민족에 태어나기도 하고, 그러다가 또 다른 민족으로 다시 태어나기도 하면서, 마침내 그 사람의 얼은 그리스도로 상징되는 '완전'

에 도달한다 – 바로 그런 진화의 과정인 것이다.

영혼은 밤마다 다른 분장을 하고 다른 역할을 연기하는 배우와 같다. 또는 어떤 시기에는 물질적인 '육체'라는 장갑을 끼고 있다가 그것이 다 낡으면 벗어버리고 또 다른 장갑으로 갈아끼는 손과도 같다. 북반구의 지식인 가운데도 이런 사상을 받아들여 여기에 대하여 연구하고 저술한 사람들이 많이 있다. 예를 들면 쇼펜하우어는 철저하게 이것을 믿었다. 에머슨, 휘트먼, 괴테, 조르다노 브루노, 플로티노스, 피타고라스, 플라톤 역시 그러했다.

그런 사람들은 그래도 좋다. 하지만 그리스도교에서는 어떠한가? 케이시는 납득이 되지 않았다. '만약 자신이 윤회 사상을 긍정한다면 그것이 바로 그리스도교와 그 가르침을 부정하는 것이 되지는 않을까' 하고 생각했던 것이다.

절대로 그렇지 않다고 라머스는 주장했다. 결국 그리스도가 가르친 진짜 알맹이가 무엇이냐? 바리새인들 가운데 율법사들이 예수에게 바로 이런 질문을 했었다. 그때 예수의 대답은 다음과 같다.

네 마음을 다하고 목숨을 다하고 뜻을 다하여 주 너의 하나
님을 사랑하라……. 네 이웃을 네 몸과 같이 사랑하라…….
이 두 계명이 온 율법과 선지자의 강령이니라.(마태복음 22장 35-
40절)

어떻게 이 단순하고도 심원한 가르침이 윤회에 의하여 진행되

는 생명 진화라는 사상과 모순된다는 것인가? 어떻게 이 사랑의 원칙이 다른 위대한 종교의 가르침과 모순된다는 것인가? 붓다는 일찍이 "그대 스스로가 남을 해치게 될 것이라고 느끼는 행위로 남을 해쳐서는 안 된다."고 했다. 또한 "이것은 의무의 으뜸이라. 자기가 당했을 때 고통을 느끼는 그런 행위를 남들에게 해서는 안 된다."고 힌두교 성전은 가르친다. 힌두교나 불교도 사랑의 법칙과 윤회라는 영적 진화의 법칙 사이에 아무런 분열이나 모순도 인정하지 않는다. 힌두교나 불교는 오히려 윤회의 법칙을 더욱 중요하게 여긴다. 하지만 그 두 법칙 사이에 모순은 없다고 보는 것이다.

케이시는 그래도 완전히 납득이 가지 않았다. 그는 10세 때 성서를 읽고 큰 감명을 받았으며, 그 후 해마다 한 번씩은 창세기에서 묵시록까지 체계적으로 읽어나가곤 했다. 그런 동안 한 번도 윤회라는 말이나 생각에 부딪친 적이 없었다. 왜 성서는, 아니 예수는 윤회에 대하여 아무 말도 하지 않았을까?

"글쎄요, 예수는 아마도 말했을 것이라고 나는 생각하는데요." 라고 라머스는 말했다. 먼저 우리는 그리스도가 대중들에게는 말하지 않은 많은 것을 제자들에게는 말해주었음을 상기해야 한다.

또한 설령 예수가 보다 일반적인 말로 윤회를 설했다 해도 그의 가르침의 기록은 몇 세기에 걸쳐 여러 사람들에 의해 여러 가지 해석이 내려져 왔으며, 또 여러 나라 말로 번역되어 왔음을 고려해야 할 것이다. 따라서 예수의 가르침이 고스란히 순수하게 우리들에게 전해져 있지는 않은 것인지도 모른다. 그러나 성서에는 한 군데, 그가 제자에게 세례 요한이 엘리야의 재생임을 말하고 있다(마태복음 17장 12~13절). 예수는 윤회라는 말은 하지 않았지만 "엘리야는 이미 왔다."고 분명히 말하고 있다. 그리고 제자들도 그이가 세례 요한을 가리키고 있음을 알았던 것이다.

또한 제자들이 예수에게 앞 못보는 장님에 대해 "주여, 이 사람이 장님으로 태어난 것은 이 사람 자신의 죄입니까, 또는 부모의 죄입니까?"하고 묻고 있는 대목도 주목해야 한다. 그 밖에도 분명히 윤회를 암시했거나 또는 지적한 곳이 있다. 묵시록 13장 10절에 "사로잡는 자는 사로잡힐 것이요, 칼로 죽이는 자는 자기도 마땅히 칼로 죽으리니, 성도들의 인내와 믿음이 여기 있느니라."고 했다. 이 구절에는 윤리적 응보의 법칙이 대대로 작용하고 있다는 것이 암시되어 있다. 라머스는 계속해서 말한다.

정통 그리스도교는 차츰 윤회와는 관계가 없는 예수의 가르침에 집중되어 버렸다. 그러나 어떻게 정통파가 언제나 바르게 예수의 가르침을 해석하고 선택하거나 거부했다고 할 수 있겠는가? 더구나 초기 그리스도교 신부들의 행적을 연구해 보면, 그들 가운데 다수가 윤회를 긍정했고 공개적으로 설교했음이 분명히 기록되어 있다. 예컨대 오리게네스, 순교자 유스티누스, 성 히에로니무스, 알렉산드리아의 클레멘스, 플로티노스 등 예수가 살았던 때와 그리 멀지 않은 시대에 살았던 사람들이, 예수가 제자들에게만 은밀히 말했던 가르침을 – 이것은 먼 옛날부터 밀교(密敎)로서 전해진 것이다 – 어떤 다른 방법으로 배우고 전했다고 생각할 수 있겠는가? 또한 가톨릭의 메르시 추기경이 개인적으로는 윤회를 믿지 않았다는 것도 아무런 의미가 없다. 메르시는 윤회설이 가톨릭교회의 본질적인 가르침과 별로 모순되는 것은 아니라고 선언하고 있다. 또한 성 바울 교회의 잉그 사제장은 윤회와 근대의 감독 교회주의와도 아무런 모순이 없다고 말한다. 그러므로 신교(新教)도, 구교(舊教)도 윤회를 종교적이고 과학적으로 가능하다고 보는 것이 곧 이단(異端)이라고 생각할 필요는 없는 것이다.

물론 그리스도교 신학의 어떤 사상 가운데는 윤회 사상과 모순되는 것처럼 보이는 것도 있다. 예컨대 사자(死者)의 부활이나 최후의 심판이라는 가르침 따위는 가장 정통적이라는 그리스도교인들에게는 윤회와 직접 모순되는 것처럼 보일지도 모른다. 그러나 '사자의 부활'이나 '최후의 심판'이라는 말이 글자 그대로의 의미가 아니라 어떤 상징적인 의미로 쓰였다고 해석할 수도 있지 않겠는가? 또한 '지옥의 불길' 따위의 시적인 표현이나 비유는 예수나 신약성서의 편찬자들이 영적인 진리를 이해시키기 위해 극적으로 표현했던 것을 후세의 신학자들이 오로지 글자 그대로의 의미로 받아들여 엄격한 도그마로 고정시켜 버린 것은 아닐까?

케이시는 라머스의 답변이 그럴듯하다고 생각했다. 이런 라머스의 답변은 케이시 자신의 특이한 능력이 그 자신이 어렸을 때부터 믿어온 종교와는 맞지 않는 일에 이용되고 있다고 느끼기 시작했던 무렵부터 끈질기게 따라다니던 거의 공포에 가까운 당혹과 회의를 가라앉히는 데 도움이 되었다. 그러나 또 다른 의문이 고개를 들었다. 이번에는 과학적인 의문이다. 가령 세계의 인구가 이렇게 크게 늘어나고 있는 사실은 어떻게 해석해야 할까? 이 사실이 모든 영혼은 일찍이 모두 지상에 있었던 적이 있다는 사상과 조화되는 것일까? 그렇지 않은 영혼들은 어디서 오는 것일까? 케이시의 집에서는 라머스를 비롯하여 드나드는 모든 사람들이 어울려 이런 문제들을 열심히 토론했다. 생각이 막히면 리딩의 도움을 받았다. 그리고 리딩의 내용이 너무 엄청나게 여겨질 때에는 도서관으로 가서 조사를 해 보았다.

그들은 인구 문제에 대해서는 그다지 어렵지 않게 해답을 찾아낼 수가 있었다. 결국은 "절대증가가 있었는지 어쩐지는 누구도 단정할 수 없지 않은가?"라고 말하는 사람도 있었다. 그때까지의 많은 리딩들이 이집트나 아틀란티스의 사라진 문명을 지적하고 있었다. 콜롬비아, 멕시코, 이집트, 그리고 동양의 고고학적 유적들이 지금은 모두 황무지로 변해버린 곳에 일찍이 위대한 문명이 있었음을 확증하고 있다. 아마도 역사의 어떤 시기에나 수량적으로 커다란 인구의 물결이 들고나는 것이고, 우주의 영혼은 그 총수(總數)에 있어서는 변함이 없는 것인지도 모른다. 어쩌면 보이지 않는 세계가 지상의 생활이 별로 마땅치 않을 때는 엄청나게 많은 영혼을 수용하여 대기시키고 있는 것인지도 모른다.

이런 설명은 완고하리만큼 의심이 깊은 케이시에게도 충분히 합리적인 것이라고 여겨졌다. 그러나 이번에는 아틀란티스라는 것에 걸렸다. 그런 곳이 실제로 있었다는 것을 어떻게 확인할 수 있을까? 이 또한 단순히 하나의 신화에 불과한 것은 아닐까? 리딩은 상당히 세밀하게 이 문제에 대해 말해주고 있다.

리딩에 따르면, 대서양 해저에 옛 아틀란티스가 존재하고 있었음을 언급한 인물은 서양에서는 플라톤이 최초이다. 오늘날 일반 대중은 이 문제에 별로 진지하게 관심을 갖지 않지만 지질학자들은 한때 이 문제에 과학적인 관심을 가졌던 적이 있다. 그러나 그들의 의견도 각각 달라서, 어떤 사람은 그 존재를 부정하고 어떤 사람은 아틀란티스가 존재했다는 것을 강력히 주장하고 지지하기도 한다. 아무튼 이 문제를 다룬 연구소는 역사적·문화적 및 지리적 견지에서 서로 이것을 확증하는 증거를 수집하여 제공하고 있다. 케이시가 입수한 이그나티우스 도널리의 『아틀란티스—노아의 홍수 이전의 세계』도 그 중 하나인데, 케이시는 자신의 리딩 내용이 그 책에 제시되어 있는 주된 증거와 완전히 일치하는 데에 놀랐다.

이상과 같은 토론과 조사, 그리고 역사·과학·비교종교학·고대밀교·아틀란티스·최면심리학 등에 관한 문헌에 접근함으로써 케이시는 차츰 그때까지 가져보지 못한 역사적·문화적 안목을 갖게 되었다. 그는 차츰 자기가 최면 상태에서 말하는 내용에 대하여 두려움을 느끼지 않게 되었으며, 자신의 리딩에 뭔가 진리가 있을 수 있다고 생각하게 되었고, 그 가능성을 보다 깊이 받아들이게 되었다. 그리고 비판적인 호기심을 가지고 열심히 자기가 하는 리딩의 진실성을 조사하기 시작했다.

그리하여 리딩이 항상 시종일관됨을 알게 되었다. 그 내용들은 각각의 리딩을 한 시기가 많이 떨어져 있는 경우에도 어떤 내용이 다른 리딩의 내용과 모순되는 일이 결코 없었다. 다시 말해서 두 번째 리딩이 첫 번째의 그것과 정확하게 일치하고 있으며, 마치 읽다 만 책의 페이지를 다시 펼친 것처럼 앞과의 연속이 완벽했다. 대개의 라이프 리딩들은 고대 이집트나 아틀란티스 같은 역사상의 어떤 시대를 상기시키는 뭔가의 설명을 담고 있었다. 일정량의 리딩을 비교 연구해 보면 단편적이기는 하지만 세밀한 설명이 서로 일치하고 있어, 그 각각이 언제 어디에선가 했던 말을 되풀이하거나 아니면 앞에서 말한 것에 새로운 무엇을 보태거나 하고 있었다.

각각의 리딩은 서로 일치할 뿐만 아니라 기록에 남아 있는 역사적 사실과도 많은 점에서 일치하고 있었다. 예를 들면, 초기의 리딩 가운데 하나로 어떤 사람이 전생에 '스툴 디퍼(Stool-dipper, 걸상을 담그는 자)'였다는 말이 나온 적이 있다. 케이시는 '걸상을 담그는 자'라는 말에 대해 전혀 아는 바가 없었다. 백과사전을 찾아본 후에야 미국 초기에 무당으로 의심받은 사람을 걸상에 가죽끈으로 꽁꽁 묶어 연못에 담가 버리는 관습이 있었다는 사실을 알게 되었다.

리딩의 역사적 정확성을 분명히 보여주는 또 하나의 예는 케이시가 장 포클랭이란 사람에 대해 말한 내용이다. 이 이름은 프랑스의 위대한 극작가 몰리에르의 본명이며, 몰리에르의 어머니는 그가 아주 어렸을 때 죽었다는 것이다. 그때까지 케이시는 몰리에르에 대해 들어본 적도, 본 적도 없었으며 하물며 그것이 필명(筆名)이고 본명은 장 포클랭이었다는 사실을 알 까닭이 없었다. 그러나 문헌을 조사해 본 후에 포클랭은 몰리에르의 본명이며, 그의 어머니가 일찍 죽었다는 사실이 밝혀졌다. 또 다른 예로 어떤 청년의 경우가 있는데, 그는 전생에 프랑스에 살았고 로버트 풀턴의 친구였으며, 풀턴의 어떤 발명을 거들어 준 일도 있다는 것이었다. 케이시는 로버트 풀턴에 대해서는 조금 알고 있었지만, 그가 미국 이외의 곳에 산 적이 있었는지는 알지 못했다. 인명사전을 조사해 보았더니 아니나 다를까, 풀턴은 프랑스에서 몇 년 동안 살았던 적이 있으며 그를 격려해주는 많은 사람들과 거기서 만났고 그들로부터 평생 영향을 받았다는 사실이 밝혀졌다.

리딩은 대개 전생에서 그 사람이 가졌던 이름을 정확하게 말해주는데, 어떤 경우에는 전생에서의 그 사람의 기록을 어디에 가면 찾아볼 수 있는지, 어떤 책이나 오래된 문서나 묘비 등을 말해주기도 한다. 아마도 그런 가장 좋은 예는, 전생의 이름이 버네트 시이라고 했고 남북전쟁 때 남군 병사였다는 사람의 경우일 것이다. 그 사람은 이전에는 버지니아의 헨리코에 살았던 적이 있고, 그때의 기록은 찾을 수 있을 것이라고 했다. 리딩에 따라 당장 기대를 가지고 헨리코 군청에 가 보았더니 찾고자 하는 기록은 없었지만, 호적 담당 서기가 그 낡은 문서는 최근 버지니아 국립도서관으로 옮겨졌다고 했다. 그리하여 마침내 그 도서관의 고문서 속에서 버네트 시이라는 사람의 기록을 발견했다. 거기에는 1862년 21세 때 기수로서 육군에 입대했다고 적혀 있었다.

이렇게 전생에 관한 기묘한 역사적 고증 이외에도 현생의 자료를 확증하는 것도 무수히 많이 나왔다. 그러는 사이에 케이시는 리딩의 심리 분석이 그 자신이나 그의 가족에 관해서 뿐만 아니라, 전혀 미지의 사람일 때에도 정확하다는 사실을 분명히 알게 됐다. 자신의 가족에 대한 리딩이 정확한 것은 일반적으로도 잘 알고 있기 때문이라고 하면 그만이다. 즉 최면 상태에 들어서도 그 개인적인 지식이 바탕이 되는 것이라고 해석할 수도 있는 것이다.

그러나 오래지 않아 피지컬 리딩의 경우와 마찬가지로 케이시 자신이 리딩을 의뢰한 사람을 알고 있는지 모르는지는 조금도 문제가 되지 않는다는 사실이 판명된 것이다. 전혀 미지의 사람이라도, 지구 반대편에 멀리 떨어져 있는 사람이라도 상관없었다. 더구나 이름과 생년월일과 태어난 장소만 알면 그 사람이 지니는 여러 재능과 결점을 낱낱이 들추면서 그것들이 전생의 어디에서 씨가 뿌려졌는지를 납득할 수 있게 설명했으며, 또한 정확한 성격을 묘사했고 그 사람이 어떤 환경에 있다는 것까지 말하는 것이었다.

이러한 미지의 사람에 대한 성격 묘사가 그저 한번쯤 정확했다면 '우연의 일치'라고 무시해 버릴 수 있을지도 모른다. 그러나 수많은 사람들의 재능이나 아주 다양한 여러 사람들의 환경까지도 정확히 맞춘다는 점을 고려할 때 그것을 우연의 일치라는 말로만 넘겨버릴 수는 없을 것이다.

라이프 리딩에 대한 또 하나의 놀라운 점은 어린이의 기질이나 직업적 적성에 관한 리딩이 아주 정확하다는 것을 케이시가 오랫동안의 자료를 종합해 봄으로써 알아냈다는 사실이다. 노퍽의 어떤 아이는 태어난 날에 라이프 리딩을 했는데, 그 아이는 자라면서 자기중심적이고 고집이 세어 좀처럼 말을 듣지 않는 아이가 될 것이라고 했다. 사실 그 아이는 성장하면서 바로 그런 기질을 보이기 시작했다. 아마도 이것은 아이의 부모가 그 리딩에서 예언된 말을 아이에게는 알리지 않도록 조심했는데도 자연히 아이의 기질로 나타난 것이라고 여겨진다.

이보다도 더 인상적인 예는, 태어나서 3주 지난 어떤 사내아이의 라이프 리딩이다. 그 리딩에서 아이는 나중에 아주 훌륭한 의사가 될 것이라고 예언되었다. 리딩이 말해준 모든 성격상의 특징과 결점이 의학에 대한 굉장한 호기심과 더불어 이미 그 아이의 유년 시절부터 나타나기 시작했다. 그 아이는 8세 때에 죽은 동물을 해부하여 내장을 살펴보는 것이었다. 10세도 채 되기 전에 열심히 의학 사전을 읽어 나갔으며, 12세 때에는 존스 홉킨스 대학으로 가서 의사가 되겠다고 아버지에게 선언했다. 아이 아버지는 뉴욕의 실업가이고 어머니는 배우였다. 부모는 처음에는 아이가 의사가 되는 것을 좋아하지 않아 말렸지만, 아이의 결심은 아주 굳어서 모든 반대를 무시해 버렸다. 그 아이는 지금 어떤 큰 대학 의학부 예과에 다니고 있다. 부모는 물론 리딩의 예언을 결코 아이에게 알려주지 않았다. 그런데도 이렇게 된 것은 아이의 전생의 발달 상황을 바탕으로 하여 잠재 능력을 정확하게 꿰뚫어 보았기 때문이라고 여겨진다.

이런 예는 리딩이 고도의 예언적 가치를 가지고 있다는 것을 암시하는 것으로 보인다. 여기서 말하는 '예언적'이란 점쟁이가 점괘를 말해주는 것과 같은 의미의 예언이 아니라, 심리학자가 심리 테스트를 하여 추출하는 것과 같은 성질의 예언이다. 예를 들면 공군 사관 후보생들은 반드시 심리 테스트를 받게 되는데, 언젠가 2백 명의 사관 후보생을 대상으로 테스트를 실시한 결과 6명이 정신적으로 조종사로서의 적성이 결여된 것으로 나타났다. 2백 명의 후보생들은 그 테스트 결과를 모른 채 일단 모두 훈련 코스를 함께 밟아 나갔지만, 1년이 지나자 그 6명은 역시 정신적인 이유로 탈락했다. 이런 사실로 보아 그 심리 테스트는 고도의 예언적 가치를 지니는 것으로 간주되는 것이다.

케이시의 라이프 리딩도 이와 마찬가지의 의미에서 예언적 가치를 지니고 있었다. 이것은 어린아이뿐만 아니라 어른의 경우에도 명백했다. 뉴욕의 전화국 직원이었던 한 젊은 여성은 버지니아 비치로 보내 달라는 전보를 몇 번 거듭해 처리하면서 전보 내용에 호기심이 생겼으며 그리하여 케이시라는 사람이 누구인지 조사해 보았다. 결과적으로 그녀의 호기심은 자꾸 커져서 마침내 자신이 라이프 리딩을 받아 보려고 결심하게 되었다. 그렇게 해서 나온 리딩은 그녀가 전화국 직원 노릇을 하는 것은 시간 낭비라고 했다. 그녀의 전생은 여러 번 모두 유능한 예술가였으므로 현생에서도 성공할 것이니 상업 미술을 공부하라는 것이었다. 상업 미술이든 그 밖의 미술이든 무릇 예술을 한다는 것은 그녀가 생각지도 못했던 일이었

다. 그러나 리딩을 받고 나서 한번 시험해 보자고 미술 학교에 들어
갔다. 그런데 놀랍게도 그녀에게 정말 훌륭한 재능이 있다는 것이
판명되었으며, 오래지 않아 그녀는 상업 미술가로서 크게 성공했고
그러는 사이에 성격마저도 변해 버렸다.

세월이 흐르면서 사람들의 생활 속에서
라이프 리딩이 말해 준 것이 차례차례 실현되어 가는 것을 보고 케
이시는 차츰 자기가 하는 일의 가치에 대해 자신을 갖게 되었다. 리
딩에는 아직 완전히 증명할 수 없는 것도 많이 있었지만, 증명이 되
는 부분이 증명되지 못하는 부분에 대해서도 자신감을 갖게 했다.
많은 사람들이 자기에게 적합한 직업으로 이끌어졌다. 또 어떤 사
람들은 결혼 생활이 원만하지 않은 까닭이 어디에 있는지를 이해하
게 되었고, 또 다른 사람들에게는 사회적으로 그리고 심리적으로
자신을 보다 잘 적응시킬 수 있는 자기 인식의 기회가 주어졌다.
  처음에 케이시는 이런 정보가 나오는 것이 라머스가 윤회를 믿
고 있어서 케이시의 마음에 그런 암시를 주었기 때문이 아닌가 하
고 의심도 했다. 그러나 여러 가지의 사실이 그런 의혹은 필요 없다
는 것을 보여주는 것 같았다. 우선 라머스는 최초의 리딩 때는 암시
의 말 가운데서 윤회라는 말은 쓰지를 않았다. 그가 부탁한 것은 호
로스코프였고 그 이외에는 아무것도 부탁하지 않았다. 그러므로 케
이시의 '무의식' 내지 '초의식'이 라머스의 전생에 관한 정보를 자

진해서 제공했던 것이다.

뿐만 아니라, 나중에 멀리 있는 모르는 사람들에게 준 확증적인 정보는 거의 모두 라머스나 케이시가 알지 못하는 것들이었다. 만약 케이시의 무의식이 라머스가 주는 암시를 바탕으로 하여 허구적이고 공상적인 어떤 이야기를 꾸며내는 것이라면 그런 정보가 미지의, 더구나 참인지 거짓인지를 확인하려고만 하면 얼마든지 할 수 있는 사실과 그렇게 여러 번 일치될 수는 없었을 것이다.

이런 모든 점을 종합해 볼 때, 케이시는 차츰 라이프 리딩의 내용과 그것이 말해주는 인간의 운명에 대한 설명의 진실성을 확신하게 되었던 것이다. 그러나 케이시는 다른 무엇보다도 리딩에 가득 찬 그리스도와 같은 정신에 감동될 수밖에 없었다. 리딩은 모두 다른 사람들을 도와주려는 동기에서 나온다는 것, 또한 그리스도교의 이상이 윤회 사상과 잘 조화될 수 있다는 점에서 그는 리딩의 진실성을 받아들인 것이다. 성서 구절이나 예수의 타이르는 말씀이 언급되지 않은 리딩은 거의 없었다.

가장 빈번히 언급된 것은 아마도 "뿌린 대로 거두리라."라는 말일 것이다. 때로는 그것이 성서의 표현 그대로 인용되기도 하고, 또 어떤 때는 그 뜻을 다르게 표현한 말이기도 했다. 예를 들면 "결코 절대로 착각을 해서는 안 된다. 오해를 해서는 안 된다. 하나님을 속일 수는 없는 것이다. 왜냐하면 사람은 자기가 씨뿌린 것을 거두어들일 수밖에 없기 때문이다. 인간은 항상 자기 자신과 대결하고 있는 것이다. 그러므로 신이 말씀하시듯 악의를 품고 그대에게 오는 사람을 좋게 대해주어라. 그러면 그대가 다른 사람들에게 저지른 일을 보상할 수가 있다."는 식으로.

전생에서의 옳지 않은 심리의 결과로 현생에 나타났다고 하는 괴로움에 대하여 그런 해설의 말이 나오는 것이었다. 그런데 그렇게 해설해주는 말이 아주 진지하고 적절했기 때문에 그 말들에는 큰 설득력이 있었다. 철저한 그리스도교인의 사고방식과 윤회 사상과의 이 기묘한 결합에는 아무런 과학적인 힘이 없으며 또 불가지론자(不可知論者)들에게는 무의미한 말들일 것이다. 그러나 케이시에게는 흔들리는 마음을 안정시켜 주는 결정적인 무게가 있었다.

최초의 흥분이 어느 정도 가시자 케이시 그룹은 리딩이 주는 정보의 성격을 탐색하기 시작했다. 리딩에서 역사상의 어떤 특정 시대가 빈번히 나타나는 데 호기심이 끌린 것이다. 많은 사람이 비슷한 역사적 배경을 지니고 있었다. 실제로, 그들의 전생을 거의 일정한 틀에 맞출 수 있을 것 같았다. 가장 흔히 나타나는 틀의 하나는 '아틀란티스 - 이집트 - 로마 - 십자군 시대-초기 식민 시대' 순서이고 다른 하나는 '아틀란티스 - 이집트 - 로마 - 루이 14, 15, 16세 시대의 프랑스 및 미국 남북전쟁 시대'라는 계열이다. 물론 거기에는 조금씩 다른 것도 있고 또 중국·인도·캄보디아·페루·노르웨이·아프리카·중미·시실리·스페인·일본 등이 나타나는 경우도 없지는 않았지만, 대개의 리딩은 앞의 두 유형에 속하는 것이었다.

케이시는 그 까닭이 어떤 시대의 영혼은 보통 그 뒤의 생애에서도 함께 환생하기 때문이고 그 사이의 몇 세기 동안은 다른 무리의 영혼이 육체로 태어나, 말하자면 영혼의 무리들이 번갈아 지상에 나타나기 때문이라고 설명한다. 마치 공장 노동자들이 교대 근무제로 출근하는 것처럼 영혼도 질서와 리듬을 가지고 번갈아가며 지상에 나타나 진화해 나가는 것이라는 말이다. 따라서 오늘날 지상에 있는 영혼들은 역사상 어떤 과거 시대에도 함께 생존했던 것이다. 또 가족 관계·우정·같은 취미 등으로 서로 친밀히 연결되어 있는 영혼들은 전생에서도 마찬가지의 유대로 이어져 있었던 것으로 보인다. 그리고 케이시에게서 리딩을 받은 사람들은 뭔가 그런 방식으로 서로 연관되어 있었던 사람이라고 여겨지는 것이다.

다음으로 추구한 것은 그런 정보들이 어디에서부터 나오는가 하는 점이다. 이에 대한 대답은 최면 상태에서 케이시의 마음이 끌어낼 수 있는 지식의 원천이 둘 있다는 것이었다.

그 하나는 라이프 리딩을 의뢰한 개인의 '무의식의 마음'이다. 리딩에서 말해준 설명에 따르면, 무의식의 마음은 각 개인이 거쳐 온 모든 경험 – 이 세계에 태어난 이후의 경험뿐만 아니라 태어나기 이전의 일체의 과거 경험 – 의 기억을 간직하고 있는 것이다. 이 세계에 태어나기 이전의 기억은 대개 근대의 정신 요법 의사들에 의하여 끌어내어지는, 말하자면 마음속 뚜껑 아래의 무의식보다 더 깊은 자리에 들어 있다. 그리고 무의식의 마음속으로는 의식하는 마음보다 동등한 무의식의 마음이 들어가기가 쉽다. 이것은 뉴욕 거리의 한 지점에서 다른 지점으로 가는 데는 땅 위를 달리는 전차보다 땅 밑을 달리는 지하철로 가는 쪽이 더 쉬운 것과 같다. 이런 메커니즘에 따라 케이시의 마음은 최면 상태에 들면 다른 사람의 무의식 영역과 쉽게 연결되는 것이다.

이 설명은 어렵지 않게 이해할 수 있다. 이것은 묘하게도 무의식의 마음의 존재와 내용에 관한 정신분석학자들의 발견과 적어도 부분적으로는 일치한다. 그런데 리딩을 통해 주어지는 정보의 두 번째 원천에 대한 설명은 다소 환상적이라고 느껴질지도 모르겠다.

리딩은 이른바 아카샤 기록Akashic Records과 연결된다. 생소한 용어를 말할 때는 흔히 그러하듯이 최면 상태의 케이시는 아카샤라는 명사와 그 형용사형의 낱말 철자까지 말했다. 케이시의 설명을 다음과 같이 요약할 수 있다.

아카샤란 산스크리트 말이다. 이것은 전자기적(電磁氣的)이고 영적인 짜임새인 우주의 근본적 질료인 에테르를 가리킨다. 이 아카샤 위에 우주가 시작된 이래의 모든 소리·빛·운동·상념의 기록이 인상(印象)되어 있고, 그것은 영원히 지워지지 않고 그대로 남는다. 이 기록이 있기 때문에 투시자나 점술가들이 과거를 볼 수가 있는 것이다. 아무리 먼 과거의 일이라도, 그리고 그것이 평범한 인간의 지식으로는 도저히 접근할 수 없는 것처럼 보여도 그것을 정확하게 읽어낼 수 있는 기록이 영원히 보존되어 있는 것이다. 아카샤는 마치 녹음기와 촬영기처럼 이 우주에서 일어나는 모든 일을 낱낱이 기록한다. 그 진동으로서의 기록을 읽을 수 있는 능력은 인간 각자에게 원래 갖추어져 있다. 인간이 가진 모든 기관의 감성에 의하여 그 기록을 읽을 수 있는데, 다만 라디오를 들을 때 주파수를 맞추어야 하는 것처럼 우리 의식의 파장을 아카샤에 기록된 인상의 파장과 맞추어야만 하는 것이다.

케이시는 평소 깨어 있을 때에는 그 육체적 의식의 파장을 아카샤 기록에 잘 맞출 수 없지만, 최면 상태에 들면 쉽게 맞출 수가 있는 것이다. 케이시는 최면 상태에 든 자신의 입에서 나온 여러 불가사의한 말 가운데 이런 설명이 가장 이해하기 어려웠다. 그런데 확실히 알리고 여러 번 질문하기를 되풀이해도 항상 같은 설명이 어떤 때는 같은 말로, 또 어떤 때는 다른 표현과 예를 통해 나오곤 했다.

리딩에서는 여러 번 '아카샤 기록'을 '자연의 보편적 기억' 또는 '생명의 책'이라고 불러도 좋다는 말이 나왔다. 또한 아카샤의 실재(實在)에 대해 여러 세기 전에 가르쳐진 것을 말해 줄 때도 있었다. 인도의 다른 관념들, 예컨대 '물질'의 마야Maya적 성격이라든가 비개체성(非個體性), 물질과 에너지의 상호 교환 가능성, 정신 감응에 의한 사념(思念) 전달의 실재성 같은 것들을 최근의 물질 과학이 증명하고 있음을 볼 때, 아카샤라는 개념의 가능성에 대해서도 허심탄회하게 받아들여야 한다는 것이었다.

케이시는 오랫동안 이 문제에 대해서는 스스로 어떤 단정을 내리기를 미루었다. 무의식의 마음이라는 설명이 아마도 전생에서의 개인의 역사는 모두 망라할지 모르겠으나, 아틀란티스라든가 이집트 또는 예수의 시대 같은 세계 역사의 과거 시대에 관한 리딩 때 그의 입에서 쏟아져 나오는 풍부하고도 세밀한 자료도 그것으로 설명이 되는 것일까? 이런 정보는 그 시대에 살았던 어떤 사람의 무의식의 마음에서 끌어내어지는 것일까? 아니면 케이시 자신이 우주 어딘가 미지의 영역에 보존되어 있는 거대한 역사의 두루마리를 실제로 읽어 내는 것일까?

케이시는 마침내 아카샤도 긍정하게 되었다. 어떤 절대적 증거가 있었기 때문이 아니라 리딩이 그렇게 말했기 때문이며, 리딩은 그때까지 다른 실증 가능한 정보에 틀림이 없었기 때문이다.

아마도 초감각적 지각을 연구하는 연구자들은 케이시의 정보가 이런 점에서 오류를 저지르고 있음을 입증할지도 모른다. 어쩌면 다른 방식의 설명이 케이시의 과거에 대한 투시력에 적용될지도 모른다. 반대로 어쩌면 우리 시대의 과학자가 아카샤의 실재를 장차 증명할 수 있게 될지도 모른다. 라디오의 전파, 원자 에너지, 인체 신경 계통의 기억인상(記憶印象, Memory-engram)처럼 아카샤가 결코 공상이나 환상이 아님이 입증될지도 모른다.

아무튼 케이시가 하는 라이프 리딩과 그 놀라운 진실성은, 그것의 궁극적인 출처가 어디이든 사실로 인정되고 있는 것이다. 1923년에서 1945년 사망할 때까지의 22년 동안에 케이시는 약 2천 5백 건의 리딩을 했다. 피지컬 리딩의 경우와 마찬가지로 그 기록 역시 주석을 달아 잘 보존해놓았다. 편지나 그 밖의 서류들이 리딩의 정확성을 뒷받침하고 있다. 그것을 직접 조사해 보고 싶은 사람은 자유롭게 접근할 수도 있다.

따라서 만약 우리가 케이시와 더불어 그런 독특한 문서의 진실성과 그것들이 보여주는 인간의 운명에 관한 설명들을 믿게만 된다면 우리는 엄청나게 풍부한 정보를 이미 소유하고 있는 셈이다. 첫째, 거기에는 '윤회'라는 혁명적 이론을 뒷받침하는 정황 증거가 있다. 설령 그것을 절대적인 결론으로 받아들일 수는 없다 하더라도, 적어도 그것이 가리키는 사고(思考)의 영역으로 우리의 주의를 돌리는 것은 과학이 빠뜨리고 지나가는 실수를 막기 위해서는 가치 있는 일이라 여겨진다. 위대한 발견 가운데는 언뜻 보아 "설마 그런데에……."하는 곳을 뒤지고 살핌으로써 얻어진 것이 많이 있다. 아인슈타인은 "어떻게 상대성 원리를 발견했는가?"라는 질문을 받았을 때 "공리(公理)를 의심해 보았을 때 발견되었다."고 대답했다. 둘째, 우리가 가지고 있는 것은 심리학과 의학과 철학적 성격의 정보이며, 그것을 분류하고 분석한다면 자연 및 인간의 운명에 대한 것들을 완전히 바꾸어놓게 될 것이다.

22년에 걸쳐 고통받고 번민하는 사람들이 케이시의 명쾌한 최면 투시 리딩을 받았다. 온갖 종류의 육체적·정신적 질병이 그들을 좀먹고 있었다. 정체를 알 수 없는 고뇌에 신음하는 시편(詩篇)의 저자처럼 그들은 "어찌하여 이런 일이 나에게 일어났는가?"하고 그 까닭을 알고 싶어 했던 것이다.

그들의 사례 모두가 다 절망적이고 비극적이지는 않았다. 그런 사람들의 전생의 역사는 대부분 그들의 현생에서의 생활이 평범하고 진부하듯이 별로 극적인 흥미가 있는 것은 아니다. 그러나 그들 각자의 문제가 유별나든 그렇지 않든, 그들의 현재 상태는 한결같이 몇 세기씩 지난 과거에서 비롯된 인과의 고리 가운데 하나임이 증명된 것이다. 그들은 차례로 그들 자신의 질병이나 실패와 우주와의 연관성을 보았다. 그렇게 보고 앎으로써 그들의 삶에 혁명이 일어났다. 그들이 처한 상태가 긴 안목으로 볼 때는 아주 적절하고 마땅한 것임을 깨닫게 되었을 때, 그것은 그들로 하여금 보다 높은 영적 수준에서 역학적(力學的)인 균형을 잡을 수 있게 해주었다.

만약 케이시 리딩의 진실성을 받아들일 수 있다면, 그것이 지니는 놀라운 속내를 파악해야 한다. 리딩의 중요성은 그것이 세상에 새로운 이론을 제공하고 있다는 데 있는 것이 아니다. 그 이론 자체는 이 세계 여러 나라에 널려 있는 여러 인종 사이에서 태고 때부터 있었다. 케이시 리딩의 중요성은 두 가지 점에 있다. 하나는 서구 세계에서의 오랜 공백 끝에 비로소 '전생(轉生)'에 대한 분명하고 독특한, 그리고 심리학적으로 믿을 수 있는 논리적인 설명이 주어졌다는 점이고, 둘째로는 유사 이래 처음으로 그런 정보가 일반 대중이 이용할 수 있는 형태로 기록되어 남겨졌다는 점이다.

케이시의 리딩은 동양의 철학과 그리스도교의 생활 지도 원리를 조화시키는 것이다. 이것으로 양쪽에게 새로운 생명이 불어넣어졌다고도 할 수 있다. 그리하여 여태까지 동양과 서양을 각각 성격 지어 온 두 가지 견해, 곧 내향(內向)과 외향(外向) 사이에 꼭 있어야 할 종합과 어우러짐이 성취되는 것이다.

또한 케이시의 리딩은 특히 과학과 종교의 어우러짐을 성취시킨다. 윤리적 세계 역시 물질을 지배하는 원인·결과의 법칙과 같은 법칙에 따른다는 것이 증명된 것이다. 인간의 괴로움의 원인은 단순히 물질적인 불운(不運)에 있지 않고 오히려 행위, 곧 생각의 잘못에 있음을 리딩은 밝혀 주었다. 인간의 탄생이나 능력에서 불공평이 나타나는 것은 조물주의 변덕이나 유전의 맹목적인 메커니즘 때문이 아니라 각 개인의 과거 행위의 옳고 그름이 원인인 것이다. 모든 고통과 부자유는 교육적인 목적이 있다. 불구나 재난에는 도덕적인 원인이 있다. 모든 인간의 괴로움은 지혜와 완성을 향하여 진화하는 인간이 다녀야 하는 수업 연한이 아주 긴 학교의 교과서인 것이다.

제4장

육체의 카르마

절름발이 · 귀머거리 · 맹인 · 불치병 등은 인간의 괴로움 가운데 아마도 가장 쓰라린 것이리라. 남이 그런 괴로움을 겪는 것을 보면 깊은 동정이 느껴지지만, 자기가 그런 괴로움을 겪고 있고 또한 낫지 않아 슬픔을 맛볼 때는, 왜 이런 일이 다른 사람 아닌 나한테 일어나는가, 하고 인간에 대한 신의 섭리를 심히 의심하게 된다.

욥은 아주 의롭고 인내심이 강한 사람으로 알려져 있다(구약성서 욥기). 그는 이 세상의 재산과 자식을 모조리 잃었다. 그것은 그의 마음에 깊은 상처를 주었다. 그래도 그는 한 마디 불평도 하지 않았다. 그러나 최후의 시련으로서 사탄이 그의 온몸에 징그러운 악창이 생기게 했을 때 욥은 드디어 신을 원망하고 절망의 비명을 지르면서 그의 괴로움이 무엇 때문인지를 물었다.

저에게 가르쳐 주십시오. 그러면 제가 입을 다물겠습니다.

부디 제가 잘못한 바를 알려 주십시오.

괴로움은 틀림없이 뭔가 그릇된 행위를 했기 때문이라는 신앙은 시대에 뒤떨어진 미신이라고 현대인은 무시한다. 오늘날에는 괴로움이 '죄' 때문이라고 생각하는 사람은 거의 없다. 그러나 케이시 리딩을 보면, 설령 죄의 원인은 드러나 보이지 않더라도 죄와 괴로움은 엄격한 인과관계에 있는 것이다.

케이시 리딩의 바탕이 되는 이 생각을 이해하려면 '카르마'라는 말의 뜻을 먼저 알 필요가 있다. 이 말이 죄와 괴로움의 인과관계를 나타내는 유일한 말이기 때문이다. 카르마는 산스크리트어로 원래는 '행위'를 뜻한다. 그러나 철학적 개념으로서는 모든 인간의 행위를 지배하고 있는 인과율 또는 작용·반작용을 의미한다. 인도의 브라만 철학을 따랐던 에머슨은 이 개념을 '보상의 법칙'이라고 했다. 예수가 '뿌린 대로 거두리라'라고 한 말이 단적으로 이것을 의미하는 것이다. 뉴턴의 '운동의 제3법칙' – 모든 작용에는 그와 동등한 반작용이 따른다 – 은 물리 현상에만 적용되는 것이 아니라 도덕률에도 그대로 적용되는 것이다.

케이시의 라이프 리딩은 사람이 지금 겪는 괴로움은 과거의 어떤 행위가 원인이 되어 나타나는 결과임을 밝힘으로써 카르마라는 추상개념을 보다 선명하고 절실하게 부각시키는 데에 매력이 있다. 수많은 라이프 리딩을 잘 살펴보면 온갖 유형의 카르마가 있음을 알 수 있다. 그 중 하나는 '부메랑의 카르마'라고나 할 유형의 카르마이다. 오스트레일리아 원주민들이 쓰는 무기인 부메랑은 던지는 즉시 던진 사람에게로 되돌아온다. 그와 같이 남을 해치는 행위를 하면 그 행위가 그대로 메아리쳐서 행위자에게로 되돌아오게 된다.

이런 종류의 카르마를 말한 사례는 많이 있는데, 그 중 한 예를 들어보겠다. 태어날 때부터 맹인인 어떤 대학 교수가 라디오 방송에서 케이시에 관한 이야기를 들었다. 그는 케이시에게 피지컬 리딩을 의뢰했고 리딩이 지시한 대로 마사지·전기 치료법·식이 요법 등 종합 치료를 한 결과 몸이 건강해지고 시력도 현저히 회복되었다. 의학적으로는 전혀 방법이 없었지만 3개월이 지나자 왼쪽 눈 시력이 10% 정도 회복된 것이다. 라이프 리딩은 이 사람의 네 번에 걸친 과거생을 말하고 있다. 가장 가까운 전생이 남북전쟁 시대의 미국, 그 전이 십자군 시대의 프랑스, 그 전은 기원전 1000년 무렵의 페르시아, 그 전은 침몰 직전의 아틀란티스라고 했다.

현재의 그를 맹인으로 만든 영적 법칙(카르마)은 그가 페르시아 시대에 유발시킨 것이라고 한다. 그는 당시 불에 달군 인두로 적의 눈을 지져버리는 풍습이 있는 야만적인 부족 중의 한 사람으로서 그 일을 직업적으로 담당했다는 것이다.

여기서 당연히 나오는 의문은 "단지 자기가 속한 사회의 관습상 요구된 의무를 수행했을 뿐인데 어찌하여 개인이 그 책임을 지게 되는가?"라는 것이다. 이것은 철저히 규명할 필요가 있는 문제이므로 나중에 제23장에서 자세히 다루기로 한다.

다음으로 주목할 만한 것은 한 미용사의 경우이다. 이 여성은 한 살 때 소아마비에 걸려 다리의 발육이 정지되었으며 결국 지팡이와 부목 없이는 걸을 수 없는 몸이 되었다.

그녀가 이렇게 장애의 몸이 된 것은 카르마의 관점에서 보면 아틀란티스에 살 때 어떤 방법으로 – 그것이 약을 써서인지 또는 정신 감응에 의해서인지, 아니면 최면술을 쓰는 방법인지, 리딩은 밝히지 않았다 – '사람들의 다리를 약하게 만들어 남의 뒤를 겨우 따라 걸어다니게 한 것이 원인'이라는 것이다. 그 때문에 현생에서는 자기 자신이 그런 꼴이 되었다고 했다.

부메랑의 카르마가 나타난 세 번째 예는 40세인 어떤 부인의 경우이다. 그녀는 어릴 때부터 알레르기 증상으로 고통을 받아왔다. 어떤 종류의 식품, 주로 빵이나 그 밖의 음식을 먹으면 건초열(乾草熱) 증상인 재채기가 나는 것이다. 또한 어떤 물건에 닿으면, 주로 구두 가죽이라든가 유리 가장자리 따위를 만지면 옆구리에 심한 통증을 느꼈다. 오랫동안 여러 의사로부터 치료를 받았지만 소용이 없었고, 다만 25세 때에 받은 최면 요법만은 효과가 있었다고 한다. 그러나 그 최면 요법도 약 6년 동안은 효과가 있었지만 그 후 다시 원래대로 되돌아가고 말았다는 것이다.

이 부인이 케이시에게 리딩을 의뢰한 목적은 병을 고치기 위해서였지만 케이시의 리딩에는 카르마에 대한 다음과 같은 해설도 포함되어 있다.

이 사람은 전생에 화학자였다. 그때 어떤 물질을 써서 남에게 가려움증이 일어나게 했다. 그래서 현생에서는 자기가 그런 고통을 받고 있는 것이다. 또한 이 사람은 어떤 물질을 써서 숨을 내쉬면 심한 악취가 나도록 한 일도 있다. 그 때문에 그녀는 현생에서 어떤 종류의 금속이나 플라스틱, 어떤 냄새나 가죽 따위에 닿으면 중독 증상을 일으키는 것이다. 천연적 방법으로 만든 가죽일 때는 아무렇지도 않지만 그녀가 전생에서 남을 괴롭히려고 썼던 물질과 같은 것을 써서 만든 가죽일 때는 중독 증상을 일으키는 것이다.

육체적 영역에서의 두 번째 카르마의 종류는 '기관(器官)의 카르마'라고 부를 수도 있는 유형이다. 어떤 시대에 어떤 내장 기관을 혹사하면 다음 시대에 태어나서 그 내장 기관의 복수를 받게 된다는 것이다. 그런 유형의 카르마는 어릴 때부터 위가 약해서 고민하는 35세의 한 남성에게서 볼 수 있다. 그는 항상 일정한 음식 외에는 먹을 수가 없었다. 더구나 그렇게 조심을 하고도 그 음식을 오래오래 씹어먹어야 했다. 이런 과민성 때문에 그는 사람들과 잘 어울릴 수도 없고 생활에서 여러 가지 불편을 참아내야 하는 것이다.

케이시의 리딩에 따르면, 그의 위가 약한 원인은 프랑스 루이 13세 시대의 전생에 있다. 당시 그는 왕의 충실한 측근이었고 또 왕실의 의상을 다루는 일도 했는데, 그에게는 하나의 큰 결점이 있었다. 그는 엄청난 대식가였던 것이다. 페르시아 왕실의 전의(典醫)였던 전생에서도 그는 왕궁에서 사치스러운 요리를 무절제하게 즐겼다. 그러므로 그는 두 번의 전생에서 폭음·폭식이라는 심리적인 죄를 저지른 것이다. 그런 균형을 잃은 버릇은 어떤 방법으로든 고쳐야 할 필요가 있다. 그리하여 그는 현생에서 태어날 때부터 소화 기관이 약하다는 이유로 절제를 하도록 강요되고 있는 것이다.

케이시의 리딩에서 자주 나타나는 세 번째 육체적 카르마는 '상징적 카르마'라고 불러도 될 것 같은 유형이다. 이것은 질병의 원인이 되는 카르마로서는 가장 놀랍고 흥미있는 것이다. 라이프 리딩을 하기 시작한 초기의 한 사례를 보겠다.

어릴 때부터 빈혈증에 시달리던 청년이 있었다. 아버지가 의사였기 때문에 모든 치료법을 시도해 보았지만 아무런 효과도 없었다. 아주 완고하여 전혀 개선될 가망이 없는 이 기능 장애는 뭔가 뿌리 깊은 카르마에서 비롯되었음을 암시하고 있었는데, 사실 리딩은 다섯 번씩이나 전생을 소급하여 페루에서의 전생에서 그 원인을 찾아냈다. 그는 페루의 전생에서 폭력으로 통치권을 빼앗아 스스로 통치자의 자리에 올랐던 것이다. "많은 피가 흘렀다. 그러므로 현생에서 자신이 빈혈증이 된 것이다."라고 리딩은 말하고 있다.

이 말의 의미는 이것과 다른 육체적 카르마를 비교해 볼 때 분명해질 것이다. 이것은 분명히 기관의 카르마는 아니다. 왜냐하면 이 사람의 죄는 뭔가 절제를 하지 않고 자기 몸을 혹사한 것은 아니기 때문이다. 이것은 또 엄밀하게 말하면 부메랑의 카르마도 아니다. 만약 부메랑의 카르마라면 이 청년은 통치자에 의해 무참하게 살육 당한 희생자가 되었을 테니까 말이다. 어쩌면 나치에 학살된 폴란드 청년이 되었을지도 모른다.

그런데 그는 현생에서 그 자신의 육체가 살육의 전쟁터로 되어 있는 것이다. 말하자면 자신의 육체가 죄를 보상하는 희생의 제단이 된 것이다. 이처럼 평생을 육체적 결함에 시달리는 것은 전쟁터에서의 피비린내나는 죽음보다도 교육적으로 훨씬 유효한 형벌이다. 이 사람은 전생에서 정복자의 오만을 가지고 많은 사람의 피를 흘리게 했다. 그러므로 그는 지금 자기 자신이 피가 부족한 존재가 되어 그의 육체 일부가 상징적으로 카르마를 결산하고 있는 것이다.

이런 말은 정신 신체 의학에 대해 아는 바가 없는 사람에게는 꿈같은 이야기로 들릴지도 모른다. 그리 오래지 않은 과거이지만, 모든 질병이 육체적인 원인에서 발병한다고 생각하던 시대가 있었다. 정신 의학이 발달하면서 적어도 어떤 종류의 육체적 상태는 정신이나 감정의 혼란에서 온다는 것이 실증되었다. 그리고 그런 발견에서 이른바 정신 신체 의학이라는 학문이 나왔다.

정신 신체 의학의 임상 실험은, 감정의 긴장이 말이나 행위로 표출되지 못할 때는 흔히 일종의 '기관 언어(器官言語)'를 통해 몸에 상징적으로 스스로를 나타낸다는 것을 증명했다. 『정신 신체 의학』이라는 이 분야의 교과서를 쓴 바이스와 잉글리시는 말한다.

예를 들어, 만약 환자가 아무런 내장 기관의 장애 없이 무엇을 삼키지 못할 때는 환자의 생활 환경에 뭔가 삼켜 넘길 수 없는 것이 있음을 뜻하는지도 모른다. 내장 기관의 이상에서 오는 구토증이 아닌 것은 때때로 환자가 자신의 환경 속에서 이것저것 받아들여 소화할 수 없는 것이 있음을 뜻하는 경우가 있다. 식욕이 없어진 결과 심한 영양실조가 된 환자는 육체적으로 굶주려 있는 것과 마찬가지로 정신적으로도 굶주린 경우가 흔히 있다. 이런 경우에 희생이 되는 기관은 환경 상태가 좋지 않아 마음에 불안이 생겼는데도 활발하게 일하는 경우가 많다. 그러나 체질이나 유전성, 그 밖의 요인도 기관의 선택을 결정하는 수가 있다.

여기서 한 가지 주목할 것은, 이른바 상징적 카르마와 정신 신체 의학의 '기관 언어' 사이에 어떤 밀접한 관련이 있는 것처럼 보인다는 점이다. 상징적 카르마의 경우는 그 사람의 의식 속에 자기가 저지른 죄에 대한 죄악감이 깊숙이 박혀 있기 때문에 그 죄악감이 육체에 투영된다고 할까, 아무튼 그것이 모습을 나타내는 것으로 여겨진다. 그리고 이때 희생되는 기관은 상징적으로 적절하다고 여겨지는 것이 선택되는 것 같다.

케이시의 파일에는 이처럼 상징적인 보복을 보여주는 예가 많이 있는데, 그 가운데 몇 가지 대표적인 것을 들어본다. 심한 천식 환자에게는 "제 목숨이 짓눌리는 것 같을 때는 당신이 남의 목숨을 짓누르고 있는 것이다."라고 하였다. 귀머거리인 사람에게는 "이제는 두 번 다시 당신에게 도움을 구하는 사람의 말에 귀를 막아서는 안 된다(이 사람은 프랑스 혁명 때 귀족이었다)."고 주어졌다. 어떤 척수염 환자는 "이 사람은 남을 방해했기 때문에 지금 자기 자신이 그런 꼴을 당하는 것이다."라는 말을 들었다. 진행성 근육 위축증에 걸린 환자는 이런 말을 들었다. "이것은 단순히 하지의 신경이나 근육이 오그라든 것이 아니다. 이것은 전생에서 당신이 자기와 남의 생활 속에서 만들어 냈던 것의 결과이다."

상징적 카르마가 가장 두드러지게 나타난 예는 2세 때부터 만성 야뇨증으로 부모를 괴롭힌 11세 소년의 경우일 것이다. 이 경우는 치유 과정이 특이하므로 좀 상세히 말하겠다.

어릴 때 아이는 매우 온순했다. 그러던 아이가 2살 때 동생이 생기고부터 밤에 오줌을 싸게 되었다. 그것도 매일 밤 어김없이 실수를 하는 것이다. 부모는 동생이 생겨서 아이의 마음이 불안해졌고 그 때문에 자기에게로 주의를 끌려고 유아기의 습관으로 돌아간 것이 아닐까 생각했다. 갓난아기인 동생이 부모의 애정을 독점하고 있지 않다는 것을 아이에게 깨닫게 하려고 부모는 온갖 노력을 다했지만 야뇨증은 계속되었다. 그 아이가 3살이 되었을 때 부모는 정신과 의사에게 보이기로 했다.

1년 남짓 정신과에 다녔지만 전혀 좋아지지 않아 치료를 중단했다. 그 후로 5년 동안 소년은 매일 밤 이불을 적셨다. 부모는 유명하다는 전문의를 모두 찾아다니며 여러 가지 치료를 시도해 보았지만 전혀 효과가 없었다. 8살이 되어도 밤에 오줌을 싸는 것은 여전했다. 부모는 다시 한 번 정신과 의사의 도움을 받아 2년간 치료를 했다. 이 치료는 그 아이의 일반적인 성격의 성장에는 도움이 되었지만 야뇨증은 고치지 못했다. 그래서 2년 동안의 헛된 노력 끝에 정신 요법도 단념하고 말았다.

아이가 10살이 되었을 때 에드가 케이시의 소문을 들은 부모는 리딩을 의뢰했다. 소년의 라이프 리딩에 따르면, 그의 전생은 초기 청교도 시대, 즉 마녀 재판 시대의 복음 전도사로서, 마녀 혐의자를 걸상에 묶어 연못에 처넣는 형벌을 적극적으로 집행했다는 것이다. 리딩은 이런 카르마의 설명과 더불어 치유의 희망을 주었다. 소년이 밤에 잠들기 전에 어떤 암시를 주도록 지시받았다. 그리고 암시 내용은 육체적인 것이 아니라 정신적인 것이어야 한다고 했다.

소년의 어머니는 리딩을 받고 나서 그날 밤 아이의 침대 머리맡에 앉아 아이가 잠들기를 기다렸다. 그녀는 낮은 목소리로 다음과 같이 말했다.

당신은 친절하고 훌륭한 사람입니다. 당신은 많은 사람들을 행복하게 해줄 것입니다. 당신은 당신에게 오는 모든 이들을 도와줄 것입니다. 당신은 친절하고 훌륭한 사람입니다.

대충 이런 뜻의 말을 여러 가지로 약 10분 동안 아이가 깊은 잠에 빠질 무렵에 되풀이한 것이다. 그랬더니 그날 밤은 10년 만에 처음으로 소년이 오줌을 싸지 않았다.

어머니는 몇 달 동안을 이렇게 암시를 주어 나갔다. 그 사이 한 번도 실수가 없었다. 차츰 1주에 한 번의 암시로 줄게 되고 마침내는 그럴 필요도 없어지고 말았다. 소년은 완전히 치유된 것이다.

이 경우에는 몇 가지 재미있는 특징이 있다. 첫째로, 그렇게 암시를 주기 시작한 첫날 밤에 10년 동안 계속된 버릇이 딱 그쳤다는 사실 자체가 이상하다. 만약 이 어머니가 이지적이고 정직한 부인이 아니었더라면 사람들은 어머니의 이야기가 조금 과장되었다고 생각할지도 모른다. 그러나 그녀는 법률가이자 지방검사였으며, 미신에 속아넘어가는 순진한 여성이 아니었다.

둘째로 주목할 점은 그렇게 놀라운 효과를 나타낸 암시가 밤에 오줌을 싸서는 안 된다는 뜻의 암시는 결코 아니었다는 사실이다. 아이의 육체적인 의식에는 전혀 상관없이 오히려 그 영적 의식이라고나 할 마음을 향해 암시가 주어졌던 것이다. 즉 그가 세일럼 시대의 전생에서부터 계속 지녀온 죄의식 – 그것은 지금 신장 기능 장애로서 그의 몸에 상징적으로 나타났다 – 을 향해 암시가 주어졌던 것이다. 그는 과거에 직접 남을 물 속에 담가 버리거나 또는 그런 형벌을 가하는 책임자였다. 그러므로 지금 자기 자신에게로 그 복수가 왔음을 막연하게나마 느끼고 있었던 것이다.

이 아이는 현세에서는 누구도 해치지 않았지만 그의 마음의 어떤 층에서는 과거에 남에게 가한 무자비한 형벌의 기억이 끈질기게 이어져 있어, 아직도 자신이 남들에게 친절을 베풀 수 있을지 또 그것을 남들이 알아줄지 의심하고 있었던 것이다. 어머니의 암시는 그의 그런 마음의 심층에 도달하여 그의 죄가 사회봉사나 친절로 이미 보상되었거나 보상될 수 있음을 보증해주었으며, 그 결과 더 이상의 상징적 복수는 필요가 없게 된 것이다.

아이는 그 이후 잘 순응하게 되었다. 사람들은 그를 좋아해주고 떠받들어 주었으며, 그는 자연스럽게 남의 앞에 서서 이끄는 훌륭한 학생이 되었다. 태어날 때부터 가지고 있었던 내향성이 깨끗이 극복되었고, 존슨 오코너의 '인간 공학 연구소' 테스트에서는 완전히 적응성을 갖춘 외향적 성격으로 평가되었다. 그의 성격 변화는 어느 정도는 정신과 의사에게 치료받은 덕분이기도 하지만 대부분 케이시 덕분이라고 그의 어머니는 말한다.

부모의 관찰에 따르면, 현재 16세인 소년의 가장 두드러진 특징의 하나는 남들에 대한 넓은 관용성이다. 남들에게서 어떤 성격적 결점을 보면, 그것이 어떤 것이든 그는 거기에 대한 어떤 심리적 해명 내지 변명을 찾아내어 준다. 그의 과거의 편협성이 – 그것 때문에 현생에서 육체적 결함이 생겨 상징적인 보복을 받았다 – 적극적인 관용성으로 바뀐 것이다. 그 결함에서 이미 완전히 회복되었으니 육체적 카르마는 당연히 사라질 것이다.

이렇게 카르마의 작용이 나타난 여러 경우를 살펴볼 때, 우리는 카르마의 작용을 몇 가지로 요약하고 개념화할 수 있음을 알게 된다.

카르마는 흔히 작용 · 반작용이라 정의되어 왔는데, 이 정의는 케이시의 리딩으로 실증되었다. 그러나 모든 카르마의 특징인 복수적 반작용은 대개 엄격하게 말 그대로 나타나는 것은 아니다. 예컨대 과거에 적의 눈을 인두로 지졌던 맹인인 대학 교수는 현생에서 야만적인 부족으로 태어나지는 않았다. 그리고 젊은 나이에 다른 부족에게서 눈에 낙인이 찍히는 잔혹한 보복을 받은 것도 아니다. 그는 20세기 현대 사회에 맹인으로 태어났다. 그가 현생에서 거친 과정은 어느 모로 보나 결코 전생의 복사판은 아닌 것이다.

그밖에도 많은 같은 유형의 실례들로부터 우리는 이것을 다음과 같이 요약할 수 있다.

카르마는 심리적 법칙이고, 원래 심리 측면에 작용한다. 물리적 환경은 심리적 목적을 이루기 위한 수단에 불과하다. 따라서 객관적인 물리 측면은 정확한 것이 아니라 다만 정확에 가까울 뿐이며, 심리 측면이 반작용보다 정확하다.

또는 반작용의 원인에 대해서는 다음과 같이 요약할 수 있을 것이다. 케이시의 파일 속에는 현생의 괴로움이 그가 과거에 한 행위의 희생자에 의해주어졌다고 볼 수 있는 경우는 전혀 없다.

대학 교수는 맹인으로 태어났다. 그러나 그의 부모가 전생에서 그의 희생자였다고 볼 수 있는 근거는 전혀 없다. 미용사인 여성은 지금까지 알아낸 범위에서는 아틀란티스 시대의 전생에서 그녀의 희생자였던 사람들로부터 그런 병을 받은 것이 아니다. 또 앞에서 말한 위가 약한 사람은 전생의 위와는 관계없이 위병에 걸린 것이다. 즉 반작용 내지 보복은 처음에 죄를 저지른 그 대상자나 그 육체적 기관에서 오는 것이 아니라, 오히려 그 죄의 행위가 가해진 영역 내지 장(場)에서 오는 것으로 보인다. 그림으로 나타내 보면 이것을 좀 더 분명히 이해할 수 있을 것이다.

한 영적 자아가 물질계로 태어나면 자기가 몇 겹의 동심원적(同心圓的) 환경에 둘러싸여 있음을 발견한다. 그 환경들은 자아를 둘러싸고 있을 뿐만 아니라 자아에게 작용 영역 내지 작용의 장(場)이 되어 있는 것이다.

자아의 작용의 짜임새는 여러 가지로 분석할 수 있을 것이다. 그러나 자아가 스스로의 의지를 작용시키는 주된 영역 내지 장(場)은 대체로 3가지로 나뉜다고 할 수 있을 것이다. 첫째로 그 자신의 육체, 이것은 여러 기관이나 능력으로 보다 정밀한 영적 국면 등으로 얼마든지 다양하게 세분할 수 있다. 둘째로 모든 외적 환경으로서의 그 자신의 자연적 환경, 셋째는 그가 갖는 사회적 환경의 모든 사람들이 포함된다.

다음의 〈그림1〉은 그런 동심원적 장을 보인 것이다.

X는 불멸의 존재인 자아이고, 그것이 X´에서 육체로 나타나 있다. XX´으로 나타내어진 자아는 3가지 주된 작용의 장에 둘러싸여 있다. 즉 A는 자신의 육체, B는 자연계, C는 다른 사람들, XX´으로부터 A, B, C로 그어진 화살표는 그들 장에 영향을 주는 자아의 의지적 행위를 나타낸다.

〈그림2〉는 그 장들로부터 나오는 반작용, 곧 XX´의 행위의 결과로서 XX´의 행위에 영향을 주는 반작용을 나타낸다.

만약 XX´이 자기의 육체 A를 과식으로 혹사한다면 현생 또는 내생에서 바로 이 영향으로부터의 육체적 반작용을 받게 된다. 다음에 태어날 때에는 전혀 새로운 육체를 갖는다는 사실은 중요한 문제가 아니다. 왜냐하면 작용의 장이 같기 때문이다.

이것을 테니스 시합으로 유추(類推)해 보면 이해하기 쉬울 것 같다. 가령 테니스를 즐기는 두 사람이 테니스 코트를 빌려 시합을 했는데, 스코어 5:5가 되었을 때 코트의 사용 시간이 끝나서 시합을 일단 중지하게 되었다고 하자. 그들이 시합이 재미있어 얼마 후에 다른 코트를 빌려 시합을 계속했다면, 시합 장소는 달라졌지만 스코

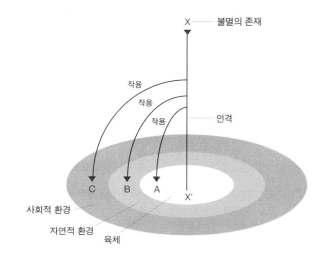

〈그림1〉

어는 원래대로 진행된다. 즉 일단 중지했을 때의 스코어 5:5 동점에서부터 다시 시작하는 것이다. 여기서 주의할 것은 그 스코어는 눈에 보이는 것이 아니라는 의미에서 분명하지가 않다는 점이다. 그렇지만 이 스코어는 두 사람이 테니스를 치고 있는 눈에 보이는 코트와 마찬가지로 엄연한 사실이다.

〈그림2〉의 설명을 조금 더 계속한다면, 만약 XX′이 숲을 제멋대로 파괴했거나 또는 땅에서 광물을 파내어 건설적으로 이용했다면, 그 행위는 곧 B의 영역에 영향을 주는 것이고 그 반작용은 그가 숲 또는 광물에 준 영향에 상당하는 행운 또는 불행이 되어 뒤에 같은 장으로부터 그에게로 돌아온 것이다. 케이시의 리딩 기록에는 이런 유형의 반작용을 보여주는 것이 많이 있다.

〈그림2〉

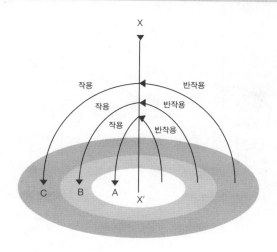

한편, 예를 들어 XX′이 동료 가운데 누군가를 잔인하고 무자비하게 다루었다면, 그렇게 해치고 학대한 그 사람에게서가 아니라 그 영역 곧 C의 장으로부터 같은 유형의 불행이 그에게로 되돌아올 것이다. 그러나 그 반작용은 당장 그에게 영향을 주는 것이 아니라 뒤에 환생했을 때 나타날지도 모른다.

〈그림3〉은 올라프 울슨이라 불렸던 존재 XX″이 그 자신의 전생인 마이클 기언이라는 XX′으로부터 받고 있는 일련의 영향력을 보여준다. 올라프 울슨은 자신의 과거 행위의 반작용을 받고 있음과 동시에, 다시 미래에 태어날 새로운 존재에게 반작용을 미칠 새로운 원인 행위도 지금 하고 있는 것이다.

이와 같이 케이시의 리딩은 인간의 육체적 괴로움에 대해 많은

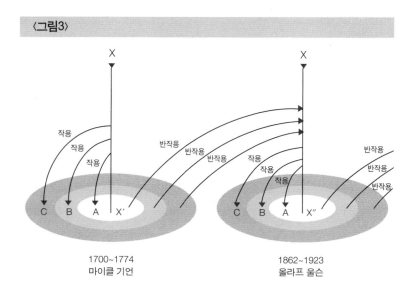

〈그림3〉

1700~1774
마이클 기언

1862~1923
올라프 울슨

계몽적인 관념을 펼쳐 주었다. 그것들은 우리의 통상적 감각 기관, 곧 오관의 지각으로는 방대하고 복잡한 생명의 피륙의 극히 일부밖에는 볼 수가 없다는 것을 말해주는 것 같다. 우리의 눈이 볼 수 있는 매끈한 거죽 아래에는 눈에 보이지 않는 무수한 실들이 얽히고 설켜 있는 것이다. 더구나 이 피륙은 온갖 방향으로 널리 퍼져 있다. 그 피륙을 이루고 있는 어떤 실의 가닥도 우리가 태어남이라고 부르는 일종의 착각에서 긋는 경계선에서부터 시작되지 않으며, 또한 죽음이라고 부르는 착각의 경계선에서 끝나지도 않는다.

제5장

비웃음의 카르마

그리스도교 신학이 말하는 일곱 가지 기본적인 죄 가운데 하나는 '오만'이다. 신학의 다른 여러 가르침과 마찬가지로 이것은 지적인 흥미를 불러일으키기는 하지만 인간이 겪는 육체적 고통과는 별로 관계가 없는 것 같다. 그러나 만약 케이시 리딩이 증언하는 바를 수긍한다면 오만의 죄가 매우 분명한 육체적인 고통으로 나타나는 경우가 있음을 인정하지 않을 수 없다. 오만으로 인한 비웃음이나 업신여기는 말은 몸으로 하는 공격 행위와 똑같은 것이다. 그러므로 거기서 부메랑의 카르마가 생기고 비웃음을 당한 사람이 겪는 육체적 괴로움과 같은 것을 결과적으로 받게 된다.

케이시 파일에는 이런 종류의 카르마로 인한 심한 불구(不具)의 예가 일곱 건이나 있다. 그리고 기묘하게도 그 중 여섯 경우는 그 원인이 로마의 그리스도교 박해 시대에 있다. 여기서 우리는 역사의 어떤 시대에 함께 살던 한 무리의 영혼이 다른 시대에도 무리지어 지상으로 태어난다는 사실을 알게 된다.

그 중 셋은 소아마비인 경우이다. 첫 번째는 법률가의 아내이자 세 아이의 어머니이기도 한 45세의 부인인데, 36세 때 소아마비에 걸려 걷지 못하게 되었다. 그녀는 휠체어를 타고 모든 살림을 했으며, 집안에서 오가는 데에도 도움을 받아야 했다. 리딩에 따르면 이 카르마는 고대 로마 시대의 전생에서 한 행위에서 비롯되었다. 그녀는 당시 귀족의 일원으로서 네로와 가깝게 지내며 그리스도교 신자들을 박해했다. 리딩은 이렇게 말한다.

이 사람은 투기장에서 다쳐 절름발이가 된 사람을 비웃어댔다. 그래서 지금 그와 같은 일이 자기 자신의 몸에 생긴 것이다.

두 번째 예는 아마도 케이시 파일에서 이보다 더 비참한 경우는 없으리라 여겨지는 34세의 부인이다. 그녀는 태어난 지 6개월 만에 소아마비에 걸려 곱사등이에 절름발이가 되었다. 농부인 그녀의 아버지는 딸의 그런 상태에 전혀 무관심했고 그녀가 애써 닭을 쳐서 번 돈을 멋대로 써버렸다. 운명은 이 여성에게 두 번씩이나 불행한 연애 사건을 가져다주었다. 첫 연인은 제1차 세계 대전 때 전사해 버렸다. 그런데 그 뒤 다른 남자와 약혼을 했지만 그도 아주 심한 병에 걸렸다. 그런데 그는 그 병이 낫자 돌보아 주던 간호사와 결혼해 버리고 말았다. 그런 온갖 육체적·정신적 충격과 상처에 더하여 부모는 끊임없이 부부 싸움을 해대고 농장 생활은 쓸쓸하기 그지없으며, 엎친 데 덮친다고 돌계단에서 굴러 떨어져서 그렇잖아도 굽어 있는 등뼈를 다쳐 몸져눕게 된, 그야말로 살아 있는 지옥도였다. 리딩은 말한다.

이 사람은 그 당시 귀족으로서 자주 투기장에서 벌어지는 인간과 인간의 싸움이나 인간과 맹수와의 싸움을 특등석에 앉아 즐겼다. 현생에서 그녀가 받는 육체적 고통의 대부분은 그 당시 목숨을 걸고 싸우는 사람들의 처참한 상태를 보며 흘린 비웃음에 원인이 있는 것이다.

세 번째 예는 어느 영화 프로듀서의 경우이다. 이 사람은 17세 때 소아마비에 걸렸는데 이제는 승마나 다른 운동도 할 수 있게 되었지만 여전히 다리를 약간 절고 있다. 이 사람의 경우도 초기 그리스도교 시대인 로마가 그 죄의 장소였다.

이 사람은 군인이었고 투기장에 나서면 겁에 질려 떠는 사람이나 도전을 받고 아무 저항도 못하고 굴복해 버리는 사람들을 비웃었다. 그런 행위 때문에 이 사람은 현생에서 패배자가 된 것이다. 현생에서 장애의 몸이 된 것은 내적 자아의 각

성을 위해 그리고 영적인 힘의 개발을 위해 필요한 경험이다.

소아마비 이외에도 비웃음의 카르마에서 나온 관심을 끄는 실례가 네 가지 있다. 그 하나는 고관절 결핵(股關節結核)으로 다리를 절게 된 여자 아이다. 그녀의 전생은 미국 초기의 개척자였다. 그러나 그녀가 현생에서 장애의 몸이 된 원인은 그보다 더 앞선 로마 시대의 전생에 있다. 당시 네로의 궁전 귀족이었던 이 사람은 투기장에서 그리스도교 신자들이 잔인하게 박해받는 광경을 보고 즐겼던 것이다. 그녀는 특히 사자에게 물려 옆구리가 찢어진 소녀를 비웃었다.

다음은 18세 소녀의 경우인데, 그녀는 살만 너무 찌지 않았다면 틀림없이 아주 매력적인 처녀였을 것이다. 의사는 뇌하수체의 과민 증상이라고 진단했다. 케이시의 피지컬 리딩도 그녀의 상태를 분비선 이상이라고 말한 점에서는 일치한다. 그러나 케이시의 리딩은 또 다른 대목에서는 분비선이 영혼 내지 카르마의 유전을 나타내는 초점이라고 한다. 그러므로 소녀의 분비선 상태와 거기서 비롯되는 비만증은 카르마에 원인이 있다고 보아도 좋을 것이다. 사실 라이프 리딩도 이런 추정을 지지하고 있다. 그녀는 전생에서 로마의 운동 선수였다. 그녀는 자기보다 얼굴도 잘생기고 운동 기량도 우월했지만 살이 쪘기 때문에 그녀만큼 민첩하지 않은 선수를 비웃기 일쑤였던 것이다.

세 번째는 가톨릭 신자인 21세의 청년이다. 그의 부모는 그가 신부가 되기를 바랐지만 그는 부모의 희망에 따르지 않았다. 그의 가장 큰 문제는 억누를 수 없는 동성애 충동이었다. 그의 부탁을 받고 케이시는 리딩을 해주었다. 리딩에 따르면 그의 전생은 프랑스 궁정의 풍자가(諷刺家)였는데, 궁정 안에서의 동성애 스캔들을 타고난 풍자적 재능으로 폭로하기를 특히 재미있어 했다. "남을 심판함은 바로 자기의 죄를 심판함이다. 왜냐하면 남을 헤아리고 심판할 때 자기도 그와 같이 헤아림을 당하고 심판받게 되기 때문이다."라고 리딩은 말했다.

네 번째 예는 16세 때에 자동차 사고로 등뼈가 부러진 소년이다. 병원에서는 이 소년이 살아남을 가망이 별로 없다고 했지만 소년은 견디어 냈다. 그러나 척추 다섯 번째 마디 이하가 완전히 마비되어 그 후에는 휠체어에 묶인 몸이 되고 말았다. 사고를 당한 지 7년 반 후, 즉 소년이 23세가 되었을 때 어머니가 대신 케이시에게서 리딩을 받았다. 리딩에 따르면, 그의 전생은 미국 혁명 당시이고 그때 그는 결단력과 용기를 함께 갖춘 육군 장교였다. 그 생에서의 경험이 바탕이 되어 현생의 그는 성실하고 쾌활하며 역경 속에서도 자신이 지닌 능력을 최대로 이용하는 지혜로운 사람이었다.

그러나 그의 현생의 괴로움은 바로 그보다 하나 앞의 전생에서 비롯된다. 그는 초기 그리스도교 시대에 로마의 군인으로서 방종을 일삼았다. 그는 스스로 투기장에서 싸웠고, 자기가 상대한 많은 사람들이 후에 다시 맹수와 싸우는 것을 구경하곤 했다. 그는 많은 괴로움을 겪으면서도 그 의미를 헤아리지 못하고 날뛰었다. 그러므로 그는 현생에서 다시 괴로움을 경험하고 그것을 이겨나가야만 하는 것이다. 당시에 그가 비웃었던 신에 대한 충성이 이제 자기가 저지른 죄를 보상하기 위해 그의 마음속에 생겨나야만 하는 것이다.

이렇게 살펴 본 일곱 가지 경우 가운데 셋은 소아마비이고, 나머지는 고관절 결핵·비만·동성애·골절에서 온 척추마비 등이지만 모두가 선천적인 병이 아니라는 사실이 흥미롭다. 어느 경우에나 괴로움은 후천적으로, 말하자면 생후 6개월에서 36세에 걸친 기간 동안에 나타난 고통들이다. 그러나 표면상에 나타나 보이는 원인 뒤에 보다 깊은 원인이 따로 있는 것이라고 여겨진다. 불의의 재난을 당해도 어떤 사람은 죽고 어떤 사람은 죽지 않는다. 또 어떤 사람은 긁힌 자국 하나 없는데 어떤 사람은 추악한 불구자가 된다. 이 모두를 그저 위험한 일로 돌릴 수도 있다. 그러나 앞에서 보아 온 여러 가지 경우는 불의의 재난과 혼란 속에서도 뭔가 눈에 보이지 않는 힘이 작용하여, 카르마로 보아 당연히 지불해야 할 것이 정확하게 각자에게 할당되는 것이라고 여겨지기도 한다. 소아마비 균에 감염된다는 사실마저도 그렇게 감염되기 쉬운 어떤 유인(誘因)을 가지고 있는 것이라고 생각할 수 있다.

남을 비웃는다는 대단치 않은 행위에 대하여 이렇게 큰 보상을 치르게 하는 것은 어쩌면 형평이 맞지 않는 일이라고 여겨질지도 모르나, 잘 생각해 보면 그것이 당연한 보상임을 알 수가 있다.

남의 괴로움을 비웃는 자는 자기로서는 알 수 없는 어떤 필연성이 상대방의 그런 사정 속에 있음을 보지 못하는 것이다. 남을 비웃는 사람은 결국 사람 모두가 각자 나름대로의 상황을 통하여 자기 진화를 한다는 인간의 기본적 권리를 무시한 것이며, 모두에게 갖추어져 있는 평등한 존엄성과 가치와 신성을 모독한 것이다. 더구나 그는 비웃음으로써 자신의 우월성을 부당하게 주장하고 있는 것이다. 비웃음이라는 행위는 가장 비열한 형태의 자기주장이다.

이렇게 생각해 볼 때 예로부터 전해 오는 지혜의 말씀을 상기하게 될 것이다. 그리하여 시편(詩篇)의 "복 있는 자는 오만한 자의 자리에 앉지 않는다."는 말의 뜻을 깨닫게 될 것이며, 또한 "나는 말로 죄를 짓지 않기 위해 내 입에 재갈을 물리겠다."고 한 뜻이 옳다는 것도 알 수 있을 것이다. 그리고 "네가 심판받지 않으려거든 남을 심판하지 말라."는 말의 뜻이 이제 뚜렷이 나타난다. 비웃음의 카르마가 얼마나 비극적인 보상을 치르게 되는지를 볼 때 "형제에게 미련한 놈이라 하는 자는 지옥불에 들어가게 된다."는 예수의 말씀이 새로운 무게로 우리에게 다가오는 것이다.

제6장

중간해설

케이시의 파일을 철저하게 조사해 보면 의사나 정신과 의사, 심리학자, 사회사업가들의 임상 기록 전부를 모은 것보다도 그 종류와 범위에 있어 비교가 되지 않을 만큼 방대한 인간고(人間苦)의 파노라마를 보는 느낌이 든다. 이 말은 약간 허풍스럽게 들릴지 모르지만 결코 그렇지 않다. 케이시의 파일에 나타나 있을 뿐만 아니라 잊혀진 과거 수 세기에 걸친 일체의 죄악, 과실, 어리석은 행위, 고통들을 담고 있다.

케이시 파일에서는 카르마의 소극적인 면이 두드러지게 나타난다. 왜냐하면 케이시에게 도움을 요청해 오는 사람들은 주로 질병과 마음의 고민을 안고 있는 사람들이기 때문이다. 건강한 사람은 의사를 필요로 하지 않으며, 적응성이 있는 사람은 인생의 궁극적인 의미 따위는 별로 문제 삼지 않는다. 그러므로 케이시 리딩의 대부분은 의학이나 심리학, 종교 전문가로서는 해결해 줄 수 없는 아주 현실적이고 때로는 소름이 끼칠 만큼 고통스럽고 개인적인 문제를 지닌 사람들에게 주어진 것들이다.

이 리딩에 관한 연구는, 이들 방대한 경우들 속에 괴로움과 고통이 지니는 윤리적·영적 의미가 밝혀져 있다는 사실을 인정하지 않는다면 도저히 해낼 수 없을 만큼 지겨운 작업이다. 시험 삼아 어떤 리딩의 한 대목이라도 읽어 본다면 그야말로 단테의『신곡』지옥편이나 연옥편을 읽을 때와 조금도 다르지 않은 처절함이 느껴진다. 더구나 거기에는 단테에서 보이는 것처럼 중세 신학상의 제약에서 오는 지적 한계 따위는 없다.

케이시의 리딩은 윤리적·우주적 및 이성적인 관점에서의 '괴로움'에 대한 평가를 끊임없이 내려준다. 케이시 파일을 끈기 있게 연구해 나갈 수 있는 것은 오로지 이 때문이다. 인내도 필요하지만 동시에 재미도 있고 격려도 받으며, 영감을 받기도 하고 그리고 깊은 안도감이 주어진다. 다만 그 계기가 많은 경우에 난치성 질병이나 참혹한 불구 등인 것이다.

그러나 케이시 파일의 모든 경우가 실패나 질병 등 이상 사례뿐만인 것은 아니다. 인간의 능력·재능·지혜·어떤 면에서의 탁월함 등은 모두가 각자 과거생에서 그런 면에 정진했던 결과라는 것이 뒤에 직업 선택의 경우에 대해 살펴볼 때 밝혀질 것이다.

좋은 환경이나 건강한 몸도 적극적인 카르마의 결과이다. 그러나 리딩 가운데는 이런 일에 대한 카르마의 형성이나 작용에 대해서는 아무런 설명이 없는 경우가 많이 있다. 이것은 아마도 유능한 신문 기자와 마찬가지로 뉴스로서의 가치가 있는 것은 밝은 뉴스가 아니라 어둡고 비참한 뉴스라는 것을 정보 제공자가 알고 있기 때문이리라. 또한 케이시에게 리딩을 의뢰한 사람들도 행운인 경우에는 구태여 설명을 요구하지 않았기 때문일 것이다. 행운인 사람은 대개 그 행운이 타고난 권리임을 본능적으로 느끼고 있다. 불행에 빠졌을 때 비로소 왜 이런 일이 일어났느냐고 문제 삼기 시작하는 것이다.

육체의 아름다움 역시 적극적인 카르마의 결과이다. 리딩은 흔히 현생에서 아름다운 몸을 가지고 있는 사람은 과거생에서 영혼의 집인 몸을 잘 가꾸었기 때문이라고 말해주고 있다. 그런데 육체의 아름다움에 대해 또 다른 원인을 말해 준 재미있는 경우가 하나 있다. 그것은 뉴욕의 인기 있는 모델의 경우인데, 그녀는 뛰어나게 고운 손 덕분에 매니큐어나 핸드 로션 광고와 보석상의 광고 모델로 으뜸가는 존재였다. 그렇게 아름다운 손을 가지게 된 원인은 그녀가 영국 수녀원의 수녀였던 전생에 있다. 거기서 그녀는 아주 천하고 거친 손일을 하며 일생을 보냈다. 그러나 그녀는 그 일을 헌신적인 봉사 정신으로 정성껏 했기 때문에 영혼이 정화되었고 그것이 그녀의 용모와 손을 특별히 아름답게 해 준 것이다.

이것이야말로 아름다운 용모를 갈망하는 사람들을 고무시키는 예일 것이다. 또한 이것은 카르마란 반드시 엄격하고 징벌적인 것만은 아니라는 것을 깨닫게 하는 데 도움이 될 것이다. 그러나 역시 카르마의 징벌적인 면을 보여주는 경우가 그 자애로운 면을 보여주는 경우보다는 훨씬 인상적일 것이다. 인상적인 동시에 현대처럼 도덕적으로 퇴폐하여 모든 것이 뒤죽박죽으로 혼란한 시대에는 그런 것이 필요하기도 하다. 슬기로운 사람은 삶에 대한 올바른 도덕적 바탕을 가져야 한다. 교회의 전통적 교리는 이미 비판 정신과 과학 정신으로 단련된 현대인들에게는 받아들여지지 않는다. 전통적인 권선징악이나 이상은 이미 깨져 버렸다. 그러나 그것에 대치될 새로운 개념이나 과학적으로 승인할 수 있는 새로운 개념은 아직 정립되어 있지 않다.

약 2천 년 동안 서양의 도덕의식은 신의 아들인 그리스도에 의하여 죄가 속죄된다는 '대속(代贖)의 교리'에 바탕을 둔 신학으로 유지되어 왔다. 그리스도가 행한 기적들, 그가 인류에게 준 엄청난 영향을 볼 때 회의적인 사람이라도 그리스도가 신의 아들이고 인간을 자유롭게 해주려고 그렇게 고귀하고 자비롭게 살다가 죽었음은 인정할지 모른다. 그러나 현대 물리학의 진보에 따라 우주의 모든 생명은 극미의 원자에 이르기까지 그 본질에 있어 하나의 중심 에너지, 곧 '신'이라는 공통의 유지력에 의해 서로 이어져 있다는 것을 사람들은 갈수록 뚜렷이 느끼기 시작하고 있다. 이런 관점에서 볼 때 인간을 포함한 모든 생물은 하나의 거대한 중심인 태양에서 비쳐 나오는 광선처럼 모두가 그대로 신의 아들이다. 그러므로 예수라는 인물이 우리와 다른 것은 모름지기 그가 우리들보다는 그 중심인 태양에 더 가까이 있었다는 점이라고 느낄 것이다.

또한 그리스도가 인류를 자유롭게 하기 위해 자신의 목숨을 바친 것은 역사적으로 독특한 사건은 아니다. 비교종교학을 연구해 보면 다른 민족에도 인류를 구원하기 위해 죽음을 마다하지 않은 구세주가 있었음을 알 수 있다. 서구 문화에서도 많은 이상주의자들이 인류를 위해 스스로 목숨을 바치고 있다. 마치니, 볼리바르, 링컨, 성 프란시스, 젬멜바이스, 성녀 테레사, 그 밖의 수많은 남녀가 인간을 자유롭게 하기 위해 살다가 죽었다. 그러나 누구도 그들의 노력으로 우리의 노력이 면제된다거나, 또는 그들의 희생으로 우리들 자신의 개인적인 죄가 사해진다고는 느끼지 않는다.

그러므로 그리스도는 신의 아들이고, 그가 인류를 구원하기 위해 죽었다는 이 두 가지 이야기를 바탕으로 교리를 만들어낸 것, 그리고 구원은 이 교리를 믿는 데 있다는 주장은 그리스도교 그것이라기보다는 일부 신학자들이 저지른 엄청난 죄이다. 이것은 보상 내지 속죄의 책임을 자기 밖의 외적인 그 무엇으로 돌리고 있다는 점에서 심리적인 범죄이다. 이것은 구원을 자기 자신의 본질적 신성(神性)을 믿음으로써 이루어지는 자기 변혁에서 찾게 하는 것이 아니라, 자기 아닌 남의 신성(神性)에 대한 믿음에 의존시키고 있는 것이다. 이것은 대속(代贖)을 믿을 것을 요구하며, 믿지 않는 데에 대한 형벌은 영원한 저주라고 선언함으로써 정의감과 심리적 진실성을 어기고 있다. 물질과학·정신과학으로 단단히 단련된 20세기의 인간은 이런 교리를 그리 호락호락 받아들이지 않는다.

　그 경직된 신학이 지니는 결점에도 불구하고, 교회는 틀림없이 이 세계에서의 선(善)을 향한 위대한 세력이 되어 왔다. 더구나 오늘날 눈을 뜬 교회는 이미 그런 교리를 글자 그대로 가르치지도 않으며, 또 신앙 고백이 천국으로 들어가는 절대 조건이라고 고집하지도 않는다. 그러나 과거에 지녔던 태도의 찌꺼기가 과거와 같은 타협의 여지없는 엄격한 신학이 압도적으로 지배하지는 않는 교회에서조차 아직도 남아 있음이 분명하게 보이며, 그리스도교계는 책임을 행위의 영역에서 떼어내어 맹목적인 신앙의 영역으로 돌리는 독단적 교리에 지배되고 있는 것이다.

　개인의 구원에 있어 근본적으로 행위가 중요하다는 것이 카르마와 윤회의 법칙을 연구할 때 분명히 드러난다. 그러므로 이 고대의 지혜는 그리스도교의 여러 종파들이 빠진 빈혈증적 무기력에 활력을 불어넣어 주는 강장제 역할을 해 준다. 우리가 케이시의 리딩이 말해 준 카르마 법칙의 징벌적인 면을 이렇게 잔인하리만큼 샅샅이 들추어 보는 것은, 윤회의 진실성을 수긍하게 된 사람들을 공연히 겁먹게 하기 위해서가 아니라 반대로 인간의 모든 사건 밑바닥에는 보편적인 정의가 있다는 확신 위에 세워진 희망과 낙천주의, 그리고 회복된 종교적 신념으로 사람들을 이끌기 위해서이다.

　이런 사례들은, 과학이 종교를 침범하여 그 결과 교회가 움츠러들고 아울러 인간의 행동은 속박에서 풀려나 자유가 되었으니 도덕 따위는 지킬 필요가 없어졌다고 생각하는 사람들에게는 방해가 될 것이 틀림없다. 잔인한 행위는 결과적으로 맹인·빈혈증·천식·마비 등을 가져오고, 또 성교 과잉(性交過剩)은 간질을, 그리고 사리사욕을 위해 남을 방해하는 행위는 팔다리의 마비를 불러온다는 사실은 사람들을 퍼뜩 정신 차리게 하여 선행으로 이끄는 힘이 있다.

그리고 또 케이시 파일 속의 여러 사례들은 오늘날 이 지구에서 괴로워하는 무수한 사람들의 참혹한 상태에 대해 어떤 해명을 제공해주고 있을 것이다. 절름발이·맹인·정신병·간질·자리보전하고 있는 불치병자, 한센병 환자나 그 밖에 전쟁이나 사고로 팔다리를 잘린 사람들은 우리 눈에 잘 띄지 않는다. 그들은 그 딱한 가정이나 수용소 같은 시설에 격리되어 있다. 번화한 거리에서는 그런 장애자들을 보는 일이 좀처럼 없다. 그러므로 그 수가 전체적으로 얼마나 될지는 이따금 신문이나 잡지가 그런 문제를 다룬 기사를 읽을 때 간접적으로 알게 될 뿐이다.

그러나 그 수는 엄청나고 참상은 극에 달하고 있다. 우리들 대부분이 그저 당연한 것으로 여기고 있는 정상 상태를 일단 빼앗기면 인간의 운명이 얼마나 비참해지는가를 깨닫기 위해서는 그들의 존재와 모습을 제대로 알 필요가 있다. 이런 비극에 대한 그리스도교의 설명은 그저 '신의 뜻'이라는 한 마디가 주어질 뿐이다. 그러나 사랑 그것은 신이 죄 없는 사람들에게 이런 처참한 고통을 지우는 '뜻'을 동시에 가지고 있다는 말은, 이만저만한 모순이 아니라고 하지 않을 수 없다. 신의 뜻은 그러므로 '불가해'라고 한다. 그러나 '불가해'만으로는 이 본질적 모순이 해결되지 않는다.

윤회의 원리는 이런 모순을, 신의 뜻은 우주에 있어서의 하나의 사실일지도 모르지만 그러나 그것은 그저 멋대로의 변덕이나 불가해한 목적이라는 따위의 말의 문제가 아니라는 것을 슬며시 보여줌으로써 해결하고 있다. 이것은 차라리 영적 목적의 법칙이며, 괴로움에 빠질 만한 까닭이 있는 사람이 괴로워하고 있는 것이다. 사람이 삶에서 짊어지도록 주어져 있는 십자가는 그가 전생에서 뿌린 씨에 걸맞는 크기이며, 그보다 크지도 작지도 않다.

서양의 전통적 사상 속에서 자란 사람에게는 윤회라는 개념이 처음에는 받아들이기가 어렵다. 이것은 도저히 믿을 수가 없을지도 모른다. 왜냐하면 관찰 가능한 범위를 훨씬 넘어서 있기 때문이다. 그러나 삶에는 이것 말고도 믿을 수 없는 일이 얼마나 많은가? 그런데도 우리는 그런 일에 대해 다시 생각해 보려고도 하지 않는 것이 아닌가? 알에서 올챙이가 부화되어 나온다. 그것이 처음에는 물고기였다가 개구리가 된다. 누에는 명주실로 고운 옷을 스스로 짜내어 입었다가 우아한 나비가 된다. 이것이야말로 하나의 생명이 그 자기 동일성(自己同一性)을 잃지 않고 연속적으로 다른 육체적 형태 속에 깃들여 나간다는 참으로 놀라운 본보기가 아닌가? 그런데도 우리는 이런 일들을 그저 당연한 것으로 받아들이고 있다.

탄생 과정은 그것 자체가 하나의 기적이다. 아마도 우리는 현미경으로 그것을 보지 않고는 믿을 수가 없을 것이다. 두 개의 미세한 세포가 하나로 어우러지고, 그것이 수학의 법칙대로 쪼개져 늘어나서 마침내 종족적 과정의 반복을 거쳐 인간이라는 눈과 입과 손과 발과 그리고 그 모두를 통솔하는 뇌수를 갖는 생물이 되어 태어난다는 사실은, 휘트먼이 그의 시에서 생생히 묘사하듯 어떤 회의론자의 마음도 흔들리게 할 것이다. '연속적인 삶'은 한 번의 삶과 마찬가지로 전혀 놀라울 것도 없거니와 불합리한 것도 아니다. 볼테르는 말한다. "두 번 태어나는 것은 한 번 태어나는 것과 마찬가지로 전혀 놀랄 것이 못 된다."

심리적으로 그리고 윤리적으로 '과연 그렇구나' 하고 고개를 끄덕이게 해주는 케이시 리딩은 우리의 회의를 깨뜨리는 데에 도움이 된다. 이상한 원천에서 이상한 방법으로 주어지는 이들 보고서(報告書)는 우리를 1차원의 지각으로부터 다차원의 지각으로 끌어올려 주는 매개물이라고 보아야 할 것이다. 이것은 인간의 삶이 지금 갇혀 있는 이 조그만 세계보다 훨씬 광대한, 상상을 넘어서는 우주적 짜임새를 갖는 것이고, 우리가 여태껏 생각도 못했던 광대한 의미가 삶에 담겨 있음을 가르쳐 주고 있는 것이다.

제 **7**장

멈추어져 있는 카르마

이미 살펴본 육체적 카르마의 사례들 속에서 나타나는 기묘한 사실은, 어떤 행위로 인한 카르마의 결과가 때로는 하나의 생애 또는 그 이상의 간격을 두고 나타난다는 점이다. 여기서 생기는 문제는 '이러한 카르마의 정지(停止)는 왜 필요한가?'라는 의문이다. 왜 카르마의 결과나 반작용은 공이 벽에 부딪치면 바로 튕겨나오듯이 곧바로 나타나지 않는 것일까?

이 의문에 대해서는 몇 가지 해답이 있는 것 같다. 한 가지는, 자아는 자기가 만들어 낸 카르마를 보상하기에 알맞은 때와 장소를 기다려야만 한다는 것이다. 적당한 기회가 나타날 때까지 몇 세기를 지나야 할지도 모른다. 그리고 그 사이의 기간은 또 다른 성격상의 문제를 해결하는 데 쓰이는 것이다. 이렇게 어떤 카르마가 일단 정지되는 예를 케이시 파일에서는 침몰한 아틀란티스 대륙에 살았던 사람들의 경우에서 볼 수가 있다.

아득한 옛날, 대서양에 광대한 대륙이 존재하고 있었다는 것은 역사·지리 및 문화적 증거와 더불어 아주 강력하게 주장되어 왔다. 그것은 과학적으로는 아직 분명하게 인정되지도, 그렇다고 부정되지도 않고 있다. 아틀란티스 대륙의 존재를 말한 인물을 역사에서 찾아보면 먼저 플라톤을 들 수 있다. 그는 자신의 저작에서 아틀란티스에 대해 진지하게 언급하고 있다. 또한 자주 인용되는 지리적 증거의 하나는, 대서양 횡단 케이블이 끊어져 3천 미터 바다 속으로 가라앉은 것을 끌어올렸을 때 붙어온 몇 조각의 용암(鎔巖)이다. 그것을 현미경으로 조사해 보면 그 용암이 바다 위 육지에서 경화된 것임을 확인할 수가 있다.

문화적 증거 가운데 가장 두드러진 것은 '홍수' 이야기가 널리 퍼져 있다는 사실이다. 비단 그리스도교의 성서뿐만 아니라 세계의 모든 원시 민족 신화나 종교에서 홍수 이야기를 볼 수가 있는 것이다. 또 하나는 이집트와 중미(中美)의 언어와 건축이 양 대륙 사이에 아무런 교통수단도 없었음이 분명한 시대의 것까지도 매우 닮았다는 사실이다. 이런 모든 것을 고려할 때 종합적인 증거가 결정적이지는 않지만 과연 그럴 것이라고 수긍하게 하는 설득력이 있는 것이다.

아무튼 케이시의 리딩을 긍정한다면 아틀란티스는 명백히 존재했다. 케이시에 따르면 피라미드 속의 아직 열리지 않은 어떤 방이 언젠가는 이 아틀란티스의 역사와 문명에 관한 모든 기록을 밝혀줄 것이라고 한다. 그 기록들은 이 저주받은 대륙의 주민 일부가 기원전 약 9500년 무렵 제3차, 바로 최후의 대홍수에 휩쓸렸을 때 이집트로 피난을 하면서 가지고 간 것이라고 한다. 케이시는 또 플로리다 주 마이애미의 비미니 섬이 옛날에 아틀란티스의 산봉우리였다고 한다. 그는 그 지점 해저에는 아틀란티스 시대에 태양 에너지를 모아 무한하게 동력을 공급해주는 장치였던 수정이 설치된 놀라운 사원이 가라앉아 있다고 했다. 리딩에 따르면 아틀란티스는 오늘날의 우리들보다 훨씬 높은 과학 수준에 도달해 있었던 것 같다. 전기·라디오·텔레비전·비행기·잠수함·태양과 원자 에너지의 동력화 등 그들의 과학 기술은 엄청나게 발달해 있었다. 그들은 현대의 것보다 훨씬 효율이 높은 난방·조명·수송 기술을 누렸던 것 같다.

이런 이야기를 받아들이고 안 받아들이고는 각자의 자유이지만 매우 흥미로운 화제임에는 틀림없다. 더구나 이것을 진지하게 살펴본다면 그냥 지나칠 수 없는 중요한 점이 드러난다. 그것은 "아틀란티스는 그 거대한 힘을 함부로 썼기 때문에 파멸했다."고 라이프 리딩이 되풀이해서 말하고 있다는 점이다. 아틀란티스에서는 전기 에너지나 심령 에너지, 그리고 어떤 종류의 최면술을 성욕의 만족이나 남을 강제로 노동시키기 위해 이용했으며, 그 때문에 인간은 극도의 타락에 빠졌다는 것이다.

이것을 사실로 받아들일 수 있다면, 그 당시의 인격적 타락은 전기나 심령학 또는 심리학의 지식이 고도로 개발되어 이용할 수 있는 시대가 아니고는 완전히 보상될 수 없다는 것을 이해할 수 있을 것이다. 음식을 지나치게 탐하는 대식의 유혹을 극복할 수 있는지 없는지를 최후로 판정하려면, 그를 다시 한 번 맛있는 음식에 둘러싸이게 하여 그가 그 속에서 스스로 절제를 할 수 있는지 없는지를 볼 수밖에 없다. 또한 남자가 매혹적인 여자들에 둘러싸여 있으면서도 성 안토니우스처럼 굳세게 유혹에 저항하지 못한다면 성욕을 극복했다고 할 수가 없다. 이와 마찬가지로 아틀란티스의 과학이 그 절정에 이르렀을 때 거대한 힘을 남용한 사람들이 그와 똑같은 기회가 제공되었을 때 그 힘을 건설적으로 쓰지 못한다면 이기주의와 권력욕을 극복했다고 하지는 못할 것이다.

역사의 주기적(週期的) 진보는 20세기를 바로 그와 같은 시기가 되게 한 것이다. 그런 까닭으로 케이시의 리딩에 따르면, 아틀란티스 시대의 인간이 현대에 아주 많이 환생했다는 것이다. 그러므로 현대의 놀라운 과학 기술은, 첫째는 아틀란티스 시대에 이루어 놓은 업적의 기억을 지니고 있는 사람들의 놀라운 발명 능력의 결과로서, 둘째는 그런 힘의 남용의 결과로 일어난 파멸 이래 오늘에 이르기까지 그들이 이기주의와 문명의 가면을 쓰고 자행하는 만행에 대한 새로운 유혹을 이겨낼 수 있게 되었는지를 판정하는 시험장으로서의 두 가지 측면에서 이해될 수 있을 것이다.

이렇게 볼 때, 알맞은 문화기가 될 때까지 기다려야 하는 필요성이 어떤 카르마가 어느 기간 멈추어지는 일을 결정하는 주된 요인이라고 여겨진다. 이것은 역사의 어떤 주기적 진행과 그리고 이 지구로 환생한 영혼의 무리와 그렇지 않은 영혼의 무리 간의 어떤 주기적 교체와도 관계가 있다고 여겨진다. 민족 내지 인종의 큰 물결이 이런 우주적 리듬을 띠는 '회귀(回歸)의 법칙'에 따른다고 보는 것은 합리적인 생각일 것이다. 그러나 케이시의 리딩 곳곳에는 그 큰 물결 속의 무리 및 그 무리 속의 개개인의 삶마저도 단지 어떤 정해진 리듬에 따라 기계적이고 숙명적으로 진행되는 것은 절대 아님을 보여주는 말들이 있다. 한 영혼 또는 한 무리의 영혼들이 회전식 문처럼 자동적인 규칙성을 가지고 환생하는 것은 아니다. 거기에도 다른 모든 창조과정에서와 마찬가지로 '자유 의지'가 작동되며, 개개인 내지 그 무리는 스스로 나타날 때와 장소를 선택할 수가 있는 것이다.

이것은 또, 만약 어떤 영혼이 다른 영혼 또는 영혼의 무리와의 관계 속에서 어떤 재능을 다듬고 가꿀 필요가 있을 경우에는, 상대방 영혼이 환생하는 시기와 맞추기 위해 자기가 환생하는 시기를 지연시킬 필요가 있을 수도 있다는 더욱 복잡한 경우가 생기게 된다. 그런데 만약 그렇게 연기하는 기간이 아주 길어질 때는, 그 사이에 그의 다른 측면을 진화시키기 위해 지상으로 돌아가는 것이 이롭다고 판단될 수도 있을 것이다. 바로 이런 경우에 어떤 카르마가 일시적으로 멈추어지는 현상이 생기는 것이다.

물론 이런 설명은 과학적으로 확인될 수 있는 것은 아니며, 다만 케이시의 리딩 곳곳에서 거듭 나오는 말들을 바탕으로 하여 추론한 것에 불과하다.

위에서 본 것은 카르마의 정지(停止)에 대한 순전히 외적인 요인들인데, 거기에는 또 내적인 요인도 있는 것 같다. 즉 외적인 조건 못지않게 중요한 것은, 카르마를 보상하기 위해서는 그럴 만한 능력이 필요하다는 심리적 사실이다. 왕성한 투지를 지닌 성격을 획득하려면 거기에 알맞은 기회가 주어져야 한다. 그렇지 않고는 카르마의 채무가 너무도 무거워 성장보다는 파멸로 이끄는 결과가 된다.

고뇌를 해결하려고 케이시의 리딩을 받아 그 고뇌의 원인이 몇 번 전의 전생에 있다는 말을 들은 사람들은, 카르마가 그렇게 멈추어져 있다가 나타나는 까닭을 알고 싶어 했다. 나중에 리딩을 받으면서 이런 점에 대해 질문한 사람에게는 제5장에서 말한 절름발이 소녀와 같은 내용의 대답이 주어졌다. 즉 "이 사람은 왜 로마 시대의 카르마를 보상하기 위해 현생까지 기다려야만 했는가?"하고 물었을 때 대답은 "이전의 생에서는 보상할 수가 없었기 때문"이라는 것이다. 왜 보상할 수가 없었는지는 외적인 제약 탓이기보다는 오히려 내적 능력의 문제임이 전후 관계로 보아 명백하다.

예컨대 자동차 사고로 다친 16세 소년의 경우를 다시 보자. 그 카르마의 씨는 고대 로마 시대에 뿌려졌음이 판명됐다. 그런데 그는 미국 혁명 시대의 삶에서 경험을 통하여 용기와 쾌활함, 그 밖의 자기에게로 오는 일체의 것을 자기 성장에 도움이 되게 하는 능력으로 키울 기회가 주어졌던 것이다. 그런 성질 내지 능력이 고대 로마 시대 이래의 카르마를 보상하기 위해 겪어야 할 고통을 견디어 내는 데 필요했던 것이다.

이런 이치는 우리가 돈을 빌려 쓸 때 보통 어떻게 하는지를 보아도 잘 알 수가 있다. 은행에서 5천 달러를 빌리면 그것을 내일 당장 갚을 수는 없다. 내일은커녕 내달 또는 내년이 되어도 갚을 수 있을지 의문이다. 그러므로 채무자가 빚을 갚을 수 있는 능력이 갖추어질 때까지 기다려 주는 것이다. 며칠 후에 갚을 능력이 없는데 갚으라고 요구하는 것은 무리한 일이다. 도덕적인 부채를 갚는 데 있어서도 마찬가지의 이치와 과정을 거친다고 보아야 할 것이다.

언젠가 윤회의 법칙이 일반 대중에게 받아들여지게 되고, 서구의 대중도 카르마의 개념을 개략적으로나마 이해하게 되는 때가 온다면 '멈추어져 있는 카르마'라는 생각이 많은 사람들의 관심을 끌 것이다. 과거생(過去生)의 어떤 잔인한 행위는 현생(現生) 또는 내생(來生)에서 앞을 못 보는 맹인이라는 모양으로 보상될지도 모른다는 사상은 그리 환영할 만한 사상은 분명 아니다. 현재 의식으로는 기억이 없는 채무(債務)가 조금 예민한 상상력을 가진 사람에게는 마치 언제 내리꽂힐지 모르게 머리 위에 매달려 있는 보이지 않는 칼처럼 무시무시하게 여겨질지도 모른다. 또는 어느 길모퉁이에서 기다리고 있는 맹수처럼 여겨질지도 모른다. 악마나 지옥의 불길이 지난 시대의 귀신이었듯이, 윤회론이 받아들여지는 초기에는 멈추어져 있는 카르마가 귀신처럼 여겨지는 일도 당연할 것이다.

그렇게 공포로 치닫기 쉬운 경향을 막기 위해 '신사고(新思考, New Thought)' 계열의 사람들은 크리스천 사이언스를 따르는 사람들이 죄악·질병·죽음·물질을 부정하듯 멈추어져 있는 카르마라는 개념을 전적으로 부정할지도 모른다. 하긴 그런 부정은 위대한 암시의 힘을 발휘하기는 한다. 또 정신력의 방향으로 나감으로써 건강이 회복되는 결과가 나올 수도 있을 것이다. 그러나 물질이나 죄의 카르마를 말로 부정한들 실제로 그것이 없어지는 것은 아니다. 삶을 사는 우리가 할 일은 어떤 꾀를 써서 물질의 존재를 부정하는 것이 아니라, 그것을 지배하고 질서를 세우고, 나아가서는 보다 높은 영적 수준에서 그것을 창조하는 것이다. 사실 물질은 '영(靈)'이라고도 할 수 있는 하나의 에너지가 엉겨붙은 것에 불과하다. 다시 말해서 물질은 낮은 수준의 진동을 하는 영(靈)인 것이다.

죄와 카르마에 대해서도 마찬가지이다. 윤회론에서 말한다면, 카르마를 부정하는 것은 그것이 현재 작용하고 있는 카르마이든 멈추어져 있는 카르마이든 지불해야 할 부채나 배워야 할 교훈의 존재를 부정하는 것과 마찬가지이고 근본적으로 불성실한 태도이다. 자기의 의무에 대해 그것이 물질적인 성질의 것이든 정신적인 성질의 것이든, 얼버무리거나 기만하는 태도를 취하는 사람을 존경할 수는 없다. 왜냐하면 부정이라는 정신적 곡예로 구성된 기만이라는 시도 속에는 바로 책임을 회피하려는 노력이 들어 있다는 사실이 달라지지는 않으니까 말이다.

그러나 이 말은 암시(暗示)를 이용해서는 안 된다는 말은 아니다. 오히려 반대로 암시는 정신이 굳어지는 것과 죄의식이 응어리지는 것을 풀어 주는 데 도움이 될 것이다. 우리는 이미 야뇨증이 치유된 소년의 이야기에서 암시가 죄의 잠재의식에 미치는 하나의 현저한 실례를 보았다. 그에게 상징적인 형벌을 주고 있던 것은 다름 아닌 자기는 가치 없는 인간이라는 그 자신의 의식이었다. 이 죄의식으로부터의 해방과 자기가 쓸모 있는 인간이 되었다는 의식이 그의 육체적 상태 및 인격에도 변화를 가져온 것이다.

또한 알레르기의 경우에도 리딩은 암시와 최면술을 권했다. 그러나 어떤 경우에도 주어지는 암시가 부정적인 암시는 아니었다. 반대로 그 아이가 지닌 '영적 조화의 의식' 등 긍정적인 내용의 암시였던 것이다. 만약 정신 치료가 카르마에서 온 질병이나 절박한 카르마의 압박감 등을 치료해주려 한다면, 그 치료는 과거의 부채를 솔직히 인정하고 부채를 갚으려는 성의를 보이며 끝으로 그럴 능력이 있다는 것을 확인해야만 할 것이다.

그러므로 만약 윤회론자의 견해를 인정한다면, 인류가 영적으로 아직 미숙하며 따라서 인간은 각자 그 내생에서 유쾌하지만은 않은 카르마를 예기해야 한다는 사실을 순진하게 받아들일 필요가 있다. 그렇다고 해서 이 사실이 공포나 근심의 씨가 되게 해서는 안 된다. 이 말은 다음의 두 가지 이유에서 하는 말이다.

첫째, '하루의 수고는 하루로 족하다'는 금언은 나날을 걱정함이 없이 청정한 마음으로 보내는 데 적용될 뿐만 아니라, 인생에는 어떤 괴로움이 있어도 각자에게 주어지는 운명은 정당한 것뿐이며 각자의 능력에 맞는 것이라는 든든한 안심감을 가지고 사는 데도 적용되기 때문이다. 우리에게는 결코 너무 무거워 도저히 견디지 못할 카르마에 휘말리는 따위의 일은 없는 것이다. 둘째, 카르마를 믿건 안 믿건 우리에게 미래는 항상 불확실하다는 사실이다. 그리고 만약 우리에게도 닥칠지 모르는 미래의 재난이 우연적인 것이 아니라 카르마에 따른 필연적인 것이라면, 카르마란 정의가 확립되기 위한 법칙의 작용이 나타남으로써 우리의 공포는 커지기보다 오히려 위로받을 수 있기 때문이다.

사람이 미래의 재난이나 어려움을 두려워하는 심정은 이해할 수 있지만, 그에게 당연히 닥칠 어려움을 두려워하는 것은 옳은 태도가 아니다. 정직한 사람은 빚을 지면 열심히 갚으려고 한다. 그는 양심적으로 매일 주머니 끈을 졸라매어 매달 청구서가 오면 그것을 지불할 수 있도록 준비한다. 청구서가 날아올 때를 매일 걱정하며 한 달을 보내는 따위의 태도는 아니다. 반대로 지불해야 할 의무를 다할 수 있도록 에너지를 집중하는 것이다.

우리의 한정된 현재 의식의 마음에서는 기억이 없는 과거에 자기가 지어 놓았을지도 모르는 도덕적 부채의 정확한 내용이나 성질을 자각하지 못한다. 그러나 정직한 사람의 특징은 성실과 순종을 갖추어야 한다. 그리고 부채가 있다면 갚겠다는 자발적이고 순수한 의지로써 보상에 힘써야 하는 것이다.

여기서 부채라는 말은 자칫하면 오해를 부르기 쉽다. 오히려 부족이나 결핍이라는 말을 쓰는 것이 좋을지도 모른다. 결핍증은 몸에 부족한 비타민이나 미네랄을 보충함으로써 극복되어야 한다. 부족이 채워질 때까지 병은 낫지 않는다. 마찬가지로 카르마가 생기는 것은 근본적으로는 영성(靈性)이 결여되어 있기 때문이다. 즉 영적 자기 동일성(Spiritual Identity) 의식이 부족하기 때문에 생기는 것이다. 그러므로 카르마에서 오는 모든 증상을 바로잡으려면 그런 상태를 일으킨 영성의 결핍을 보충하여 자기의 영성 자각에 도달해야 하는 것이다.

카르마를 부채로 보든 부족 내지 결핍으로 보든, 그 보상은 반항적 정신이 아니라 자발적 정신으로 해야 한다는 것은 더 말할 나위가 없다. 카르마의 존재를 부정하는 것은 자칫하면 순종보다는 오히려 반항적 정신을 불러일으킬 것이다. 왜냐하면 그런 부정은 흔히 인간의 영원한 영성을 실현하려는 깊은 예지보다는 당장의 개성을 키우려는 욕망이나 아집을 나타내는 경우이기가 일쑤이기 때문이다.

케이시의 리딩에는 카르마에 대해 우리가 취해야 할 올바른 태도를 일깨워 주는 말이 많다. 다음의 말은 특히 날카로운 시사를 담고 있다.

만약 경험을 자만심, 자기자랑, 자기주장의 재료로 이용하고 있다면 그 사람은 자기 자신을 타락시키고 뒤에 보상을 해야만 하는 카르마를 만들어내고 있는 것이다. 그러므로 어떤 과실, 어떤 시련, 어떤 유혹을 만날 때, 그것이 정신적 경험이든 육체적 경험이든 그것의 해결은 항상 '나의 뜻이 아니리

니, 신이시여, 당신의 뜻대로 하소서' 라는 태도로 임해야만
한다.

'당신의 뜻'은 물론 두 가지로 이해될 수 있다. 하나는 비인격적
'우주의 법칙'을 통하여 스스로를 표현하고 있는 '신의 의지'로서,
또 하나는 밀교에서처럼 우리가 기도할 때 '내 아버지' 하고 부르는
'한얼[大靈]'로서, 어떤 쪽으로 이해를 하든 우리 앞에 나타나는 카르
마에 대해 취할 태도는 순종과 믿음이어야 한다.

윤회의 법칙으로 밝혀진 질서와 정의와 은혜의 우주에는 두려
워할 것은 아무것도 없는 것이다.

제8장

카르마와 건강의 함수 관계

불행하게도 카르마는 많은 경우에 소극성·무기력·숙명론 등과 통하는 것으로 생각되기 일쑤이다. 이는 주로 카르마 신앙이 널리 퍼져 있는 인도 사람들이 대개 소극적이고 무기력하고 숙명론적으로 보이기 때문일 것이다.

사실 인도의 사회 상태는 비참하다. 또한 카르마를 믿는 데 힌두교도들의 태도가 소극적이라는 데에도 책임의 일부가 있음을 부정할 수가 없다. 더구나 인도 성자(聖者)들의 가르침에는 낡은 미신적 요소가 많이 달라붙어 있어, 그 가르침이 무지한 대중에게 주어지는 과정에서 아주 심하게 변형되어 결과적으로 원래의 가르침에서 너무도 변질되어 버린 것이다. 한편 인간을 무기력하게 만드는 인도의 기후 풍토의 영향도 그곳에 사는 사람들의 심리를 형성하는 중요한 요소가 되어 왔을 것이며, 그들의 종교적 신앙이 무엇이든 그 정신적 경향과 성격에도 영향을 주었을 것이다.

그러나 마치 위선(僞善)과 그리스도교의 관계와 마찬가지로 카르마 신앙과 무기력 사이를 연결시켜 생각할 필요는 전혀 없다. 그리스도교는 과거 및 현재에 있어 무수한 위선자를 낳았지만 위선 그것이 그리스도교의 허물은 아닌 것이다.

만약 누군가가 카르마의 개념을 받아들인다면, 이에 대한 마음 가짐은 우주의 다른 법칙에 대해서와 마찬가지로 순종과 신뢰이어야만 한다. 그러나 그가 과연 어느 정도 순종하고 어느 정도 자기에게 지워지는 시련을 견디어 내야 하는지가 당연히 문제가 될 것이다. 이 문제는 육체적 카르마에서 오는 괴로움인 경우에 특히 우리의 관심을 끈다.

케이시 리딩은 이런 면에서도 매우 흥미롭다. 왜냐하면 윤회의 법칙이 지니는 윤리적 및 실제적 의미에 관한 순전히 이론적인 문제에 대해 하나의 구체적인 해답을 주기 때문이다. 이제 여기서는 케이시 리딩이 '육체적 카르마의 형벌을 받고 있는 사람들에게 어떤 치료 방법 – 만약 있다면 – 을 말해주었는가?' 또한 '어떤 희망 – 만약 있다면 – 을 말해주었는가?'에 대하여 살펴보고자 한다.

케이시 리딩은 모든 카르마의 신앙에는 소극적이고 수동적인 태도가 따라야 한다는 생각이 잘못된 것임을 보여주고 있다. "이것은 당신의 카르마이다. 그러나 당신에게는 그 카르마에 대해 할 수 있는 것이 있다."고 리딩이 한결같이 격려해주는 것이다.

케이시 리딩에서 나타나는 가장 두드러진 특징은 질병의 고통이 카르마에서 온 것임을 말하고는, 이어서 그 치료법을 반드시 말해 준다는 점이다. 육체적 카르마의 경우에는 대개가 치유될 가망이 있다는 것을 분명히 말해주고 있다. 카르마의 부채가 너무 무거울 때는 솔직하게 완전치유는 바랄 수 없지만 노력을 하면 훨씬 좋아진다는 말과 함께 구체적인 치료법을 설명하고 있다.

여기에 재미있는 사례가 하나 있다. 어떤 정체불명의 병에 걸린 34세의 전기 기술자가 의사에게서 나을 가망이 없는 다발 경화증(多發硬化症)이라는 진단을 받았다. 3년 동안 그는 일을 하지 못했다. 눈이 가물거려 읽을 수도 쓸 수도 없게 되었고 걸음을 걷다가는 쓰러지곤 했다. 그는 여기저기 자선 병원을 전전했고, 그러는 동안 아내가 백화점 점원 노릇을 하면서 아이를 데리고 살림을 꾸려 나갔다. 라이프 리딩은 하지 않았지만, 그의 병에 대한 피지컬 리딩은 그 병이 카르마에서 온 것이라고 했다. 그러나 동시에 희망을 잃지 말라고 격려했다.

그의 리딩 기록은 3페이지에 이른다. 먼저 의학적 용어로 증상에 대한 병리학적 설명이 있고, 이어서 인간의 몸에는 자연 치유 능력이 있다는 사실을 누누이 말하고, 다음으로 그 병이 카르마에서 오는 것이므로 마음가짐을 바꾸어 미워하는 마음과 적의를 의식에서 완전히 없애라고 권고하고 있다. 그리고 끝으로 아주 자세한 치료법을 말해주고 있다.

그로부터 약 1년 뒤에 이 사나이는 다시 리딩을 받고 싶다는 편지를 보내 왔다. 그의 편지에 의하면, 처음의 리딩에서 말한 대로 치료를 했더니 곧 회복의 징조가 나타났고, 그로부터 4개월 동안은 상태가 호전되어 가더니 다시 역전되어 체력이 떨어지기 시작했다는 것이다. 그는 정신적인 면은 노력하지 않고 오직 육체적 치료에 관한 지시만을 지켰던 것이다. 두 번째 리딩은 분명히 이런 그의 태도를 나무라고 있다.

그렇다. 이 몸은 전에도 본 일이 있다. 육체적으로는 점점 회복되어 갔다. 그러나 그보다도 더 할 일이 있었던 것이다. 전에도 말했듯이 이 병은 카르마에서 온 것이다. 사람들과 사물에 대한 마음가짐이 달라지지 않으면 소용이 없다. 육체적 이상에 대한 물질적 치료 효과는 나타나 있다.

그러나 그는 여전히 자기중심적이고 영적인 것을 받아들이지 않으니, 그런 태도를 바꾸지 않고 증오 · 원한 · 부정한 탐욕 · 질투가 남아 있는 한 또한 인내 · 이웃 사랑 · 친절 · 온화함이 아닌 그 무엇이 그의 마음속에 있는 한 치유는 기대할 수 없다.

그는 무엇 때문에 병을 고치고 싶어 하는가? 자신의 육체적 욕망을 만족시키기 위해서인가? 더욱 이기주의자가 되기 위해서인가? 만약 그렇다면 지금의 상태대로 낫지 않는 편이 그를 위해서는 좋다.

마음가짐과 삶의 목적이 달라지고 말과 행동에서도 그런 변화가 나타난다면, 그리고 그런 바탕 위에서 지시한 대로 물질적 치료를 한다면 그는 회복될 것이다.

그러나 무엇보다도 먼저 감정과 정신과 목적과 의지를 바꾸어야 한다. 당신의 목적과 당신의 영혼이 성령의 세례를 받지 않는다면 어떤 물리적 치료법을 써도 완전한 회복은 바랄 수가 없다. 이 권고를 받아들이건 거절하건 그것은 당신의 마음에 달린 문제이다.

당신이 보상을 하지 않는다면 리딩을 하여도 무의미하다.

이제는 여기서 그치겠다.

여기서 주목되는 것은, 의식의 내용과 인생에 있어서의 영적 목적을 바꾸면 치유될 가망이 있다고 한 말이다. '무엇 때문에 낫고 싶은가?' 하고 리딩은 솔직히 묻고 있다. '자신의 육체적 욕망을 만족시키기 위해서? 아니면 더욱 이기적인 생활을 하려고?' 그렇다면 차라리 낫지 않는 것이 더 좋다고 한다.

이 노골적인 질책의 말 속에는 깊고 넓은 인간관이 나타나 있다. 여기에는 단지 개체의 일시적 이익 이상의 것이 담겨 있다. 케이시는 2만 5천 건 이상의 피지컬 리딩을 했지만, 그 가운데 대상자의 죄가 아무리 치욕적이고 사악한 경우라도 치료법을 말해주기를 거부한 예는 단 한 번도 없다. 그러나 이 경우처럼 병이 그 사람을 도덕적으로 바로잡는 목적을 가지고 있어, 병의 원인인 도덕적 결함을 고치지 않으면 안 된다는 것을 지적하지 않을 수 없는 경우도 많이 있었던 것이다. 병에 시달리는 사람은 가능한 모든 수단으로 그 병을 고치도록 힘써야 하지만, 동시에 그의 영혼의 내적 결함을 바로잡기 위해 자연이 그에게 준 기회를 붙잡고 놓치지 말아야 한다. 인간의 지혜나 현대 의학의 산물로 질병이 일시적으로 다스려질 수는 있을지 모르지만 결국 이 카르마라는 자연의 힘 앞에서는 아무 소용이 없다. 결국 치유는 안으로부터 영적으로 이루어져야 하는 것이다. 그렇지 않고는 그것이 오래가지 못한다.

다음의 앞을 못 보는 맹인의 예에서도 같은 말을 하고 있다.

그렇다. 이것은 대부분 카르마에서 오는 증상이다. 인간관계에 영적 이상을 잘 적용한다면 이 사람의 인생 체험은 매우 달라질 것이다.

처음에는 시력에 별로 큰 변화가 없을지 모르지만, 내적으로 순응하는 마음가짐이 자라나면 몸도 좋아질 것이다.

척추의 이상도 입이나 잇몸의 이상처럼 눈과 관계가 있다. 먼저 영적으로 성숙하고 '그리스도 의식'을 매일의 생활에서 살리도록 노력해야 한다. 그리고 괴로움을 올바로 받아들이고 이웃 사랑과 친절과 인내와 온화함을 실천해야 한다.

척추 제4, 제3, 제2, 제1 마디와 경추 제3, 제1, 제2, 제4 마디를 잘 주무를 것. 마사지는 지시된 대로 해야 한다. 그리고 특히 귀 아래 유양돌기(乳樣突起)와 이어지는 부분은 조심해서 주물러야 한다.

이상 두 경우에 있어서는 리딩이, 의식과 성격의 변화가 육체적 카르마에서 온 질병 회복의 필요 조건이라고 말하고 있음을 알 수 있을 것이다. 카르마의 목적이 도덕적 교육에 있다고 한다면, 카르마를 바탕으로 한 치료법을 쓰는 것이 얼마나 자연스러운지를 알 수 있다. 물론 카르마가 바로잡아 주는 죄란 신령을 화나게 했다는 식의 미신적·원시적 의미에서의 죄도 아니고, 원죄주의자들이 말하는 죄도 아니며, 중세 왕조 시대나 청교도 시대의 도덕에서 말하는 죄도 아니다. 차라리 이것은 심리적인 의미에서의 죄이다. 보편적으로 정의되는 죄이며, 보편적으로 우주법칙에 따르는 죄이다.

이런 의미에서의 죄는 근본적으로 이기주의와 차별심 속에 있다. 이기주의나 차별심은 곧 자기중심이고 여러 가지 모양을 띠고 나타난다. 남의 마음이나 몸에 폭력을 가하거나 방종과 태만으로 자기 자신의 육체를 혹사하는 것, 또는 자존심이나 배타심 따위도 그로 인해 나타난다. 이런 모든 죄는 오직 하나의 근본적 오류, 하나의 근본적 오해, 하나의 근본적 망각 때문에 저질러진다. 즉 인간은 영(靈)이며 육체가 아닌 것이다. 죄는 바로 인간이 스스로를 육체라 오해하고 영이라는 사실을 망각한 데서 나오는 것이다. 인간이 극복해야 할 것은 바로 자기가 육체라고 생각하는 그 망상이다. 그리고 이

망상을 깨는 가장 확실한 길은 이것을 부정하는 따위의 소극적인 과정에 의해서가 아니라 '나는 영'이라고 생각하는 적극적인 과정을 거쳐서이다.

나는 영이라는 의식이 자리잡으면 케이시 리딩이나 그 밖의 신비주의자들이 일컫는 그리스도 의식에 도달할 수가 있다. 앞에서 본 실례뿐만 아니라 다른 육체적 카르마의 거의 모든 경우에도 케이시 리딩은 한결같이 그 치유를 위해서는 당사자가 적어도 어떤 방법으로든 그리스도 의식에 도달해야 한다고 말하고 있다.

그런데 그리스도 의식이란 그리스도교 신자에게만 국한되는 특전이 아니다. 분명히 알아야 할 것은, 그리스도란 예수라는 사람의 이름이 아니며 그 말뜻은 '기름이 부어진 자'라는 것이며, 그 신비적 내지 심리적 의미는 '해탈 의식' 또는 '영적 의식'이다. 크리슈나나 붓다도 말하자면 그리스도 의식을 지닌 존재들이다. 그리고 이 세상의 모든 사람은, 그 스승이 누구든 또는 그 영적 자각을 무어라 부르든 다 이 그리스도 의식에 이르려고 더듬어 가고 있는 것이다.

케이시가 리딩에서 쓰는 말은 그리스도교에서 쓰이는 용어가 많은데, 그것은 아마도 케이시 자신이 그리스도교 환경 속에서 성장했기 때문일 것이다. 그의 의식하는 마음에 그리스도교적 표현과 견해가 젖어들어 있기 때문에 최면 상태에 들어 초의식(超意識)에서 말하는 것도 그 스크린을 거치는 것이라고 볼 수 있다. 만약 케이시가 불교 국가에서 태어났다면 역시 불교라는 문화 환경에 적응하여 불교적 용어를 썼을 것이다. 그러나 이렇게 표현이 어느 한쪽으로

치우쳐 있다고 해서 그가 말하는 것을 실제로 적용하는 데 있어서
도 범위가 한정되는 것은 아니다.

　　예컨대 여기 척추염 환자에게 준 리딩이 있다.

　　　잊어서는 안 된다. 이 증상의 원인은 당신 자신의 죄를 보
　　상하기 위해서이다. 이것은 카르마에서 온 것이다. 그 보상을
　　다하는 가장 좋은 방법은, 법칙을 성취함으로써 인과의 법칙
　　을 넘어 '은혜의 법칙'을 세운 주(主)를 믿는 것이다. 당신이
　　해야 할 것은, 법칙이요 진리요 빛인 그이의 팔에 매달리는
　　것이다.

　　여기서 말하는 '은혜의 법칙'도 그리스도교만의 것, 예수 그리
스도교를 믿는 사람만의 특권은 아니다. 은혜는 그리스도교도만이
아니라 불교도나 힌두교도에게도 주어진다. 법칙·진리·빛 등은
보통 그리스도교도들이 예수에 대해 쓰는 말이다. 그러나 법칙과
진리는 다른 위대한 종교의 도사(導師)와 그 가르침에도 그대로 적용
되며, 또 진리와 신의 상징으로서의 빛은 보편적인 상징이다.

　　다발성 경화증 환자에게 준 "당신의 영혼이 성령의 세례를 받
을 때까지"라는 말도 전형적인 그리스도의 용어이다. 그러나 그 배
후에 깔린 사상, 곧 자기의 실상(實相)이 거룩함을 깨달을 때 일어나
는 새로운 생명의 분출은 세계의 모든 심원한 종교들에서 여러 가
지 방식으로 표현되어 있는 것이다. 케이시 리딩이 그리스도 의식

이라고 하는 것은 다만 그리스도교적 전통 속에서 자란 사람들이 가장 알기 쉬운 말을 쓴 것뿐이다. 하나의 정신적 상태인 그것은 얼마든지 다른 이름으로도 부를 수가 있는 것이다.

영적 의식인 그리스도 의식의 성취는 카르마의 결과인 엄격한 복수를 해소시켜 주는 '은혜의 법칙'이다. 영적 의식은 카르마가 작용하게 된 원인인 오류를 무효화한다는 의미에서 법칙을 성취하는 것이다. 아마도 예수는 "나는 법칙을 파괴하기 위해 온 것이 아니라 영적 의식을 통해 그것을 성취하기 위해 왔다."고 하셨을 것임에 틀림없다.

그러나 이 의식의 성취는 결코 쉽지 않다. 리딩은 말한다.

신의 힘을 의식하는 삶에 이르는 데 있어 지름길이란 없다. 그것은 인간 자신의 의식의 일부이기는 하지만 그것을 성취하려는 소원만으로는 실현되지 않는다. 마음을 맑게 함으로써 영적 진리를 생활화하지는 않고, 뭔가 외적인 방법이나 수단으로 이 높은 의식 수준에 이르기를 바라거나 기대하는 경향을 흔히 볼 수 있다. 문에 이르는 길은 하나밖에 없다. 이른바 영능자나 점성가, 예언가 등이 어떤 말을 하건 정신 치료에는 지름길이란 없다. 그런 사람들은 충동은 느낄지 모르지만 충동으로 의지를 지배할 수는 없다. 삶이란 자기 자신의 안에서 배워 나가는 과정이다. 그것은 밖으로 떠들어 대는 것이 아니다. 배워 나가는 것이다.

긍정·명상·기도·성전(聖典)의 연구·도덕의 실천·이웃에 대한 봉사 등으로 높은 의식에 이르라고 리딩은 매번 권고한다. 그러나 참된 성장은 기계적으로 되는 것이 아니다. 마음과 가슴이 충분히 부드러워지고 맑아지지 않는다면 아무리 그런 것들을 실천해 본들 그것은 바울이 말하듯 요란한 소리를 내는 속이 빈 꽹과리나 다름 없다. 수행(修行)으로는 그것들이 가치가 있으리라. 암시력(暗示力)으로도 효과는 있으리라. 교육적인 경험으로서 그것들은 영혼을 올바른 길로 돌아서게 하리라. 그러나 영적으로 볼 때 그 영혼이 아직 유치원 정도인 사람들에게는 그런 실천이 그들을 당장 대학 과정으로 들어가게 할 수는 없는 것이다. 이 세상의 사람들 모두가 한 평생 동안에 그리스도 의식의 알맹이인 그 일체를 포용하는 사랑을 획득하여 카르마의 부채에서 풀려나 자유로워질 수 있을 만큼 영적으로 진화하는 것은 아니다.

관절염으로 괴로워하는 청년의 경우에서도 리딩을 통해 정보를 제공하는 존재는 그 청년의 병이 낫지 않는다는 것을 알고 있는 것 같았다. 그러기에 그는, 생물의 능력의 한계를 알기 때문에 환자가 막연한 희망을 갖고 애쓰게 하기를 주저하는 성실한 의사처럼 "일시적으로 좋아지는 일은 있을 수 있겠지만 완전한 치유는 바랄 수 없다."고 한다.

그렇다고 그는 그런 말만 하고 문제를 포기해 버리는 것이 아니다. 이 청년의 경우뿐만 아니라 비슷한 다른 경우에서도 가능한 물리적 치료법을 일러주고, 그 사람이 직접 해탈을 성취할 수 있건 없건 계속 자신의 병을 극복하려는 노력을 적극적으로 해 나가도록 이끌고 있다. 인내, 지구력, 불굴의 정신, 그리고 병을 앓는 가운데서 배우는 겸손과 친절의 미덕은 적어도 간접적으로 카르마의 부채를 갚는 일에 공헌할 것이다. 그러므로 리딩은 카르마에서 오는 괴로움을 수동적·소극적으로 받아들이는 태도를 가지라는 것이 아니라, 능동적·적극적으로 대처해 나가라고 격려하는 것이다.

병의 치료라는 측면에서 리딩이 보여주는 또 하나의 중요한 점은, 리딩은 그 사람의 발달 단계에 맞는 구체적인 방법을 말해주고 있다는 점이다. 정신 요법에 대한 이해력이 아직 부족하거나 또는 그것을 싫어하는 사람에게 정신 요법만을 권하는 따위의 일은 없다.

알렉시스 카렐이 그의 저서 『인간, 그 미지의 존재』 및 『루르드에의 여행』에서 기술한 증언에 따르면, 깊은 신앙을 지닌 사람들 가운데는 루르드의 성천(聖泉)에서 암이나 그 밖의 불치병이 즉석에서 치유된 예가 많았다고 한다. 그러한 치유가 일어나는 사실을 살펴볼 때, 그런 정도의 신앙이나 마음의 태도를 가지지 않은 사람에게도 같은 치유가 일어난다고 기대할 수는 없는 것 같다.

수많은 케이시의 피지컬 리딩을 비교 연구해 보면, 리딩을 통해 정보를 인식하고 있음이 분명하다. 예컨대, 어떤 병의 경우에는 리딩은 그 사람이 단지 정신 요법만으로 나을 수 있다고 믿고 있음이 분명한 때가 많다. 암시의 힘이나 무의식적인 마음의 순종은 그만큼 현저한 것이다. 같은 병이라도 어떤 환자는 무지나 회의 또는 지나친 유물적 견해 때문에 정신 요법으로는 낫지 않는 경우도 많다. 그런 사람들에게는 물질적인 치료법을 일러주는 편이 간단하고 현명하다.

여기서 생각나는 것은, 수행이 높은 요기(yogi) 밑에서 공부하는 젊은 제자에 관해 어떤 힌두교 도사가 말한 이야기이다. 그 제자는 정신력을 활용하여 기적적인 일을 연출할 수 있게 하려고 기초적인 교육을 받고 있었다. 굉장히 재능이 있는 청년이었는데, 그는 능력을 키우겠다고 홀로 산 속으로 들어갔다가 10년이 지나 스승에게로 돌아왔다. "그 오랜 세월 동안 그대는 무엇을 하고 왔는고?" 스승이 정답게 물었다. "마음을 지배하여 물 위를 걸을 수 있는 방법을 터득하고 왔습니다." 제자는 상당히 의기양양해서 대답했다. "허허, 이것 봐라, 그럼 그대는 시간을 허비했군 그래. 나룻배를 타면 그저 동전 몇 푼에 강 건너로 갈 수 있다는 것을 모르는가?"

정신력을 계발하기 위해 오랜 시간을 바쳐 온 민족이 간직하고 있는 이 이야기에는, 질병 치료에 일체의 물질적 방법을 거부하는 사람들이 신중히 귀를 기울여야 할 기본적인 교훈이 담겨 있다. 순전히 정신력으로써 병을 고치려는 노력은 확실히 칭찬할 만하며 또 힘도 생길 것이다. 크리스천 사이언스·종교 과학(Religious Science)·유니티(Unity) 등 기타 유사한 정신 운동들은 병은 마음에서 생기는 것이니 마음을 밝고 바르게 가지면 병은 낫는다는 원리를 대중들에게 자각시킨 점에서는 매우 큰 공헌을 하고 있다. 그러나 정신 신체 의학에서 인정되어 왔듯이 병의 원인이 마음에 있지 않은 경우도 흔히 있으며, 또 그 원인이 어떤 것이든 정신 요법보다는 물질적 치료로 낫는 경우가 자주 있다는 것도 인정해야 한다.

또한, 케이시의 질병 치료에 대한 견해에서 중요한 점은 리딩이 어떤 치료법을 다른 치료법보다 본질적으로 보다 영적이라고 보지 않는다는 점이다. 모든 치료법이 하나의 신성한 원천에서 나오고 있는 것이다.

심한(心汗) 등의 통증으로 괴로워하는 한 부인은 물리적 치료를 받는 것이 좋을지 또는 유니티의 가르침에 의지할 것인지를 결심하지 못하고 방황하고 있었는데, 리딩은 그녀에게 다음과 같은 답을 주고 있다.

이 병은 대부분 마음으로 극복될 수 있다. 그러나 그때그때 상황에 따라 대처하는 것이 좋다. 아픔이 심할 때는 필요에 따라 병원 치료를 받도록 하라. 근본적으로는 어떤 치료법이나 다름없다. 왜냐하면 어떤 종류의 치료법에도 그 나름의 장점이 있기 때문이다. 그것들 사이에는 어떤 사람들이 생각하는 것 같은 모순은 없다.

그리스도는 사람들을 차별 없이 고쳐 주지 않았는가? 어떤 사람에게는 물질적 방법을 쓰지 않았는가? 그리고 다른 사람들에게도 그것을 말해주라고 하시지 않았는가? '너의 주이신 하느님은 하나이니라'라는 근본 원리를 잊지 말라.

그러므로 육체·정신·영혼의 모든 영역에 그 '하나인 것'을 향한 조화가 있는 것이다. 각각의 영역에 각각의 특질과 한계가 있다. 오직 주이신 하느님만이 완전한 하나인 것이다.

10년 동안 관절염에 시달려 온 피츠버그의 어떤 신문 기자는 물질적 치료보다 심리 요법에 의지해 온 사람인데, 그에게 혈액 순환과 배설이 잘 되게 하도록 수치료법(水治療法)과 자외선 요법(紫外線療法)을 리딩은 권하고 있다.

효과적인 치유는 모두 당신 자신 안에서 이루어진다. 모든 치유가 '거룩한 이'에게서 온다. 누가 당신의 병을 고치는가? 그것은 만물의 근원이다. 이 세계에 있는 갖가지 치료법은 모두 하나의 근원에서 나온다. 그 각각의 방법을 이용하는 것은 단지 육체의 원자를 자극하는 것에 불과하다. 인간의 육체 세포는 그 자체가 하나의 '작은 우주'이다. 육체에 미치는 영향이 약에서 오든, 의료 기구에서 오든, 그 밖의 무엇에서 오든, 그것들은 모두 필연적으로 하나의 원천에서 오는 것이다.

케이시의 치료 철학에 관하여 지적해 두어야 할 또 하나는 다음과 같다. 즉 모든 원인력(原因力)의 작용은 궁극적·절대적 의미에서 마음에 있지만, 우리 인간은 물질 영역에 너무 깊이 잠겨 있고,

또한 여러 가지 집단의 영혼과 여러 가지 수준의 활동에 연관되어 있기 때문에 서로 다른 수준의 많은 원인력을 발동시키기도 하고 거기에 휘말리기도 한다.

예컨대 식당에서 부패한 크림파이를 먹고, 그 결과 프토마인 중독에 걸렸다고 하자. 정신 분석가나 정신 요법 전문가 중에는 이것을 내적인 마음의 상태 – 어떤 생활 상태에 대한 심리적 거절 – 라고 진단하는 사람이 있을지도 모른다. 만약 이 논리에 따른다면 합리적인 결론으로서, 그 식당에서 같은 크림파이를 먹은 다른 250명의 사람들 모두가 다 같은 심리적 거절을 경험하고 있어서 구토라는 구체적 구실을 그들에게 제공하는 그 식당에 – 아마도 무의식적으로 – 오게 된 것이라고 하지 않겠는가?

만약 일상 생활의 사소한 일들에 이르기까지 우리에게 일어나는 모든 일에 심리적 원인이 있다고 주장한다면 필연적으로 다음과 같은 결론이 나오게 될 것이다. 그리고 그런 설명은 설령 억지로 둘러대는 말처럼 보일지라도 그대로 옳은 설명일지도 모른다.

케이시 리딩이 증언하는 바에 따른다면, 대개의 원인이 눈에 보이지 않는 힘이나 인력(引力)의 끈에서 생기는 세계에서는, 우리는 그런 가능성을 감히 부정할 수가 없다. 그렇지만 250명의 사람이 부패한 파이를 만든 식당의 부주의나 그릇된 생각에 희생되었다고 보는 쪽이 보다 타당할 것이다. 순전한 물질적 수준에서 본다면, 그들의 위의 화학 성분이 부패한 파이의 유독한 화학 성분에 반응한 것이다. 인간의 현재의 진화 정도 및 물질과 연관되어 있는 정도에서는 당연히 모든 화학적·생물적·기계적·사회적·인종적 및 경제적 힘에 좌우되지 않을 수가 없다. 마침내는 인간이 그런 힘들의 영향을 받지 않을 만큼 고도로 진화하겠지만, 지금으로서는 그 영향을 받고 있음을 인정하는 편이 현실적이고 납득하기 쉬운 견해일 것으로 여겨진다. 그런 까닭에 케이시도 흔히 순전한 육체적 이상 상태에 대해서는 순전한 물질적 치료법을 권하는 것이다. 중독 증상에는 해독제를, 울혈에는 열의 이용을, 보다 좋은 기후를 필요로 하는 병에는 전지(轉地) 요양을 권하는 식으로 말이다.

거리에서 넘어져서 발목을 삐었을 경우 정신과 의사나 정신 요법 전문가는 그것을 '다치기 쉬운 경향'이라든가 개성의 상태나 특질에 귀결시키기도 하는데, 동시에 그것은 길이 무너져 있었다든가 때마침 아이가 자전거를 몰고 길을 가로막았다는 것일 뿐, 영혼까지 들먹여 애써 내적 의미를 찾아낼 필요가 없는 경우도 있다.

암시·긍정·시각 표상(視覺表象)·기도·신앙 등은 원인이야 어찌 되었든 우리로서는 잘 알 수가 없는 정신 신체적 이유로 뼈가 다시 붙는 것을 촉진시키는 데 도움이 될지도 모른다. 그러나 최면 중에 케이시가 자주 말하듯 "뜻하지 않은 사고는 이따금 창조를 할 때에도 일어난다."는 것을 상기할 필요도 있을 것이다. 조금은 수수께끼 같은 이 말에는, 일체의 사건을 뭔가 앞뒤가 맞는 인과율로 돌리기 전에 한 걸음 물러서서 잠시 잘 생각해 보게 하는 무엇인가가 들어 있다.

원인을 캐는 것을 떠나서도 케이시 리딩이 일러주는 물질적 치료법은 그 자체가 흥미롭다. 카르마가 원인인 병에 대해서나 그렇지 않은 병에 대해서나 자주 권하는 여러 가지 물질적 치료법은 그것만으로도 연구 대상이 된다. 케이시의 최면 중의 의식은 마치 의사처럼 온갖 치료법 중에서 알맞은 것을 취사선택하고 있다는 느낌이다. 그 가운데에는 식사·운동·약물·비타민 요법·수술·약초·마사지·주무르기·수치료법(水治療法)·전기 요법을 비롯한 방사선 또는 습전지(濕電池)를 이용하는 요법 등도 포함되어 있다.

한편 이 방사선 및 습전지를 이용한 요법은 케이시 리딩이 발명한 요법이다. 그것은 리딩이 스스로 장치를 만드는 방법을 말했고 그 치료법을 수많은 환자에게 권했다는 점에서 리딩이 발명했다고 말하는 것이다. 마사지와 주무르기가 병의 예방과 치료에서 나타내는 효과는 꾸준히 강조되고 있다. 또 실제로 극히 좋은 효과가 유아의 백내장 치료와 난산(難産)의 극복에 이르기까지 온갖 경우에서 나타나고 있다.

그밖에도 많은 독창적인 치료법이 케이시 리딩에서 생겨났다. 의사가 포기해 버린 환자에게서 그 치료법들이 실제로 어떤 효과를 냈는지를 조사하고, 여러 질병에 대한 치료법의 주된 특징을 가려내는 일이 의학을 정식으로 공부한 자격 있는 연구자의 노력을 기다리고 있는 것이다.

그러나 다만 이렇게 살펴본 범위 안에서도 하나의 새로운 치료 철학, 새로운 통일적 인간 과학이 드러난다. 인간은 육체와 정신과 영혼의 삼면으로 구성되어 있는 하나의 단위인 것처럼 여겨진다.

인간의 이 삼중성은 신의 삼위일체적인 성격에서 비롯되는 것이며, 이것은 인간이 오랜 세월에 걸쳐 개발해 온 의학·심리학·종교라는 세 가지 위대한 지식 체계 속에 반영되어 있다. 이 세 분야는 때때로 서로 반목하면서 제각각의 길을 더듬어 왔다. 그러나 그런 제각각의 길이나 상호간의 반목은 인간이 자기 자신에 대해 무지하다는 사실에 기인하는 것이다. 아마도 실제로는 의사·심리학자·종교가는 같은 연구실에서 일하는 3명의 연구원으로 같은 재료를 가지고 거푸집을 만들고, 같은 성화(聖火)를 지키고 있는 것이리라.

제9장

심리학의 새로운 영역

수수께끼 풀기는 교육적인 오락이다. 아이들이 수수께끼를 푸는 열쇠는 논리와 사고이다. 인간의 본체나 그 기원, 궁극의 목적 등 모든 수수께끼 가운데서 가장 심원한 수수께끼라 할 수 있는 문제에도 다음과 같은 간단한 놀이에서 배울 수 있는 지혜를 적용할 수 있을 것이다.

성냥 6개비를 가지고 정삼각형 4개를 만드는 놀이가 있다. 도전자는 처음에는 자신만만하게 삼각형을 만들기 시작한다. 그러나 오래지 않아 자신감은 여지없이 무너지고 마침내 이 문제는 도저히 풀수 없다고 내던지기 일쑤이다. 그리하여 이 문제는 도전자가 2차원적으로 생각해서는 안 되고 3차원적으로 생각해야 된다는 것을 깨달아, 평면에서 4개의 삼각형을 만드는 헛된 노력을 멈추고 입체적으로 피라미드형으로 조립할 때까지는 풀리지 않는다.

어떤 의미에서는 삶의 수수께끼도 이 성냥개비 놀이에 견줄 수가 있다. 다만 한 차원을 더하는 것만으로도 – 이 경우에는 '시간'의 차원이다 – 인간은 자기를 알 수 있게 될 것 같다.

육체의 탄생과 죽음은 대개 인간의 시작과 끝이라고 여기고 있다. 그러나 만약 인간이 단지 육체적 존재가 아니라 육체 속에 들어 있는 영혼이며, 영혼은 태어나기 전부터 존재했고 죽은 뒤에도 여전히 계속해서 존재한다는 것이 과학적으로 입증될 수 있다면 그것은 정신과학을 완전히 바꾸어 놓을 것이다. 그것은 마치 파이프를 지표에서부터 지하 심층으로 박아 놓은 것과 같다. 근대의 심층 심리학 따위는 석유를 뽑아내는 몇 마일씩이나 되는 파이프에 비한다면 양파를 심는 구멍 정도로 얕은 것이다.

먼저 이렇게 시간이라는 차원을 더해 본다면 인간성의 특성에 대한 우리의 이해가 크게 확대될 것이다. 심리학자들은 지금까지 인간성을 이루고 있는 여러 가지 성질에 대하여 면밀한 통계적 임상 조사를 해 왔다. 그런 조사는 인간의 마음이 얼마나 미묘한가를 증명하는 굉장한 업적이며, 그것은 실제로 인사 관련 업무나 직업의 선택과 지도, 임상 심리학 등에 응용되고 있다. 그렇지만 그것은 아직도 인간의 겉껍데기를 더듬어 보고 있는 것에 불과하다.

윤회설을 인정하는 것은 지금까지 보이지 않던 인생 무대의 배경에 조명을 비추는 것과 같다. 그렇게 해서 비추어지는 광경에는 그 자체의 이상한 매력이 있다. 그러나 무엇보다도 중요한 것은 한 사람의 특성이나 능력, 심리적 태도가 현재에 이르기까지 천천히 거쳐 온 구불구불한 경로를 그 속에서 더듬어 볼 수 있다는 점이다. 또 다른 비유를 든다면, 윤회설을 인정함으로써 마치 10분의 9가 수면 아래에 숨어 있는 빙산의 전모가 드러나는 것과 같다.

지금까지 심리학자들은 많은 노력을 들였음에도 불구하고 겨우 10분의 1인 수면 위의 부분을 연구해 온 것에 불과하다는 말이된다.

케이시 리딩의 방대한 기록은 '시간'이라는 이 새로운 차원에 관한 무수한 실례와, 시간에 의하여 현재의 특성이 어떻게 설명되는가를 분명히 보여주고 있다. 어떤 리딩에서 케이시는 한니발 군대에 사로잡혀 전함 밑창에서 노를 저어야 했던 한 병사에 관하여 말했다. 그때 그는 그 전함의 흑인들에게서 지독한 학대를 받다가 끝내 흑인에게 맞아 죽었다. 이것은 그의 현생으로부터 3회 전의 전생의 일인데, 그때의 그 모진 고통의 경험에서 생긴 흑인에 대한 증오는 2200년이 지난 지금도 그의 무의식에 깊이 박혀 있는 것이다. 현생 바로 앞의 전생에서 앨라배마의 농부였던 그는 그 긴 일생 내내 가차 없는 무서운 증오심으로 흑인들을 대했다. 그리고 한때는 그 자신이 주동이 되어 '백인 주권 협회'라는 흑인 탄압 단체를 만들기까지 했던 것이다.

이것은 한 생애에서 다음 생애로 심리적 경향이 이월되는 전형적인 예이다. 케이시의 라이프 리딩에는 이런 예가 수없이 많다. 어떤 신문의 칼럼니스트로 오랜 세월에 걸쳐 맹렬한 반유대주의자였던 사람이 있었다. 그녀에 대한 라이프 리딩에 따르면 그런 심리적 태도는 그녀가 사마리아인으로서 팔레스타인에 살았을 때 그 뿌리가 있다는 것이다. 그녀는 당시 유대 인들과 자주 심하게 다투었던 것이다.

38세인 어떤 노처녀는 과거에 여러 번 연애를 했지만 남성에 대한 뿌리 깊은 불신 때문에 번번이 결혼까지는 가지 못하곤 했다. 그런 불행은 그녀가 전생에서 십자군으로 나간 남편에게서 버림받은 경험에 그 원인이 있었다.

어떤 부인은 대단한 종교적 관용성을 지니고 있었는데, 그런 특성은 전생에서 회교도들 사이에서 개혁 운동을 했을 때 얻은 것이라고 했다. 이교도인 그 회교신자들을 만나 비로소 그녀는 그리스도교 이외에도 이상주의·용기·친절·자비 등의 미덕이 있음을 알았다. 당시 그 인상이 아주 강하게 그녀의 마음에 새겨졌기 때문에 종교적 관용성이 현생에도 그대로 지속되고 있는 것이다.

그런가 하면 어떤 대중 작가는 종교에 대해 극단적인 회의론자인데, 그것은 그가 전생에서 십자군 전사였을 때 주위 사람들에게서 성직자로서의 생활과 개인 생활 사이의 너무나도 노골적인 모순을 보고는 정나미가 떨어져 결과적으로 모든 종교에 대해 뿌리 깊은 혐오가 생긴 것에 기인한다.

여기까지 전생에 그 원인이 있다는 세 가지 심리적 태도 – 인종·이성·종교에 대한 – 를 보았다. 물론 그 하나하나의 경우에 결과적으로 그런 반응이 일어날 수 있었던 환경적 요소가 현생에 있어야만 한다. 흑인을 미워한 사나이는 1853년에 미국 남부에서 태어났다. 그러므로 그가 태어난 환경의 관습과 전통이 그가 지닌 인종적 우월감이라는 병균을 번식시키기에 알맞은 조건이 된 셈이다. 그밖의 두 경우 역시 현생에서의 환경의 영향이라는 가능성을 지적할 수 있을 것이다. 그러나 그렇게 강한 태도가 수없이 많다는 사실과 같은 환경 속에 있는 사람들이 반드시 같은 반응을 보이지는 않는다는 사실로 볼 때, 현생의 환경 요소보다 더 깊은 어떤 원인이 따로 있다는 설이 보다 더 타당성이 있는 것 같다.

정신의학자들은 개인이 자연적으로 취하는 심리적 태도가 그의 무의식 층에서 나오는 것으로 본다는 점에서 윤회론자의 견해와 같다고 하겠다. 윤회설은 다만 이 무의식의 영역을 전생에서의 경험의 영향까지를 포함하는 범위로 확대한 것뿐이다. 피지컬 리딩의 경우와 마찬가지로, 그 원인이 생겨난 시기는 이렇게 새로 추가된 긴 시간 속에서 찾아볼 수 있는 것이다.

심리적 태도와 마찬가지로, 어떤 것을 좋아하거나 싫어하는 기호나 흥미 역시 인간의 성격을 구성하는 중요한 요소다. 자기 보존·생식·지배 등의 기본적 본능은 개인의 삶에 나타나는 표면적인 관심과 얽혀 있다. 모든 인간에게 공통되는 이 기본적 욕구와는 달리, 이 근본적 충동이 각 개인에게서 그 사람만의 흥미나 정열로 나타나는 양상은 모두 다르고 아주 다양하다.

예컨대 한 가정에 아이 다섯이 있는데, 첫째 아이는 곤충 채집에 흥미가 있고, 둘째는 음악을 좋아하고, 셋째는 기계를 만지기 좋아하고, 넷째는 그림에 흥미가 있으며, 막내는 장난만 치는 아이일 수도 있을 것이다. 이렇게 재능이나 경향이 모두 다르다는 사실에 대해 심리학은 보통 각 개인의 성격이 먼저 그 유전자가 지니는 유전적 자질에 따라 결정되고, 다음으로는 가정에서의 형제자매의 상호 관계와 경험이라는 정신 분석적 인자에 의해 결정된다고 설명한다. 이런 설명은 표면적으로는 매우 이치에 맞는 설명이다. 그러나 문제의 범위에 윤회의 가능성을 포함시키는 관점에서 본다면 불충분하다. 케이시 리딩은 재능이나 흥미의 바탕을 조상으로부터의 유전보다도 그 영혼 자신의 유전에서 찾아보는 것이다. 위에서 예로 든 아이들의 경우도 케이시의 견해를 적용한다면, 현생에서의 그런 경향들의 바탕이 전생에서의 환경에서 형성됐을 것임에 틀림없다.

케이시 리딩 속에는 현생에서의 기호나 취미가 전생에서 비롯된다는 것을 보여주는 예가 많이 있다. 뉴욕의 한 치과 의사의 경우를 보자.

그는 도시에서 태어났다. 그의 가족도 대대로 도시에서 살았다. 치과 의원은 번창했고 그 자신도 도시 생활을 아주 좋아했지만, 그런데도 그는 정기적으로 사냥총이나 낚싯대를 메고 들이나 강으로 가서 홀로 야영을 하고 싶다는 충동을 자주 느꼈다. 자연 속에서 지내기를 좋아하는 취미가 별로 이상한 것은 아니지만, 그의 철저한 도시 생활적 성격과는 모순되는 요소이다. 그러나 윤회론적 관점에서 보면 이것은 쉽게 이해할 수 있는 일인 것이다. 케이시의 리딩에 따르면, 그의 전생은 초기 네덜란드 식민 시대에 미국으로 온 덴마크 사람이었다. 그는 뉴저지의 늪과 호수와 강이 많은 지역에서 살며 동물의 가죽을 거래하는 상인이었다. 그때의 숲과 강에 대한 향수가 도시 생활을 하게 된 현생에도 아직 남아 있는 것이다.

또한 어떤 특정 장소에 강한 매력을 느끼는 사람도 많이 있다. 그 원인은 케이시 리딩에 따르면 전생에 그런 곳에서 즐겁게 살았던 기억이 잠재의식 속에 남아 있기 때문이라는 것이다. 예컨대 미국 동해안에서 성공한 어떤 여성 기업가는 줄곧 미국 남서부에 가서 살고 싶다는 소원을 가지고 있었다. 마침내 그녀는 남서부로 갈 수 있었고 지금은 뉴멕시코에서 호텔 지배인 노릇을 하고 있다. 리딩에 따르면 그녀는 전생에 두 번씩이나 그 지방에서 지냈기 때문에 그 지방에 대한 향수가 지속되고 있는 것이다.

어떤 종류의 예술이나 직업적 발동에 대한 흥미도 마찬가지로 과거의 경험에 그 원인이 있다고 리딩은 말한다. 그리스의 무용과 연극에 강한 흥미를 느끼는 어떤 부인은 그런 예술이 한창 성하던 시대에 그리스에서 살았던 경험이 있다는 것이다. 텔레파시에 대한 어떤 소년의 강한 흥미는 그가 심리학과 사념 전달(思念傳達) 교사로서 아틀란티스에서 살았을 때의 경험이 바탕이라고 했다. 어떤 아름다운 아가씨는 비행기 조종에 열광적인 흥미를 가지고 있었는데, 그것도 조종사와 통신 기사 노릇을 했던 아틀란티스 시대의 경험에서 유래된 것이었다. 다리를 저는 아이들을 도와주는 일에 대한 어떤 부인의 흥미는 그녀가 그리스도교에 감화되어 팔레스타인에서 절름발이나 병자들을 도와주었던 경험에서 비롯된 것이었다. 테크노크라시(Technocracy) 운동을 오랫동안 열심히 벌인 어떤 기술자는 일찍이 아틀란티스에서 과학 행정 관리였다.

한편 케이시의 리딩 말고도 그런 예는 많이 찾아볼 수가 있다. 한 사람의 흥미가 과거에서부터 이월되어 왔음이 유명한 인물들의 생에서 뚜렷이 보이는 것이다. 그 중 몇몇 경우를 예로 들어보겠는데, 이것은 케이시가 리딩을 해 준 것은 아니며, 다만 그들의 전기에 나타난 사실을 케이시의 리딩에 준하여 말해 보는 것이다.

독일의 고고학자 하인리히 슐리만 – 이 사람은 땅 속에 묻힌 트로이의 폐허를 발견하고, 그에 따라 위대한 호머의 서사시를 역사적으로 밝혀낸 사람이다 – 의 경우를 보자.

독일 북부의 한 마을에서 가난한 목사의 아들로 태어난 그는 어릴 때부터 일리아드의 이야기에 매료되어 그리스어를 배워서 트로이 이야기가 생겨났던 장소를 찾아내려는 꿈을 품게 되었다.

그는 인생의 초기 35년 동안에 재산을 모았고, 그것을 가지고 뒤에 자신의 꿈을 성취했던 것이다. 그는 비범한 언어학자가 되었는데, 특히 그리스어와 그리스에 관한 모든 사항에 열중했다. 만년에 그는 남들과 대화를 할 때에도 호머의 서사시에 나오는 인사말을 쓰기까지 했다고 그의 전기 작가는 말하고 있다. 이것은 슐리만이 생전에 아주 진지하게 행했던 수많은 기묘한 언행의 하나에 불과하다. 이런 엉뚱한 버릇도 만약 그것이 한 영혼이 과거에 행복하게 지냈던 시대를 기억하고 있어 그런 환경을 다시 한 번 만들어 내보이려고 열심히 노력한 것이라고 해석한다면 이해할 수 있을 것이다.

또 다른 두드러진 예를 작가 래프카디오 헌에게서 볼 수가 있다. 헌은 이오니아 섬에서 아일랜드인 아버지와 그리스인 어머니 사이에 태어났다. 그는 영국으로, 영국에서 미국으로, 그리고 인도차이나로 방랑을 하다가 마침내 일본에서 참된 얼의 고향을 발견하고 그곳에서 일본 여성과 결혼하여 이름도 일본 이름(고이즈미 야쿠모)으로 바꾸고 일본 학교에서 선생 노릇을 하였다. 일본의 사물에 대한 그의 놀라운 본능적 이해력, 일본어를 영어로, 또한 영어를 일본어로 번역하는 뛰어난 능력 등은 그가 아마도 전생에 일본인이었기 때문에 현생에서도 전생의 특성을 대변시키려는 욕망이 있었던 것이라고 볼 때 그다지 이상하게 여겨지지는 않을 것이다.

또 하나의 예는 T. E. 로렌스이다. 그의 전기 작가가 지적하듯이 그는 아라비아 사람들과의 거래가 매우 능숙하고, 또한 실제로 아라비아 사람의 하나가 될 수 있는 어떤 요소를 지니고 있었다. 조국인 영국이나 영국인 가족 사이에서는 아무래도 편안치가 않았다. 영국에서의 학교 공부도 마찬가지였다. 아라비아 육군 지휘관으로서의 그의 눈부신 성공을 그가 전생에서 다하지 못한 모험의 완성이라고 본다면 아마도 보다 잘 이해할 수 있을 것이다. 그는 당시 아라비아인이었으며 육군 전술가였는데, 무의식 속에 자기 인생의 사명이라고 생각했던 것을 다하지 못하고 죽었던 것이다.

이와 같은 이국에 대한 흥미는 비단 유명한 인물에게서만 나타나는 것은 아니다. 그런 경향은 주변에서 흔히 찾아볼 수 있다. 특성도 홍미나 태도와 마찬가지로 성격 분석에 있어서는 중요한 요소인데, 케이시의 파일은 한 사람의 특성이 전생에서 비롯됨을 보여주는 재미있는 예를 제공해 준다.

중서부의 어떤 부호의 부인은 아주 거만하고 거칠었다. 라이프리딩은 그녀의 그런 경향이 전생에서 학교 교사였고, 또한 팔레스타인과 인도에서 권력자의 지위에 있었던 데서 비롯되었다고 한다. 어떤 소년은 아이 때부터 토론하기를 좋아하고 매우 날카로운 추리력을 지니고 있었다. 그런 특성은 그가 알프레드 대왕 시대의 법률가였으며, 또 페르시아에서는 재판관이었던 전생에서 유래한 것이었다. 신비적이고 명상적인 경향이 있는 어떤 부인은 19세기 시대의 전생에서 수도원 원장이었다. 술버릇이 너무 고약해 고칠 가망이 없었던 어떤 부잣집 청년은 그 때문에 명문 가문을 더럽히고 있는 망나니였는데, 그런 결점은 그가 도박판에서 타락한 생활을 했던 전생의 경험에서 비롯된 것이었다.

케이시의 파일에는 이런 유형의 예가 수없이 많다. 개인차의 심리학과 거기에 연관된 문제를 잘 아는 사람은 누구나 이 케이시의 자료들이 차이 심리학(差異心理學)에 새로운 깊이와 포괄성을 준다는 것을 인정하지 않을 수 없을 것이다.

지금까지 살펴본 바를 요약하면 다음과 같다.

근대 심리학은 개인의 차이가 첫째로는 부모의 유전자에 따르고, 둘째로는 환경의 영향에 따라 결정된다고 보고 있다. 그러나 윤회론자의 견해는 유전도 환경과 더불어 전생의 카르마가 지닌 결정 요소의 결과이고, 영혼이 지니는 모든 성질은 부모에게서 유전되었다기보다는 스스로 만들어 낸 것이라고 본다.

유전학설에는 일반적으로 별로 알려지지 않은 오류가 있다. 유전이라는 견해에서는 정신 현상이 생리 현상으로 자아낼 수 있다고 본다. "당신은 어떻게 해서 상대성 원리를 발견하셨습니까?"하는 질문을 받고 아인슈타인은 "공리(公理)를 재검토함으로써!"라고 대답했다. 아인슈타인의 이 대담한 솔직성을 볼 때 유전 학설의 바탕이 되는 기본 개념을 재검토할 필요를 느낄 것이다. 정신과 육체의 관계에 대한 인간의 지식은 분명히 아직 유아기에 있다. 그러나 정신적 현상은 대부분 전생에서의 정신적 현상에서도 유래된다고 보는 쪽이 더욱 믿을 수 있고 심리학적으로도 훨씬 합리적이라 하겠다.

붓다는 "너희의 현재 상태는 너희가 과거에 생각했던 바의 결과이다."라고 말했다. 불교라는 뛰어나고 심리학적으로 정밀한 종교에서 윤회는 말할 것도 없이 중요한 가르침이다. 붓다는 인간이 지니는 모든 성질이 그의 사고방식과 전생에서의 행위의 결과라고 했다. 단지 기계적인 견해로만 보아도 개인의 능력은 다만 그의 반복적인 노력의 결과라고 설명하는 것이 조리에 맞는다. 그렇다면 현생에서의 능력의 개인차는 전생에서의 각자의 노력의 차이로 돌리는 것이 타당하다.

동아시아 사상의 열렬한 연구가이며, 힌두교 성전(聖典)인 『바가바드기타』를 애독한 에머슨은 이 같은 개념을 잘 이해하고 있었다. 그는 여러 저술에서 그런 생각을 표현했는데 특히 경험에 대해 쓴 수필 속에 그것이 뚜렷이 나타나 있다. 그 첫머리를 인용해 보면 아래와 같다.

우리는 어디에 있는 것일까? 처음과 끝을 알 수 없는 것처럼, 또 처음도 끝도 없는 것처럼 여겨지는 어떤 연속 속에 있다. 눈을 떠 보면 우리는 계단 위에 있는 자기 자신을 발견한다. 내려다보면 지금까지 자기가 올라왔던 것 같은 계단이 아래에 있다. 또 올려다보면 계단은 위로 계속되어 시계에서 사라져 끝이 보이지 않는다. 그런데 예로부터의 믿음에 따르면, 수호신이 우리가 들어갈 입구 옆에 서 있다가 우리에게 자기의 신상 이야기를 하지 못하도록 황천(黃泉)의 강물을 먹여 주는 것이다. 그 강물은 너무도 독하여 낮인데도 혼수상태에서 깨어나지를 못한다.

에머슨은 '연속'이라는 말을 써서 모든 삶에 진화적인 성격이 있음을 암시하고 있다. '계단'이라는 그의 비유는 인간의 능력이 인생을 몇 번씩 거듭함으로써 점점 위로 올라가는 것처럼 보인다는 것을 교묘하게 표현하고 있다. 실제로 특성이나 재능의 성장은 케이시 리딩에 따르면, 계단적 성격을 지닌 일종의 연속을 보는 것 같다. 이 것이 '연속의 원리'라는 이름을 생각해 내게 한 것이다. 이것을 다음과 같은 그림으로 표시할 수 있다.

〈그림4〉는 개인이 어떤 특성(예컨대 정직·용기·무욕 등) 내지 재능(음악적 재능·예술적 기량·수학적 통찰력 등)의 획득에 있어 서서히 진보해 가는 상태를 보인 것이다. 예컨대 여기서 음악적 재능에 있어 이 사람이 거쳐 온 진보의 단계를 더듬어 보면, 그가 최초의 인생에 극히 초보적인 악기 – 아마도 갈대 피리 같은 – 를 쓰기 시작하고 제2, 제3, 제4의 인생에서는 그 시대의 보다 진보된 악기를 쓰면서 리듬이나 멜로디의 기억과 그밖에 이른바 음악적 재능이라는 능력의 내용을 차츰 키워나갔을 것이다. 그리고 드디어 35번째의 인생에서는 두드러진 재능, 즉 천재적 능력을 가지고 태어난 것이다.

이 이론이 개인차의 심리학에 보태어 주는 새로운 깊이는 다음

〈그림4〉

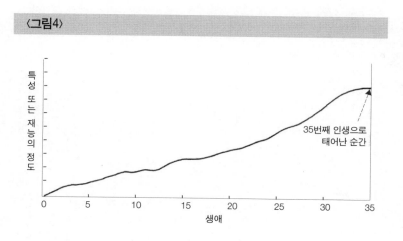

의 〈그림5〉에서 40번째의 인생으로 태어난 순간부터 나타나는 존과 피터의 음악적 재능을 비교해 볼 때 더욱 분명해질 것이다.

〈그림5〉는 피터라는 개인이 거듭되는 전생에서 음악을 연습했음을 보여준다. 존은 음악에 어느 정도 관심은 있었으나 그리 뛰어나지는 못했다. 가령 음악적 재능의 정도를 나타내는 눈금에서 60을 천재라고 한다면, 피터는 태어나는 순간부터 음악의 천재이고, 존은 그저 조금 소질이 있는 정도에 불과하다. 이것은 인간의 다른 재능에 대해서도 적용될 수가 있다. 여기서는 개인차의 과학이 성립되는 기초가 보여 지고 있다. 태어났을 때 이미 인간의 천부적 재능에 차이가 있는 이유를 이것으로 알 수 있을 것이다.

불행하게도 카르마의 사상을 받아들이는 사람들 가운데에는 카르마를 그저 징벌이나 고통으로서만 생각하는 사람이 많다. 그러나 카르마는 말 그대로 '업(業)'이라는 뜻이고 중립적인 말임을 잊어

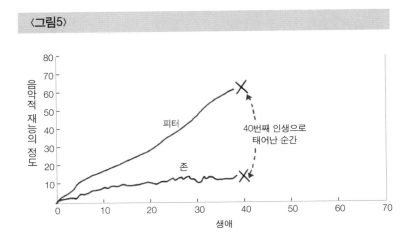

〈그림5〉

서는 안 된다. 현상계의 일체의 것에는 극(極)이 있다. 그리하여 양과 음의 두 면이 있는 것이다. 카르마도 예외는 아니다. 분명히 행위는 선일 수도 있고 악일 수도 있으며, 이기적일 수도 있고 이타적일 수도 있다. 만약 행위가 선이라면 그것이 연속됨을 방해하는 것은 아무것도 없다. 그것은 자연의 운행에 따라 계속될 것이다. 그리고 이미 제시된 것처럼 이것을 카르마의 연속의 원리라고 부를 수가 있을 것이다. 그러나 만약 행위가 걷잡을 수 없을 만큼 사악하고 불순하다면 그것은 다스려져야 한다. 이런 다스림이 작용 · 반작용의 법칙에 따라 나타날 것이다. 그리고 이것은 '카르마의 보복(報復)'의 법칙이라 불러도 좋을 것이다.

복수의 원리에 따라 우리는 카르마 자체가 지니는 균형을 유지하려는 힘의 고통스러운 작용을 통하여 자기완성이라는 좁은 길로 되돌려지게 된다. 그리고 동시에 연속의 원리에 따라 우리는 전혀 다른 길을 거쳐 조용히 방해받음 없이 진보해 나가는 것이다. 그리하여 우리는 인생이라는 나그네 길을 거듭거듭 가면서 차츰 영혼을 위한 보다 나은 집을 지어 나가고 마침내는 해탈을 성취하는 것이다.

제10장

인간의 유형

"이 세상에는 이 세상 사람들을 두 가지 종류로 나누는 사람과 그렇지 않은 사람의 두 종류의 인간이 있다."고 미국의 유머작가 로버트 벤츨리는 그 뛰어난 감성으로 다른 여러 유형론에 뒤지지 않는 확실히 근거 있는 유형론을 제시했다.

벤츨리는 또한 많은 심리학자들이 각자 인간의 성격에 대해 어떤 견해를 가지고 있는가에 따라 분류해 보는 연구에도 손을 댔었다. 심리학자들 중에는 세상의 인간들을 일정한 유형으로 구분하는 학자와 그렇지 않은 학자가 있다. 전자는 이른바 인간의 성격 유형설을 주장하는 무리이며, 후자는 특성설을 주장하고 있다. 모두가 인간의 개인차를 분석하는 시도이다.

보통 사람들도 일상생활에서 각자 나름대로 생각하는 가치 체계에 따라 대하는 사람들을 어떤 유형으로 나누기 일쑤이다. 사교적인 사람, 친해지기 쉬운 사람, 얌전하지만 친해지기 어려운 사람, 이기적인 사람, 자기중심적인 사람 등등. 또한 많은 심리학자들도 이런 일반적인 분류가 근본적으로 타당하다고 여기고 있다. 그러므로 그와 같은 유형 내지 종류의 존재를 인정하여 거기에 대한 과학적 기초를 확립하려고 시도해 온 것은 당연한 일이라 하겠다. 그리하여 많은 유형론이 나왔다. 그 중 주된 것으로는 융, 슈프랑거, 크레치머, 로자노프의 유형론이 있으며, 그것들은 모두 훌륭한 과학적 평가를 받고 있다.

윤회론은 현자 솔로몬처럼 성격의 특성설과 유형설 모두를 긍정하면서 동시에 그 각각의 불완전함도 지적한다. 만약 두 설 중의 어느 한쪽이라도 케이시 리딩이 보여주는 원리에 따라 고찰해 본다면 왜 이렇게 말할 수 있는지가 분명해질 것이다.

과학적 유형론 가운데 일반에게 가장 잘 알려져 있는 것은 칼융이 제창한 이른바 내향성·외향성의 유형론이다. 융의 이런 개념 구성을 보면, 모든 인간의 성격이 근본적으로 달라지는 것은 인간 각자의 관심이 외적 실재에 있는지, 아니면 내적 실재에 있는지에 따른다. 그러나 윤회론에서 보면, 융 자신이나 그를 따르는 다른 심리학자들도 모두 어찌하여 어떤 개인은 내향성의 운명을 살고, 다른 개인은 외향성의 운명을 갖는지에 대하여 만족할 만한 궁극적인 설명을 했다고는 볼 수 없다. 이 두 가지 기본적인 영혼의 상태는 융이나 그 밖의 대개의 권위자들도 그 원인을 생물학적인 것으로 돌리고 있다. 그러나 윤회론자는 전생의 행위가 근본적인 결정 요인이고, 생물학적 원인은 제2의적(第二義的)이라고 본다. 전생의 경험이 어떻게 내향성의 원인이 되는가는 케이시 파일 속의 여러 경우들에서 분명히 나타나 있다. 그런 경우들을 조사해 보면 연속의 원리가 일정한 정신적 태도의 요인으로서 작용하고 있음을 알 수 있는 것이다.

이것이 분명히 나타나 있는 예로는 음악적 재능이 있는 여대생의 경우이다. 그녀는 상당히 매력이 있는 처녀였지만 극도로 부끄럼을 타고 겁이 많아 친구들과 어울리기가 어려웠으며, 학생들의 클럽에 가입하지 못한 것을 아주 부끄럽게 여기고 있었다. 이 처녀가 어떤 환경에서 자랐는지는 분명치 않지만 아마도 가정 환경에 내향성이 되게 한 인자가 있었을 것으로 짐작된다.

그러나 그녀의 라이프 리딩에 따르면 그런 기질은 전생에서 비롯된 것이었다. 그녀는 뛰어난 재능과 미모와 사교성을 갖춘 프랑스의 귀부인이었는데, 그녀의 남편은 브라우닝의 시「나의 최후의 공작부인」의 오만한 공작처럼 아내가 누구에게나 상냥하게 대하는 것을 몹시 싫어했다. 그래서 그는 그녀의 모든 행동을 냉혹하게 억제하고 때로는 매질까지 했다. 그것이 그녀를 극도로 움츠러들게 했던 것이다. 오해를 받지는 않을지, 욕을 먹지는 않을지 하는 두려움이 그녀의 무의식 속에 뿌리를 내려 현생에 이르기까지 지속되고 있는 것이다.

개인적인 사정이나 신상은 다르지만 이와 비슷한 억압형을 다음의 경우에서 볼 수 있다. 이 청년이 리딩을 받았을 때는 28세였다. 그는 근면하고 내향적인 성격의 청년이었다. 리딩에 따르면 그는 전생에 세일럼의 '마녀 재판(魔女裁判)' 때 박해를 받았다는 것이다. 그 경험이 현재의 그의 기질에 이중의 결과를 가져왔다. 첫째는 그 경험이 그에게 모든 종류의 압박에 대한 증오를 남겼다는 것, 둘째는 학문에 대한 강한 욕구와 함께 자기가 얻은 지식을 자기만이 간직하고 있으려는 강한 충동을 그에게 주었던 것이다.

여기서 주목해야 할 것은, 세일럼의 마녀 재판에 대하여 케이시 리딩은 보통의 역사가들과는 조금 다른 해석을 내리고 있다는 점이다. 리딩이 말해주는 바에 의하면, 그 당시는 진짜 심령 현상이 마치 무슨 유행처럼 사방에서 나타나고, 영적 성격과 영매적인 성격을 띠는 거짓 아닌 현상을 경험한 사람이 아주 많이 나타났다는 것이다. 물론 그것들은 당시의 이른바 정통적인 견해로부터는 비난을 받았다. 이 청년의 경우 실제로 그가 경험한 것이 무엇이었는지는 리딩이 밝혀 주지 않았지만 기록된 대로 세일럼 시대의 다른 경우로 미루어볼 때, 그가 뭔가 스스로 체험한 이상한 심령 현상이나 목격한 현상에 대해 말을 하려다가 또는 당시의 대중들이 미친 것처럼 비난하던 어떤 사람을 변호하려다가 붙잡혀 참혹한 박해를 받았을지도 모른다. 개나 고양이도 학대하면 인간을 믿지 않게 되는 법이다. 그러므로 이 사람의 무의식 깊은 곳에는 남을 경멸하는 경향과 친구를 찾거나 자기가 알고 있는 것을 이야기하기를 망설이는 경향이 있다 해도 이해하기 어려운 일은 아닌 것이다.

케이시 파일에는 세일럼의 경험에 관한 것으로 이와 비슷한 내향적 경향을 가져온 예들이 기록되어 있다. 또한 이것과는 다른 원인으로 내향적인 기질이 된 예도 나타나 있다. 극히 비사교적인 성격의 어떤 의사는 전생에 퀘이커교도로서 침묵의 행을 닦았기 때문에 그런 경향이 생겼다는 것이다. 뉴욕의 어떤 매장 지배인에게는 상냥함이 아주 부족했다. 그것은 그가 전생에서 탐험가로 남아프리카를 돌아다니며 세속과 동떨어진 고독한 생애를 보냈기 때문이었다. 어떤 여고생은 심한 열등감에 시달리고 있었다. 그것은 그녀가 전생에서 미국 인디언 소녀로서 백인 이주민들에게 어찌할 수 없는 열등감을 품었던 것이 현생에까지 이어져 그런 내향적인 기질을 나타낸 것이었다. 어떤 오하이오 주의 의사는, 의사로서는 유능했지만 극도로 은둔적인 성격이고 자기 자신에 대한 끈질긴 불신감을 품고 있었다. 이런 경향의 원인은 전생에서 겪은 경험에서 찾아볼 수 있는데, 그는 초기 뉴저지 주에서 공공복지를 위해 헌신적으로 노력했지만 그의 공헌은 부당하게 과소평가 되었고 심지어 경멸받기까지 했기 때문에, 그로부터 환멸을 느끼고 냉담해져 자기 자신까지 포함하여 모든 사람을 의심하고 스스로의 껍질 속에 틀어박히는 성질이 되고 말았던 것이다.

따라서 내향성은 지금까지 말한 경우들이나 그 밖의 많은 예를 증거로 삼는다면, 모두 자아가 움츠러들게 하는 경험에서 비롯되며 그것이 한 삶에서 다음의 삶으로 자연히 연속되어 가는 것이다.

연속의 원리는 외향성의 경우에도 마찬가지로 작용한다. 그 두

드러진 예의 하나는 30대 후반의 이혼한 여성인데, 모든 점에서 거리낌없는 성격으로 최근에는 세 번째 결혼을 계획하고 있다. 그녀의 활발한 사교적 능력은 케이시 리딩에 따르면 전생 및 전전생에 그 유래가 있다. 그녀는 미국 식민시대 초기의 전생에서는 인기 있는 무희(舞姬), 전전생은 프랑스 궁전에서 루이 14세의 후궁이었다. 이 전전생의 경험에서 그녀는 외교적 수완이나 매력, '또한 모든 사람을, 왕에서부터 접시를 닦는 하인에 이르기까지 마음대로 조종하는 능력'을 획득했던 것이다. 그녀는 이런 재능을 무희가 됨으로써 더 발전시켰는데, 마침내 운명이 역전되면서 마음도 바뀌어 자기가 사는 공동체에서 '구세주'와 같은 봉사를 하게 되었던 것이다.

두 번째로 재미있는 예는 아주 매력 있는 뉴욕의 한 마술사인데, 그는 누구와도 곧 친구가 되고 재미있는 희극을 연출해 내는 재능이 있었다. 이렇게 부러울 만큼 뛰어난 사교적 경향은 두 번의 전생 경험에서 유래한다고 리딩은 밝혀 준다. 전생에서 그는 모호크 계곡의 초기 이주민으로 살며 그 지방의 여러 갈래의 이주민들을 통합하려고 열심히 노력했다. 그때는 단명했지만 그런 생활에서 획득한 능력과 그 전의 삶에서 획득한 능력이 현재의 매력적이고 지배적인 능력으로 나타나 있는 것이다. 즉 이 사람의 지도자적 성격과 매력은 대부분 미국 초기의 삶에서 이상주의적 투쟁을 한 데서 비롯되며, 그 기지와 유머 감각은 영국 헨리 8세의 왕궁 소속 희극배우로서 보낸 전생의 경험에서 비롯된 것이다. 아마도 그는 정치에 적극적인 정열이 있었고, 국가의 복지증진에 진지한 관심을 가졌으며,

그 재능도 왕궁에서의 외교적 이익을 위해 이용했을 것이다.

요컨대 케이시 파일에서 볼 수 있는 외향성의 모든 경우는, 전생에서 여러 가지 외향적인 사회 활동을 했던 결과라고 말할 수 있을 것 같다.

내향적 성격이 많은 삶을 거듭하는 사이에 외향적이 되고, 반대로 외향적인 성격이 내향적으로 바뀌는 경로를 분석해보는 것은 흥미 있는 일이다. 잊어서는 안 될 것은, 내향적·외향적이라는 용어가 원래 마음의 주의(主義)가 안으로 향하는가 밖으로 향하는가를 말하는 것이라는 점이다. 이 말 자체가 심리적 운동의 방향을 뜻하는 것이다. 그러므로 안의 방향으로든 밖의 방향으로든 마음의 운동도 다른 운동처럼 어떤 다른 힘에 의해 멈추어지기 전에는 끝없이 그 운동을 계속하려는 성질이 있다.

영혼은 내향이라고도 외향이라고도 할 수 없이 건전하게 균형 잡힌 상태로 여러 번 육체의 삶을 거쳐 나갈 것이다. 그러다가 가령 19번째 인생에서 영혼이 자연히 안으로 향하게 하는 어떤 일이 일어났다고 하자. 예컨대 다리를 절게 되었다든가 몸이 허약해졌다든가 하는 일로 다른 사람들처럼 건강하고 너그러운 외향성으로 살기가 어려워지는 일도 있을 수 있는 것이다.

그렇게 시작된 내향적 경향은 아마도 그리 유쾌한 것은 아닐지 모르나 건전한 것이다. 그것은 처음에는 보상의 작용처럼 보일지도 모르지만, 그 사람의 분석력이나 가치관, 비물질적 실재에 대한 자각을 일깨우고 예민하게 해 준다는 의미에서 좋은 것이다. 그러나 운동의 타성으로 그는 차츰 그럼 내향적 운동을 한없이 계속하게 되고, 결국 갈수록 외곬으로 자기 자신의 굴레 속에 틀어박혀, 자기 밖의 세계를 이미 아무 소용없고 주의를 돌릴 가치가 없는 것인 양 생각한다. 초연한 마음가짐과 냉담한 우월감이 그를 가까운 사람들에게서 더더욱 고립시키며, 소극적 태도는 그를 무기력하고 비사교적으로 만들어 놓는다.

이런 경향은 20, 21번째의 인생에서 더욱 강해져 드디어는 이웃에 대한 무관심이나 태만의 죄, 그리고 적극적으로 저지른 죄에서 일구어진 지나친 내향성의 카르마에서 이런저런 장애와 좌절이 나타나게 된다. 이런 참을 수 없는 괴로운 상태는 마침내 이 자아를 공포 속으로 몰아넣어 그는 어쩔 수 없이 주의의 방향전환을 결심하게 된다. 아주 소박한 비유를 들어본다면, 안으로 파고드는 발톱을 그대로 내버려 두었다가 아픔을 견딜 수 없게 되자 게으른 당사자도 어쩔 수 없이 병원으로 가서 발톱을 빼버리자고 결심하는 것과 비슷하다.

그리하여 22번째 삶에서의 파탄을 계기로 이 자아는 사교적이고 외향적인 성격이 되려고 온 힘을 기울이게 된다. 23번째 인생에서는 결심 후의 지상 생활과 그 중간의 저승에서의 생활로 그의 이런 충동에 가속도가 붙는다. 그리고 이어지는 24, 25번째의 삶에서도 그것은 지속되어 26번째 인생에서는 마침내 완전히 자리 잡힌 외향적 성격이 나타나게 된다.

그러나 다시 한 번 어려운 시기가 온다. 그는 자신의 사교적인 천성을 제멋대로 살기 위해 또는 교만을 부리기 위해 이용함이 없이, 외향적으로 행복하게 사회에 적응해 갈 수 있을까? 극단적인 내향성이 자만에 찬 고독으로 향하게 될 수 있는 미묘한 위험을 품고 있듯이, 극단적인 외향성도 사교적으로 유능한 사람이 자칫하면 빠지게 되는 자만의 위험성을 내포하고 있는 것이다. 그러므로 26번째 삶에서 이 사람은 거만하고 육욕적인 성질이 되고, 충분한 사교적 능력과 넘치는 자신감에서 나오는 이기적인 행위가 눈을 뜨게 된다.

일단 이기주의가 나타나기 시작하면 그에 따른 카르마가 활동을 시작한다. 그러므로 27, 28번째의 인생에서 그는 풍부한 재능을 타고났으면서도 어릴 때의 환경 때문에 내향적 또는 중간적 경향으로 기울지 않을 수 없게 되고, 보다 영적인 바탕 위에서 행동하지 않을 수 없게 몰아세워진다.

그리하여 다시 균형을 되찾으려는 투쟁이 시작된다. 여기서 우리는 헤겔의 정·반·합(正反合)이라는 고전적 가설이 역사적 사건에서의 가설적 운동형(運動型) 이상의 개념인지도 모른다는 것을 발견한다. 그것은 또한 영혼의 성장에 있어서의 운동형을 나타내는 것일지도 모른다. 이렇게 본다면 내향, 외향이라는 일반적인 성격의 영역이 영혼의 상태로서 실제로 존재하고 있는 것처럼 여겨질지 모른다. 융이나 오버스트리트 같은 사람들은 그런 영혼의 근본적이고 상반하는 두 극단이 있다고 본다. 그러나 이 두 가지는 온 세계 모든 사람들의 명단을 분류 정리하여 보관하는 서류함으로서 존재하는 것이 아니라, 모든 여행자들이 이따금 묵어가는 호텔로서의 성격을 보다 많이 가지고 있는 것이다.

내향성이나 외향성 모두 남성·여성과 마찬가지로 양극을 상징하는 것으로 여겨진다. 영혼은 때로는 여자의 몸을, 또 어떤 때는 남자의 몸을 취하여 그 양쪽성으로 살아감으로써 두 극의 미덕과 장점을 배워야 하기에, 연속적으로 삶을 거듭하는 동안에 심히 내향적인 성격과 아주 외향적인 성격 양쪽이 되는 것이다. 물론 그 궁극의 목적은 내향·외향 쌍방의 성질을 모두 갖추는 데 있다. 이 과정은 시계의 추가 좌우로 흔들리듯이 계속되어 나가면서, 마침내 영혼은 내향이나 외향이라는 말을 더 이상 적용할 수 없을 만큼 순수한 감수성, 순수한 표정, 순수한 내향성, 그리고 순수한 외향성으로 아름답고 훌륭하게 균형 잡힌 모습을 나타내게 되는 것이다.

케이시 파일 속에는 사회 적응이 잘된 경우와 실패한 예로 이와 같은 원리를 뒷받침해주는 것이 많이 있다. 그 중의 하나는, 지나치게 말이 많고 공격적이며 외향적인 성격을 지닌 부인의 경우이다. 더구나 키가 작고 뚱뚱한 몸매 때문에 여배우가 되는 것은 도저히 이룰 수 없는 꿈이라고 체념하고 그 대신 실업계에 투신했다. 라이프 리딩에 따르면, 그녀는 미국 혁명 시대의 전생에서는 예능인이었다. 사회적 인기와 사치스러운 생활을 마음껏 즐겼지만 그것은 인간으로서의 신념이나 이상을 희생하여 얻은 것이었다. 남을 지배하는 능력, 말을 유창하게 하는 능력, 연기의 재능 등은 그때 획득한 것이었다. 그러나 그녀는 그런 재능들을 영적인 이해 없이 썼기 때문에 현생에서는 좌절에 직면하고 있는 것이다.

이 사람은 분명히 앞에서 말한 것과 같은 위기에 직면해 있다. 그녀는 용모와 가정 환경에 방해를 받아 예능인으로서 화려한 활동과 그 재능을 발휘할 수가 없었다. 말을 잘하는 재능은 비교적 억제되지 않은 것처럼 보이지만, 리딩은 영적인 이해 없이 그런 표현의 재능을 써서는 안 된다고 분명히 경고한다. 그것은 뭔가 더 나쁜 일이 그녀에게 일어나지 않게 하기 위하여라는 뜻이다.

이와 같은 여러 경우에서는 영적인 문제와 직업의 문제가 복잡하게 얽혀 있다. 바로 앞에서 말한 경우에서처럼 직업상의 실패가 능력이 모자라서 나오는 것이 아니라 뭔가 영적인 결함이 있어, 만약 직업상의 야심이 이루어진다면 그 결함이 수정되지 못하고 끝나기 때문에 좌절이 나타나는 경우가 적지 않다. 리딩은 이 여성에게 - 그녀는 그때 32세였다 - 성우(聲優)나 아니면 어린이나 병자들을 돌보아 주는 일을 할 것, 그밖에 무엇이든 그녀의 재능을 건설적이고 이기적이지 않은 일에 쓸 것을 권고했다.

과거생에서 그 외향적 재능을 남용했기 때문에 현생에서는 어쩔 수 없이 그 마음가짐을 교정받고 있는 예를 워싱턴 주에서 개인 비서 노릇을 하고 있는 49세의 한 부인에게서 볼 수 있다. 그녀의 편지를 보면 그녀가 관계하는 어떤 사교적 모임에서도 자신이 환영받지 못하는 인간이라고 느끼고 있음이 분명히 나타나 있다. 아마도 어렸을 때에 그녀의 형제들이 한패로 끼워 주지 않았을 것이다.

그녀의 사연은 다음과 같다.

저는 공포감을 지니고 자랐습니다. 그것이 일생동안 따라
붙어 다니고 있는 것입니다. 여러 사람 가운데 있을 때는 저
는 언제나 불필요한 존재라는 것을 느낍니다. 그리고 어떻게
행동하면 좋을지, 뭐라고 말해야 하는지 당황하는 것입니다.
저는 여러 가지 일을 해보고 싶습니다만 어떻게 해야 좋은지
방법을 알 수가 없습니다. 남들이 싫어할까 봐 두려워서 남이
해달라는 것 이상으로 뭔가 해 줘야 한다는 생각이 떠나지를
않습니다. 그래서 누군가 남을 위해 무엇인가를 해야 한다고
끊임없이 생각하기 때문에 저 자신의 안락이나 건강이 희생
되고 맙니다. 저는 남들이 필요로 하는 사람이 되고 싶은 것
입니다.

그녀는 그때까지 세 번의 연애 경험이 있었지만 세 번 다 남자가
사랑을 맹세하고도 그녀를 버리고 다른 여자와 결혼했다고 말했다.
라이프 리딩은 그녀가 전생에서 오하이오 주의 초기 이주자였
음을 지적하면서 이렇게 말하고 있다.

그녀는 남을 대할 때 정중하기는 했지만, 그것은 자기 자신
의 이기적인 목적을 위해서였다. 그러므로 자기는 만족했지
만 많은 사람들을 실망시켰다. 이 사람은 현생에서 그녀에게

괴로움을 준 사람들에게 전생에서 그 지배력을 휘둘렀던 것이다. 남을 발판으로 삼는 것은 언젠가 스스로 그 보상을 해야만 하는 카르마를 지어 놓는 일이다.

우주는 정직하다. 우주는 그 속으로 던져 넣어진 것을 그대로 어김없이 되돌려 준다. 이 부인의 비참한 상태는 그녀가 일찍이 남의 생활에 만들어 놓았던 상태를 거울처럼 되비쳐 보이고 있는 것이다. 전생에서 그녀는 남들과 교제를 해도 그것이 자신에게 이익이 되지 않을 때는 교제하기를 싫어했던 것이다. 현생에서는 자라난 가정형편이 그녀 스스로에게 자기가 쓸모없는 인간이라고 여기도록 하는 원인을 만들었다. 그리하여 불안정하고 내향적인 성격이 되었는데 그것이 어른이 된 지금에도 계속되고 있는 것이다. 그녀의 용모는 보통이 넘어 남성을 끌어당길 만한 사교적 재능도 있었지만, 남성들이 그녀를 사랑하고 있다는 것을 믿게 하려 해도 어떤 남성에게나 실망을 했던 것이다.

자기가 불필요한 인간이라는 의식과 내향적 성격이 그녀로 하여금 남이 좋아해주는 사람이 되고, 남에게 소용이 있는 사람이 되기 위하여 남들을 도와주려는 노력을 하도록 했던 것이다. 이와 같이 카르마의 수정적인 목적은 성취되어 가고 있다. 과거생에서 이기적인 목적을 위해 함부로 쓰였던 그 사교적 능력은 현생에서 억압되어 있기 때문에, 싫어도 성실하고 자기희생적인 태도를 취함으로써 자기 자신을 사회에 순응시켜 나가야만 하는 것이다.

사람들에게 실망을 한다는 경험은 상당히 일반적인 것이며, 거기에는 거의 어김없이 부메랑적인 카르마가 작용하고 있다고 여겨진다. 다음과 같은 리딩의 구절들은 이것을 극히 간결하게 요약하고 있다.

이 사람은 남들에게 자주 실망을 해 왔다. 그러나 저 그리스도의 영원한 법칙을 깨닫고 자기가 뿌린 씨는 반드시 거두어 들여야 한다. 당신은 남들을 실망시켰다. 그러므로 지금은 자기 자신의 실망을 통해서 인내라는 가장 아름답고 가장 신비로운 미덕을 배워야 하는 것이다.

외향적인 사람은 남의 감정을 무시하는 것이 특징이다. 그러므로 자기 자신이 남들의 냉담한 무시에 희생되는 것이 가장 합당한 징벌인 것이다.

이밖에도 많은 실례들이, 인간은 뭔가 내적 장애나 좌절로 교정적인 억제가 가해질 때까지는 한번 생겨난 경향이 그대로 자꾸만 진행된다는 것을 말해주고 있다. 타성이 그 극에 달하면 반대 방향의 운동이 유발되어 결과적으로 정반대의 상태에 이른다. 이러한 교호작용(交互作用)은 시계추의 진동처럼 균형이 잡힐 때까지는 계속되는 것이다.

이상 여기서는 현대의 유형론의 하나인 융의 설에 관해서만 리딩을 검토해 본 것에 불과하다. 그러나 지금까지 제시된 모든 유형론에 이와 같은 결론이 해당될 것이다. 가치를 기준으로 한 슈프랑거의 인간성 분류와 같은 심리적 유형론이든, 또는 크레치머와 같은 육체적 유형론이든, 그 모두가 정신과 육체의 심층적 성격의 외적 표현을 다루고 있는 것이다. 유형론의 진실성에 대한 과학의 최후 판단이 무엇이 되던, 케이시 리딩은 그것들을 인정하는 사람에게는 적어도 하나의 사실을 보여주고 있다고 생각한다. 현재의 유형론 체계는 영혼에게 영원한 최종적 낙인을 찍는 것은 아니다. 편의상 인간성이나 성격은 이런저런 유형으로 분류될 것이다. 그러나 어떤 유형이건 그것은 의식의 일시적인 상태일 뿐이며, 영원한 자아 성장 과정에서의 잠정적 상태에 불과한 것이다.

제11장

보복심의 카르마

우리는 이미 도덕적인 죄, '오만'이 갖가지 보기 흉한 불구의 모양으로 육체에 분명한 결과를 나타낸다는 것을 보았다. 케이시 파일에는 또 여러 가지 도덕적 죄가 심각한 심리적 장애로 나타난 경우도 많이 있다. 그중에 두 경우는 불관용(不寬容)의 죄에서 비롯된 적응 이상(適應異常)이다.

먼저 보는 예는 루이 14세 시대 프랑스의 한 수녀의 경우이다. 그녀는 엄격하고 냉담하여 남의 약점을 가차없이 들추어내고 비난했다. 성서의 말을 문자 그대로 해석하여 거기에 어긋나는 자를 멸시했다.

그런 밴댕이 소갈머리에서 시작된 카르마의 결과는 현생에서 먼저 어떤 분비선의 장애로 나타나 그녀의 청춘기에 줄곧 계속되었다. 그 질환 – 월경 과다였다 – 때문에 그녀는 규칙적으로 학교에 갈 수 없었고, 한 달의 반은 집에서 누워 있어야만 했다. 그로 인해 내향적이고 꾸물거리는 성질로 변하고 같은 또래의 친구들과도 차츰 멀어지는 등 그녀의 성격 모든 면에 영향을 미쳤다.

그러나 몸의 이상은 그럭저럭 정상으로 돌아갔다. 그녀는 아름다운 처녀로 성장하여 뉴욕에서 모델이 되었으며 마침내 결혼을 했다. 그러나 그녀는 결혼 상대를 선택하는 데 있어서도 불운했다. 두 사람에게는 공통점이 별로 없었던 것이다. 남편은 냉정한 성질이고 정이 얕았다. 그렇게 애정에 굶주려 괴로워하던 중 제2차 세계 대전이 일어나고 남편은 군에 입대하여 해외 전선으로 나가버렸다. 그 때부터 무섭도록 쓸쓸하고 고독한 시기가 시작되었다. 그런 생활의 긴장을 견디다 못해 그녀는 술을 입에 대게 되었다. 결국 유흥장에 나가게 되었고, 거기서 술을 퍼마시며 타락한 생활에 젖었다. 큰 글라스로 한두 잔 술을 들이키면 자신이 사회적 억압에서 해방됨을 발견했다.

그렇게 일단 술맛이 들자 끊을 수가 없었다. 취해서 제정신을 잃고 벌이는 난장판이 한없이 계속되었다. 어떤 때는 밤낮을 가리지 않고 술에 절어서 몇 주씩 지내기도 하며, 그러는 사이에 조금이라도 호감이 가는 군인이 있으면 이 사람 저 사람과 잠자리를 같이 했다. 취한 상태에서는 옷매무시 같은 것에 전혀 개의치 않았고, 쓰레기를 버리려고 뒷마당으로 나가면서도 잠옷 앞자락을 헤치고 다녔고, 어떤 때는 실오라기 하나 걸치지 않은 알몸으로 유흥장 안을 돌아다니기까지 했다.

결국 그녀는 알코올 중독으로 몸을 망치고 말았다. 남편에게서 송금된 생활비 수표를 받기 위해 서명을 할 수도 없을 만큼 손을 떨게 되었다. 그러는 동안 그녀는 겨우 정신을 차리고 분별을 되찾았다. 군인들로 들끓는 유흥가 생활에서 손을 씻고 고향으로 돌아가겠다는 어려운 결심을 했다. 그 뒤 그녀에게서 온 편지에는 비서로 취직하여 책임있는 자리에 있다고 했지만, 다른 경로로 들어온 소문으로는 여전히 술을 조금씩은 마시는 모양이었다. 물론 남편과는 이혼했다.

이런 타락은 일견 그녀가 원래 타고난 성격의 결함에서 비롯된 것처럼 보일지도 모른다. 그러나 그 결함은 또 분비선의 장애라는 육체의 결함과도 얽혀 있다(케이시 리딩은 흔히 여러 가지 육체의 분비선은 카르마의 작용이 구체화하는 초점이라고 지적한다). 그런 기능 장애는 그녀가 남들을 비난하던 사랑이 결여된 심정이 지어 놓은 카르마로부터 직접적으로 나온 결과였다. 남들에게서 약점을 찾아 비난하던 그런 약점이 그녀 자신의 것이 된 것이다. 그런 방식으로 그녀는 '잘못'의 내적 필요성과 잘못을 저지른 사람을 더욱 큰 죄로 빠지게 하는 굶주림과, 또한 관능의 쾌감 속에서 위안을 찾지 않을 수 없게 하는 쓸쓸함과 약함을 몸으로 겪어 보고 배운 것이다. 남을 비웃는 사람과 마찬가지로, 남을 비난하는 사람도 언젠가는 스스로 그 비난의 죄를 갚아야만 한다.

또 하나의 예는 두 번의 전생에서 오만과 편견을 극도로 키운

한 부인의 경우이다. 그녀는 한 전생에서는 유태교 율법사의 아내로서 예수와 같은 시대에 팔레스타인에서 살았다. 자신의 사회적 신분 때문에 그녀는 당시 종교계에 일대 파문을 일으켰던 상식을 벗어난 예수라는 젊은이의 활동을 참고 보지 못하고 심하게 비웃어 댔다.

다음 생은 매사추세츠의 세일럼에서 태어났다. 그러나 그 생에서도 그녀는 남을 비난하고 배척하기에 급급했다. 시간의 경과나 관습의 차이에도 불구하고 그녀가 우월감 속에 쾌감을 찾는 버릇을 약화시키지는 못한 것 같다. 도리어 그녀는 전보다 더 박정하고 야멸치게 된 것 같다. 리딩의 말을 빌리면,

> 이 사람은 개성(個性)의 사후 존속(死後存續)에 대한 확실한 증거를 갖고 있는 사람을 힐문하고 비난하고 학대한 사람들 중에 하나였다. 이 사람 스스로가 당시 많은 학대 사건을 일으켰다. 누군가를 물에 처박는 형을 집행할 때는 이 사람이 입회인이 되어 그 처형을 승인했고, 누군가를 매질로 처형할 때는 이 사람이 죄의 증거를 제공했다. 그런 까닭에 현생에서 이 사람은 주기적으로 실신 상태에 빠짐으로써 속박을 받고 있다. 교감 신경계와 척추 신경계의 혼란에서 오는 압박이 암죽관과 척추 첫째와 둘째 마디에 장애를 일으키고 있다. 이것이 육체적 반동의 시기를 가져오는 원인이다.

리딩이 말하는 육체적 반동이란 이 부인이 현생에서 39세 때에

걸린 신경 쇠약을 가리키며, 그 후 14년간 주기적으로 신경 쇠약 증세가 일어났다. 그녀는 아직 미혼이었다. 뉴욕에 있는 그녀의 현대식 저택과 그녀가 무직이라는 사실은 이 부인이 상당한 재산을 가지고 있다는 것을 말해 준다. 여기에 분명히 의학적 내지 정신 의학적 증후군이 있다고 볼 수 있을 것이다. 즉, 아무 일도 안하면서 나날을 보내고 있는 것이 그녀의 우울증의 큰 원인이라고 보는 견해이다. 그러나 앞에서도 지적한 것처럼 그런 원인은 다만 표면적인 근인(近因)일 뿐 근본적인 원인은 아니다. 이 부인의 성격 속에는 인간에 대한 불관용과 사람들이 무엇을 이루려고 열심히 노력하고 고민하는 데 대한 냉담한 무관심이 있다. 그녀의 차갑고 너그럽지 않은 행위는 전생에서 많은 사람들에게 헤어날 수 없는 절망감을 주었다. 그러므로 그녀 자신이 지금 그런 심정을 경험하고 있는 것은 당연한 결과라고 할 수 있다.

이 부인은 팔레스타인에서의 전생에서 불관용의 카르마를 지었는데, 어찌하여 다음의 생인 세일럼 시대에 그 결과를 경험하지 않았을까 하는 의문이 나올 수 있을 것이다. 이런 의문에 대하여 두 가지 대답이 가능하다. 첫째는, 그녀가 세일럼 시대에 환생했을 때에는 그 불관용의 죄를 보상하는 것 이외에 어떤 다른 목적이 있었을지도 모른다는 것이다. 그런 까닭에 팔레스타인에서 생긴 경향이, 이 사람이 세일럼에서의 인생에서 또 하나의 큰 목적에 몰두해 있는 동안 방치되어 더더욱 강해졌을지도 모른다. 둘째로는, 팔레스타인 시대에서 저지른 불관용의 허물이 남들에게 심각한 상처를

줄 만큼 노골적이고 강한 것이 아니었을지도 모른다는 것이다. 그
것은 아직 초기의 불관용이어서 큰 카르마의 작용을 불러일으킬 만
한 것은 아니었을지도 모른다. 더구나 인생에 있어서의 순간순간은
말하자면 시험과 같은 것이다. 세일럼 시대에 그녀는 사람들에게
너그러울 수도, 너그럽지 않을 수도 있는 위치에 놓였다. 그러나 그
녀는 그 시험에 실패한 것이다. 그렇기 때문에 팔레스타인 시대의
불관용이 사라지기는커녕 반대로 강화되어 마침내 현생에서 그 카
르마의 결과가 적극적으로 나타나기에 이른 것이다.

불관용과 같은 종류에 속하는 특성으로는 비판적 경향이 있다.
다음의 예는 과도한 비판이 지어 놓은 카르마의 결과를 보여주는
경우이다. 육군 대위인 27세의 청년이 심한 열등감에 시달리고 있
었다. 이러한 성격 결함에 대한 그럴듯한 원인을 그의 어린 시절에
서는 찾아 낼 수가 없었다. 어쩌면 비판적이고 완고한 부모를 가졌
었는지도 모른다. 어쩌면 그의 육체적인 외모가 그를 친구들의 비
웃음의 표적으로 만들어 놓았을지도 모른다. 이런 추론을 하는 것
은 그의 카르마가 보여주는 본질 때문이다. 리딩은 "사람은 씨 뿌린
대로 거두어야 한다."고 강조한다. "당신이 남들을 비판했기 때문
에 이번에는 자기가 비판받는 차례가 된 것이다."

리딩에 따르면 전생에 문예 비평가였던 이 청년 장교는 마음에
들지 않는 것은 모조리 가차없이 비판했다고 한다. 과거생에서 그렇
게 남들에게 많은 실망과 자기 불신감을 주었기 때문에 이번에는 자
기 자신이 열등의식으로 괴로워해야 된다는 것이다. 여기서 다시 카

르마가 지니는 다양한 법칙의 한 단면을 볼 수 있다. 이것은 매우 중요한 측면이며, 그 도덕적 의미를 잘 생각해 볼 필요가 있다.

물론 직업적 비평가는 그 수가 매우 적다. 그러나 이 지구에는 아마추어 비평가가 현재 약 25억 5천만 명 가량 있다. 아마 다른 어떤 직업도 이만큼 많은 아마추어들이 말하기를 배운 순간부터 죽음이 입을 봉해 놓을 때까지 심심풀이로 재미있게 종사하는 직업은 없을 것이다. 이것은 먹는 것보다도 더 쉽게 누구나 할 수 있는 일이다. 인간이 하는 다른 오락과는 달리, 이것은 혀만 있으면 다른 아무런 기구 없어도 1년 내내 집안에서나 집밖에서나 어디서나 할 수가 있는 오락이다. 그러니 두세 사람만 모이면 반드시 남의 소문을 들추고 흉을 보게 된다는 말이다.

그러나 돈은 한 푼도 들지 않는 비평이지만 정신적 가격으로서는 언젠가는 반드시 지불해야만 하는 아주 비싼 오락이다. 소식통 – 케이시는 자신의 투시 능력을 이렇게 부른다 – 은 긴 시간의 흐름 위에 서서 원인과 결과를 바라보는 유리한 위치에 있기 때문에, 늘 이런 면에서 현저한 잘못을 저지르고 있는 사람들에게 날카로운 경고를 준다. 다음에 인용하는 것은 몇백이 넘는 경우들 가운데서 특히 두드러진 예들이다.

이 사람은 화가 나면 남들을 가혹하게 비판하는 경향이 있다. 이것은 고쳐야만 한다. 왜냐하면 보통 남에 대해 말한 것은 언젠가 어떤 형태로든 자기에게로 되돌아오기 때문이다.

다음으로 도덕적 원인이 현실의 결과가 되어 나타남을 보여주는 리딩의 한 구절을 보자. 이것은 성서에 적혀 있는 아주 심원한 말씀을 상기시켜 준다.

내가 너희에게 이르노니, 사람이 무슨 무익한 말을 하든지 심판날에 이에 대하여 심문을 받으리니, 내 말로 의롭다함을 받고 내 말로 정죄함을 받으리라.(마태복음 12장 36-37절)

성서에서 심판날이라고 하는 것을 카르마의 부채가 만기가 되는 때라고 보는 것이 불합리한 견해는 아니라고 여겨진다.

입에 들어가는 것이 사람을 더럽게 하는 것이 아니라, 입에서 나오는 그것이 사람을 더럽게 하는 것이니라.(마태복음 15장 11절)

비판을 받지 아니하려거든 비판하지 말라. 너희의 비판하는 그 비판으로 너희가 비판을 받을 것이다.

카르마의 결과를 바라볼 때 이러한 말들이 돌연 강력하고 정확하고 실제적인 의미를 가지고 눈앞에 우뚝 선다. 그 현실적인 힘은 움직일 수 없는 것이다.

이런 예들에서 주목해야 할 것은, 동기와 목적이 카르마의 작용을 불러일으키는 원인이 된다는 점이다. 이 청년 장교를 파멸에 빠뜨린 것은 그가 전생에서 문예 비평을 직업으로 삼았다는 사실이 아니라 오히려 그가 취했던 정신적 태도이며, 또한 그가 자신의 직업을 얄팍한 생각으로 해 나감으로써 많은 사람들에게 자기 불신과 실망을 맛보게 했다는 사실에 있다. 마찬가지 상황을 제5장에서 살펴본 바 있는 그리스도교도를 경멸한 로마 병사에게서 볼 수 있다. 그의 카르마는 로마 병사로서의 의무를 수행하는 데서 비롯된 것이 아니라, 무력한 사람들을 경멸하고 비웃은 데서 비롯된 것이다. 언제나 그렇지만 문제는 말이 아니라 정신이다. 모양이 아니라 실질이다. 행위가 아니라 동기인 것이다.

개인의 특성을 말하는 가운데서 우리는 명령적인 경향이 과거에 명령을 했던 경험에서 비롯되는 일이 있음을 보았다. 지도력은 찬양할 만한 성질이기는 하지만, 이것은 흔히 횡포로 타락한다. 직무상의 지위가 불손한 자만심과 자기중심적인 오만으로 이끈 예는 인류 역사상 하나둘이 아니다. 권력의 남용과 그 카르마의 결과가 보여주는 지독한 예들을 케이시 파일에서 얼마든지 찾아볼 수 있다.

가령 세일럼의 마녀 재판 때에 높은 지위에 있었던 사람의 경우를 보자. 마녀 혐의를 뒤집어쓴 부인들이 박해를 당한 것은 대부분 이 사람의 책임이었다. 공중도덕과 그리스도교 신앙을 지키기 위해서 마녀 소탕에 열중한 이 정의의 사도 청교도는 자신이 차지한 지위와 권력을 개인의 목적을 위해 행사한 것이다. 그는 투옥된 부인들을 자신의 육욕을 채우는 데 이용했다.

기록에 따르면 이 청교도 불한당은 끊임없이 지독한 간질 발작에 시달리는 11세 소년으로 현생에 다시 태어났다. 더구나 남편에게 버려져 궁핍 상태에 빠진 여성의 아들로서, 리딩을 받았을 때는 왼쪽 옆구리가 자유롭지 못하고 또 말하는 능력을 잃고 있었다. 혼자서는 옷을 입고 벗지도 못했으며 대소변 역시 혼자 보지 못했다. 어깨는 앞으로 굽었고 2, 30분마다 일어나는 경련이 며칠씩 계속되어 머리를 똑바로 쳐들지도 못하며 혼자 앉아 있지도 못했다.

리딩에 따르면, 간질은 대개 성교 과잉의 카르마에서 나오는 결과이다. 그러나 이 경우는 권력 남용이 이런 사태를 불러일으킨 주된 원인이다. 모친의 빈곤과 낮은 사회적 위치는 과거생에서의 안정된 그의 경제적 지위와 대조적인 상황으로 보인다. 그러나 그의 간질은 성교 과잉의 카르마가 낳은 결과이며, 이것은 직무상의 지위를 남용하는 하나의 형태이다.

다음도 권력 남용에 관한 예로서, 로마의 그리스도교도 박해 때의 일이다. 로머스는 군인이었다. 그러나 그 지위가 상당히 높았기 때문에 군인으로서의 급료 이외에도 돈을 벌어들일 수가 있었다. 그가 돈을 번 방법이 뇌물을 받은 것인지, 공갈을 쳐서인지, 또는 흔히 있는 돈놀이를 해서인지는 리딩이 분명히 밝히지 않았다. 그러나 뭔가 그런 종류의 부당한 행위가 물질적으로 그에게 상당한 이익을 가져다주었고, 그 결과 영적인 면에서는 타락의 길을 더듬었던 것이다. 그리고 그 때문에 토성(土星)의 영향을 받게 되었다고 리딩은 말했다.

이 끝부분의 말을 주목할 필요가 있다. 왜냐하면 이것은 인간이 저지른 죄에 대한 징벌이 토성 근처의 행성 – 말하자면 아주 고통스러운 연옥 같은 곳 같다 –에 일시 머물게 될 때 시작된다는 것을 암시하고 있기 때문이다. 이것은 또 지상에 태어난 인간과 '점성학'과의 상호관계에 대한 케이시의 견해를 암시하고 있다. 점성학이라는 말을 케이시 자신은 매우 신중하게 쓰고 있으며, 별의 영향력에 대한 우리의 이해는 아직 극히 유치하다는 것을 여러 번 지적하고 있다.

로머스의 현생은 정말이지 너무나도 속박된 상태여서, 점성학을 아는 사람이라면 누구든 분명히 토성의 영향이 보인다는 것을 암시하기에 충분하다. 돈이 없어 셋집을 쫓겨나서 살 집이 없거나, 굶주린 배를 안고 다니거나 하는 상태가 어른이 되어서도 그의 생활에 늘 따라 다녔다. 하는 일은 옷을 만드는 양복 직공이었지만 아내와 다섯 아이를 먹여 살릴만한 돈을 벌 수가 없었다. 미국에 있는 친척의 도움에 의지하여 그의 일가는 런던의 빈민가에서 불안한 살림을 겨우 이어가고 있었다.

여기서도 또한 권력 남용이 그것이 자행되었던 영역에 걸맞게 징벌을 받고 있는 것처럼 보인다. 이 사람의 경제적인 무기력은 바로 그 자신이 과거에 남들에게 준 궁핍 그대로였던 것이다.

또 하나 권력 남용으로 주목할 만한 예는, 프랑스 혁명 때 평민으로서 동포들을 선동하여 귀족에 반항한 한 부인이다. 그런 열렬한 행위와 이상과 큰 목적에 대한 헌신으로 그녀는 영적인 진보를 이룩했다. 그러나 혁명이 성공하고 정세가 완전히 바뀌어 권력의 자리에 앉게 되자 이번에는 그녀 자신이 독재자가 되었고, 그녀가 그때까지 추방하려고 싸웠던 사람들과 마찬가지로 권력을 남용한 것이다. "그러므로 이 사람은 현생에서는 자기가 하고 싶은 말을 억제하며 남에게서 지시를 받을 필요가 있게 된 것이다."

이 부인은 현생에서 극단적인 궁핍 상태에 있었다. 리딩을 받았을 때는 40세였는데 한 여자 아이의 어머니로서 이미 10년 동안을 과부로 보냈다. 그녀는 자신과 아이의 생활을 유지하기 위해 굉장한 어려움을 겪었다. 잠시 그녀는 정부 공공기관에서 일한 적이 있었다. 그러나 그것도 매우 불안정한 자리였고, 심한 고독감과 마음을 달랠 길 없는 생활은 그녀에게 절망적인 패배의식을 주었을 뿐이다. 그녀 앞에 놓인 그 감옥 같은 상태는 단순한 우연의 결과가 아니다. 그것은 그녀가 전생에서 권력을 남용함으로써 많은 사람들에게 주었던 절망감의 메아리이다. 표면적으로는 냉혹한 경제 구조나 불공평한 운명의 희생자로 보일지도 모르지만, 카르마의 현실적인 작용에서 본다면 자기 자신이 지어 놓은 운명의 희생자가 되어 있음에 불과하다.

이런 예들은 남들의 딱한 처지를 어떻게 분석해 볼 수 있는지, 또한 눈에 보이는 결과로부터 그 원인으로 거슬러 올라가려면 어떻게 해야 하는지에 대한 유력한 추론적 단서를 제공해 준다.

그리스 비극의 아버지라 불리는 아이스킬로스가 2천 년 전에 "성격은 운명이다."라고 말했을 때, 그는 바로 그 역(逆)도 또한 참이라는 명제를 확인해 준 것이다. 왜냐하면 지금까지 살펴본 예들은 오늘의 운명이 어제의 성격을 나타내는 것 같기 때문이다.

여기서 예리한 윤회론자라면 반드시 생각하게 될 하나의 중요한 의문이 나온다. 그것은 '만약 가난이나 비천한 신분이 과거생에서의 어떤 권력 남용에서 비롯된 카르마의 당연한 징벌적 결과라면, 현 사회의 질서를 개선하려는 노력이 필요하다는 근거가 없지 않은가'라는 의문이다. 가령 아주 가난한 사람이 지금보다 더 나은 경제 구조 속에서 도움을 받게 된다면 카르마의 목적은 무너지고 마는 것이 아니겠는가?

이 문제는 뒤의 장들에서 좀 더 자세히 살펴보기로 하고, 여기서는 무엇보다도 윤회론을 긍정한다는 것이 인간 사회에서 기회주의적인 태도를 취하는 것이 아님을 강조해 두어야 하겠다. 뼈아픈 궁핍의 교훈을 배워야만 하는 사람들은 사회적 불의(不義)가 그들이 경험해야 할 궁핍을 존재케 하는 역사적 시기와 장소에서 태어난다. 그러나 동시에 남들의 운명 개선을 위해 적극적으로 일하지 않는 사람은 태만의 죄를 저지르고 있는 것이다. 남을 의도적으로 이용하고 자기의 먹이로 삼는 사람은 적극적인 범죄를 하고 있는 것이다. 동포에 대한 이 두 가지 죄는 언젠가는 반드시 보상해야 하는 것이다.

나의 이해에 잘못이 없다면, 윤회론은 동포를 속이거나 폭력을 휘두르는 사람에게는 구원의 손길이 되지 않는다. 윤회론이 첫째로 강조하는 것은 정신적인 측면이다. 왜냐하면 그것은 개인의 영혼이 완성에 이르기 위한 법칙과 조건에 관계되기 때문이다. 그러나 넓은 의미에서 그것은 또 사회적인 측면도 지니고 있다. 왜냐하면 '자비'가 궁극의 목적이며, 사랑이야말로 개인의 진화를 조정해주는 카르마의 법칙에 대한 유일한 용제(溶劑)이기 때문이다.

윤회론의 관점에서 보면 우주의 법칙은 결코 인간이 의도하는 대로는 작용하지 않음이 분명하다. 보복의 원리는 물처럼 항상 올바른 제 수준을 찾아내어 유지하는 법이다. 그 시대의 사회 구조가 어떤 것이든, 그것을 자신의 환경으로 선택한 영혼에게는 자기의 내적 결함을 교정하는 올바른 방법은 바로 그 테두리 속에만 있다는 것이 확실한 것 같다.

제12장

정신 이상의 전생적 원인

　　프로이트라는 이름과 '무의식'이라는 용어는 오늘날 일반에게 널리 알려져 있다. 그러나 많은 사람들이 프로이트가 무의식의 마음을 최면술 연구로부터 발견했다는 사실은 잘 모르고 있다. 최면술을 걸어 최면 상태에 든 사람은 현재 의식으로 있을 때에는 완전히 잊고 있는 어린 시절의 일들을 다시 생각해 낼 수가 있다. 이 사실로부터 프로이트는 기억이 보존되어 있다는 것을 알았고, 그것을 설명하기 위해 무의식의 마음이라는 것을 가정하지 않을 수 없었던 것이다. 프로이트는 뒤에 임상 기법으로는 여러모로 불충분하다고 여긴 최면술을 포기하고, 무의식의 심층을 탐구하는 다른 방법을 개발했다. 그런 경위가 있지만 그래도 여전히 정신 분석을 낳은 것은 최면술이라고 여겨지고 있다.

윤회론자의 심리학에 있어서도 최면술은 같은 역할을 하고 있을지도 모른다. 케이시의 투시 능력은 최면 상태에 든 사람이 남의 과거 역사를 투시할 수 있다는 것을 암시하는 것 같다. 그러나 그보다도 중요한 것은 최면술 및 최면술과 유사한 심리 요법을 이용하는 사람은 자기 자신의 과거를 다시 체험할 수 있다는 점이다. 최면 상태에서의 연령 퇴행(年齡退行) 실험은 태어나면서부터 겪은 모든 일들의 상세한 연속적 기억이 마음의 어떤 층에 보존되어 있음을 증명했다. 최면 상태에 든 사람에게 10세 때로 돌아가서 자기 이름을 쓰라고 하면 10세 때 썼던 것과 같은 모양으로 자신의 이름을 쓴다. 더 거슬러 올라가게 하면 그 연령에서 하던 짓을 그대로 재연한다. 이런 연령 퇴행 실험은 대학 강의실에서 하고 있기 때문에 심리학 분야를 공부한 학생들은 잘 알고 있는 사실이다.

그렇지만 19세기 후반의 프랑스 과학자인 드 로샤가 연령 퇴행 실험을 통해 과거생(過去生)의 기억을 살려낼 수 있다고 주장한 것은 그다지 알려져 있지 않다. 그의 저서 『연속적 인생 Les Vies Successives』은 아직도 과학적으로 인정받지 못하고 있지만 언젠가는 그를 윤회론적 심리학 분야의 선각자로 재평가할 날이 올 것이다. 최근에는 펜실베이니아의 A. R. 마틴이 그와 같은 연구를 하여 『윤회와 내생(來生)의 연구 Researches in Reincarnation and Beyond』라는 훌륭한 저서를 내기도 했다.

그러나 이런 방법으로 전생의 기억을 실험적으로 끌어내보는 것은 자연의 의도에 반하는 것 같다. 만약 자연의 의도에 반하는 것이 아니라면 사람은 누구나가 자신의 과거를 마음대로 상기할 수 있을 것이다. 다만 과학적 연구를 위해 그런 노력을 하는 것은 흥미도 있고 가치도 있다. 그런 노력이 앞으로 윤회에 대한 최종적 증거를 제공해 줄 수도 있기 때문이다.

　　　　　케이시의 최면 투시로 분석 설명된 정신 이상의 여러 사례들을 살펴보면, 그것들이 기억의 성질과 무의식의 마음을 밝혀 주며, 또한 무의식의 마음은 현재의 정신 분석가들이 짐작하는 것보다 훨씬 깊고 넓다는 것을 확인하는 데 도움이 됨을 알 수 있다. 그것들이 모두 그대로 확실한 증거가 된다고는 할 수 없지만, 그 중의 어떤 것은 적어도 어느 정도의 증거는 될 수가 있다. 그리고 증거가 될 수 없는 것들도 인간의 정신 현상이라는 복잡한 모자이크를 이루는 하나의 단편으로 볼 수는 있으며, 그렇게 보는 것이 합리적임을 인정한다면 저절로 그 하나하나가 어떤 확실성을 띠게 될 것이다.

　정신 이상 중에서도 가장 기묘한 것의 하나는 이른바 공포증이라는 현상이다. 공포증에 대해 정신 분석가들은 대개 이렇게 풀이한다. '적의가 일어나게 하는 일련의 복잡한 사태나 관계, 또는 억압된 공격이나 강한 죄악감 등이 원인인 과장된 공포심의 표현'이라는 것이다. 그런 잠재된 감정은 나중에 밀폐된 장소라든가 높은 곳·고양이·비·번개 등 그 밖의 다양한 대상에 대한 격렬한 그리고 일견 불합리한 공포로서 나타난다. 그런 현상을 유발시키는 대상은 처음에 공포의 감정이 일어났던 경험과 직접 또는 간접으로 연관되는 것들이다. 그런데 케이시 리딩은 공포증의 원인이 적어도 어떤 경우에는 전생에서의 경험에 있다는 것을 입증해주는 것 같다.

어떤 부인의 경우인데, 그녀는 어릴 때부터 밀폐된 장소를 무서워하는 경향이 있었다. 극장 같은 데를 가도 그녀는 언제나 입구에 가까운 자리를 잡는다. 버스를 탔다가도 승객이 밀려들면 다음 정류장에서 내려 혼잡하지 않은 버스를 기다린다. 산이나 들로 소풍을 가도 동굴 같은 밀폐된 곳은 무서워했다. 그녀의 가족들도 그런 독특한 경향을 이해할 수가 없었다. 그런 공포증의 원인이 될 만한 이상한 경험이 어릴 적에는 없었기 때문이다. 케이시 리딩은 그녀가 전생에서 동굴에 들어갔다가 동굴 천장이 무너져 내려서 질식사했다고 말해주었다. 그때의 무서운 기억의 흔적이 그녀의 무의식층에 남아 있었던 것이다.

또 하나의 예는 두 가지 것에 대한 공포증에 걸린 부인의 경우이다. 공포의 대상 중 하나는 칼날이고 다른 하나는 털 있는 짐승, 특히 가축이다. 그녀는 칼이나 그밖에 무엇이든 날카롭게 날이 선 것이 옆에 있거나 누구든 그런 것을 쓰고 있는 것을 보면 어김없이 신경질적인 공포가 일어나곤 했다. 라이프 리딩은 그녀가 펜실베이니아에서 살았던 전생에 칼에 찔려 죽었기 때문에 그런 공포가 생긴 것이라고 말했다.

털 있는 짐승에 대한 공포는 그녀의 현생을 보면 이해가 되지 않는다. 왜냐하면 그녀는 대가족의 일원이고, 가족들 모두가 동물들을 좋아해 각자 애완동물을 기르고 있었기 때문이다. 그중에서도 오빠가 동물을 아주 좋아했다. 그런데도 이 부인은 집안에서 개나 고양이를 보면 마치 보통 사람들이 뱀을 본 것보다 더 싫어하고 무서워했다. 또 모피 코트는 말할 것도 없고, 깃에만 털이 달린 옷도 입지를 못했다. 정신과 의사는 그 공포증의 원인을 그녀와 가족들과의 관계에서 찾아, 어쩌면 동물을 특히 좋아하는 오빠에 대한 질투로 변형된 적의의 표현이라고 설명할지도 모른다. 그러나 리딩은 이것을 아틀란티스 시대의 전생에서 비롯된 것이라고 했다. 그때 그녀는 징그러운 동물에 관련된 어떤 무서운 경험을 했다는 것이다.

그밖에도 많은 공포증들에 대해 리딩은 전생을 바탕으로 하여 설명을 하고 있다. 어둠에 대한 병적 공포는 프랑스의 루이 16세 시대에 그 사람이 정치범으로서 지하 감방에 유폐되었던 경험에서 비롯된 것이라고 했다. 예리한 칼날에 대한 공포증은 프랑스의 고문실에서 고문을 받은 경험으로부터 유래한다고 했다. 온 세계가 당장이라도 무너질 것 같은 공포감은 그 사람이 아틀란티스 대륙의 침몰을 경험한 데서 싹튼 것이라고 했다. 당시 그는 학문 연구를 위해 산에서 홀로 있다가 그 높은 언덕까지 바닷물이 덮쳐 빠져 죽은 사람이었다는 것이다. 야생동물에 대한 지나친 공포는 남편이 로마의 원형경기장에 끌려 나가 야수와 격투하는 것을 목격한 경험 때문이라고 했다. 물에 대한 병적 공포를 느끼는 두 사람은 각기 전생에서 익사했기 때문이라는 것이었으며, 같은 공포증인 한 사람은 로마 제국 시대에 원정을 나가다 폭풍을 만나 난파당했다는 것이었다.

이런 경우들을 통상적인 심리학의 관점에서 분석해 본다면 어느 경우에서나 그런 공포증을 충분히 설명할 수 있는 어떤 경험과 환경을 현재의 생활 속에서 찾아볼 수 있다고 할 것이다. 가령 밀폐된 장소를 병적으로 두려워하는 사람이 4세 때 벽장에 갇혔던 일이 있었는데, 그것을 잊어버리고 있을지도 모른다. 그런 경험은 최면술이나 자유 연상법을 통해 찾아 낼 수 있을지도 모른다. 그리고 정신과 의사는 그런 자료를 기초로 하여 환자의 감정의 얽힘을 풀어 보려 할 것이다. 그러나 그렇다고 해서 공포증의 참 원인이 되는 전생의 기억이 있다는 가능성을 부정할 수는 없을 것이다.

정신적 장애의 경우들 속에는 흔히 지나쳐 버리는 어떤 중요한 사실이 있다. 감정의 세계에서 수학 공식 같은 것을 기대할 수는 없음을 인정해야 하지만, 어떤 사람에게는 공포를 불러일으키는데 자기는 아무렇지도 않다는 경우가 너무도 많다.

왜 어떤 사람만이 공포증에 걸리기 쉬울까? 만약 흔히 폐소 공포증의 원인으로 돌려지는 감정의 혼란을 경험한 사람은 모두가 그런 공포증에 걸린다면 폐소 공포증 환자가 마구 생겨나서, 방이 하나밖에 없는 아파트나 전화 부스, 그리고 기숙사 방 또는 밀실이 있는 나이트클럽 같은 장소는 대중의 건강을 위협하는 것이라고 모두 폐쇄해 버려야 할 것이다.

이 문제에 대해 케이시의 리딩들이 주는 해답은 "어떤 감정 상태에 한 아이가 다른 아이들보다 더 민감하게 이상을 일으킬 수 있는 것은 그 아이의 전생의 경험에서 비롯되는 것일지도 모른다."는 것이다. 즉 현생의 상태는 단지 파묻혀 있는 과거생의 비극적 인상을 다시 일깨우는 매개로 작용한다는 것이다.

그리하여 윤회론의 견해에 따른다면 무의식의 마음은 밑바닥이 열리게 되어 있는 상자처럼 보통 생각하는 것보다 훨씬 깊다는 것을 알 수 있다. 일부 정신 분석가, 특히 칼 융 같은 사람은 정신 현상의 불가해한 부분을 설명하기 위해 심층 영역이 존재할 필요가 있음을 예측하고 '집단적 무의식' 또는 '인종적 무의식'이라는 일종의 집단 내지 인종적 경험의 기억 전부가 저장되어 있는 영역이 존재한다는 가설을 제시했다. 어떤 인종이나 집단에 속한 모든 개인은 거기서부터 기억을 끌어낸다는 것이다. 그런 집단적 기억이 존재하지 않는다고 단정할 수는 없다. 그러나 그것은 기억이란 개인적인 것이고 마음의 무의식 층을 거쳐 과거생에 연결되어 있다는 설보다도 더 받아들이기 어렵다. 적어도 '개인 기억설'은 기억이 창고에 쌓여 있는 곡식 같아서 누구나 꺼낼 수 있고 이용할 수 있다는 주장보다 설득력이 약하다고는 할 수 없는 것이다. 만약 집단 경험이라는 현상이 생긴다면 그것은 이미 엄밀한 의미에서 기억이 아니라 오히려 인식 또는 인식 작용이라 해야 할 것이다.

케이시 리딩의 관점에서 본다면 개인은 확실히 과거로부터 솟아오르는 무의식적인 기억을 지니고 있다. 그것은 앞에서 말한 가설의 집단적 기억의 저장소나 옛날에 죽은 조상으로부터가 아니라 자기 자신의 과거로부터 솟아오르는 무의식적 기억이다. 한 개인의 무의식적 공포나 혐오·사랑·충동은 그가 그 자신으로부터 물려받은 유산인 것이다. 마치 사람이 오늘의 자신을 내일의 자신에게로 전해주듯이, 자신이 이미 몇 번씩 원시인으로 태어나 살았으니 원시적인 충동이 아직 남아 있는 것은 당연하다. 자신이 일찍이 정글의 공포와 인간의 잔혹하고 이기적인 행위로 위협을 받았으니 그가 아직도 불합리한 공포나 이유 없는 걱정이 있는 것도 당연하다. 자신이 과거에 지금 만나고 있는 사람들 중의 어떤 사람을 싫어하거나 사랑하거나 할 충분한 이유가 있었으니, 현생에서 그런 사람들에 대해 표면적으로는 불합리하게 보이는 사랑이나 증오를 느낀다 해도 그것은 당연한 것이라고 할 수 있다.

의식 속에 깊숙이 숨어 있는 요소가 이상하게 나타나는 현상은 공포증 아닌 다른 형식을 취할 수도 있을 것이다. 같은 꿈을 몇 번씩 꾸는 데 대해 케이시 리딩이 전생의 경험에 의거하여 설명한 예가 몇 개 있다. 그 중에 가장 흥미로운 예는 어떤 부인의 경우이다. 그녀는 이렇게 질문했다. "왜 저는 어릴 때 세상이 몽땅 무너져 내리는 꿈을 그렇게 여러 번 꾸었을까요? 그 꿈을 꿀 때마다 시커멓고 불길한 구름이 보였는데요." 이에 대해 리딩은 그것이 그녀의 아틀란티스에서의 경험에서 나왔다고 대답했다. 그녀는 전생에 종교가의 아내이자 의사였는데 아틀란티스 대륙의 그 무서운 침몰을 몸소 겪은 것이다. 그리고 그 인상이 깊숙이 새겨져 있어 잠을 자는 가운데 반복적으로 나타났던 것이다.

또 하나의 예는 4세 어린이인데, 그 아이는 거의 매일 밤 심하게 겁에 질려 울부짖으면서 잠을 깨는 것이었다. 하지만 건강하게 잘 자라기는 했으므로 어머니가 케이시에게 편지로 까닭을 물었다. 리딩에 따르면 아이는 제2차 세계 대전 때 프랑스에서 아주 비참한 죽음을 겪었다고 한다. 그러나 다시 태어나기를 열망했기 때문에 9개월이 채 못 되어 미국인 부부를 부모로 하여 지상 세계로 돌아왔다. 두 생애 사이가 그렇게 가깝기 때문에 전생에서의 폭격과 화재의 무서운 기억이 아직 강하게 살아 있어 수면이라는 무의식 상태에 들면 그것이 나타나는 것이었다.

이런 경우들을 살펴볼 때 어쩔 수 없이 기억이라는 문제를 전면적으로 검토해 보게 된다. 윤회론에 반대하는 대다수의 사람들이 드는 이유는 우리가 자신의 전생을 전혀 기억하지 못한다는 사실이다. 과연 이것은 이상한 일이다. 그러나 우리가 현생에서도 태어난 초기의 일은 전혀 기억하지 못한다는 사실과 어린 시절의 일은 조금밖에 기억하지 못한다는 사실을 아울러 생각한다면 그렇게 이상한 일도 아닐 것이다. 의식적인 기억이란 매우 조잡하여 여러 가지 일들이 마치 강물이 흐르듯 우리들 곁을 지나가니 '나는 기억하지 못한다'는 것은 어떤 일이 일어나지 않았다는 증거가 되지는 못하는 것이다. 대개의 경우 누군가에게 "3년 전 오늘 바로 이 시각에 당신은 어디서 무엇을 하고 있었는가?" 하고 묻는다면 정확하게 대답하지 못할 것임이 틀림없다. 그러나 그것을 생각해 내지 못한다는 사실은 그가 그 시간을 거치지 않았다는 증거는 결코 되지 못하는 것이다.

그러므로 윤회에 대한 그와 같은 반론을 깨기는 어렵지 않다. 첫째는 망각과 기억의 퇴화가 극히 자연스럽고 일반적인 인간 현상이라는 점, 둘째로는 현재 의식의 기억이라는 것은 세밀한 점은 잊어도 큰 줄거리는 남는 성질을 가지고 있다는 점이다. 예컨대 학교 교육을 받은 사람이라면 누구든 7×7은 49이고 12×12는 144라는 것을 안다. 그는 아마도 초등학교 3, 4학년 무렵에 구구단을 외우려고 애를 썼을 것이다. 그는 그렇게 외우려고 노력했던 때의 일들을 고스란히 생각해 내지는 못할 것이다. 그러나 그에게는 분명히 계산 능력과 지식으로써 그때 애썼던 일의 종합적 결과가 남아 있는 것이다.

분노에 대한 조심, 개에 대한 경계심, 춤추는 능력 등도 마찬가지다. 걷는 것도 분명히 열심히 걷는 연습을 한 시기가 있었다는 것이다. 그러나 아마 10만 명 중 어느 누구도 이 능력을 획득하기 위해 치렀던 그 엄청난 노력을 기억하고 있는 사람은 없을 것이다.

따라서 세밀한 점들은 망각해도 핵심적인 것의 기억은 남아 있는 것이다. 기억이 없다는 것을 반대의 근거로 삼는 사람들에게 윤회론자가 줄 수 있는 대답은, 인간의 양심·지능·능력 등의 정도는 그 상세한 점들의 기억이 남아 있건 없건, 전생의 경험들을 모두 합친 총계의 이월이라는 말이다.

윤회에 대한 보다 섬세한 반론은 전혀 다른 인격이 한 행위에 대해 책임을 진다는 것은 부당하다는 것이다. 그들은 말한다. "죄를 저지른 사람에게 돌아오는 벌이 어떤 의미를 갖는 것이라면 나쁜 짓을 했다는 의식이 있어야 할 것이다." 이런 반론에 대한 윤회론자의 대답은 인격과 '영원한 자아'와의 관계에 바탕을 두고 있다.

영원한 자아는 무대 뒤에 있는 연출자와 같아서 모든 과거를 전부 기억하고 있지만, 일단 인격이라는 옷을 걸치면 마치 배역을 맡은 배우처럼 과거의 경험들은 그 총계와 원칙을 제외하고는 나머지를 모두 망각하도록 되어 있다. 이것은 자연의 배려인 것이다. 또 다르게 말해보면, 이것은 집에 있을 때는 과거에 자신이 연기한 어떤 극의 장면도 생각해 낼 수 있는 셰익스피어극의 배우와 같다. 그러나 그는 햄릿을 연기할 때는 샤일록의 역할은 완전히 마음 밖으로 추방하고 있는 것이다.

이와 같이 '한얼[大靈]' 또는 '영원한 자아'는 그것이 인격이라는 의상을 걸쳤을 때에 그에게 일어난 일들을 모두 기억하고 있다. 그러나 그런 기억은 어떤 특수한 방법 내지 형식으로 현재 의식이 통상적인 상태에서 벗어나지 않는 한, '작은 나'로서의 인격에는 – 설령 죽음 직후라 해도 – 되살아나지 않는 것이다. 이런 작용이 '무의식'에 의한 것인지, 또는 '초의식(超意識)'에 의한 것인지는 일차적으로 중요한 문제가 아니다. 여기서 말하는 두 가지 용어가 나타내는 마음의 영역은 앞으로 이 방면의 연구자들이 밝혀야 할 것이고, 요는 이와 같은 기억의 저장소가 무엇이라 불리든 또는 어디에 자리하고 있든지 존재한다는 것과, 그리고 그것은 여러 가지 방법을 통해 계획적으로 또는 우연히 끌어낼 수가 있다는 말이다. 적어도 이것이 윤회론자의 견해이다.

　　　　　　과거에 저질렀을지도 모르지만 지금은
이미 기억하지 못하는 일 때문에 사람이 고통을 받는 것은 윤리적
으로 건전하지 못하다는 반대는, 결국 어른이 어린아이 때에 만들
어 놓은 무의식의 갈등으로 괴로움을 받는 것이 부당하다는 불만과
마찬가지로 찬성할 수가 없다. 역학(力學)의 작용은 그 자체의 법칙
에 따른다. 폭력으로 '자연'을 우리 자신의 선입관에 맞추려 하기
보다는 우리의 윤리관을 있는 그대로의 자연에 맞추어야 할 것이
다. '자연'은 지극히 윤리적이다.

　　과거를 차단하고 현재를 구성하고 있는 극히 일부분만을 보여
주는 망각이라는 장막은 우리에게 보호막 기능을 해주는 유용한 가
리개이다. 그것은 언뜻 보아서는 이상하고 부당한 섭리처럼 여겨질
지도 모른다. 그러나 이것은 파나마 운하를 통하여 배를 대서양에
서 태평양으로 항해시키는 수문의 짜임새와 같다. 분별없는 사람에
게는 이 수문이 거추장스럽고 성가시며 매우 부자연스러운 짜임새
처럼 여겨질지 모르지만, 이와 같은 짜임새를 생각해 낸 기술자들
에게는 하나의 수위(水位)에서 다른 수위로 표고(標高)가 다른 광대한
지역을 배가 통과할 수 있게 하려면 어떻게 해야 할까 하는 공학적
으로 어려운 문제를 해결하는 것이 전제이고, 마침내 그렇게 할 수
있는 방법을 찾아내어 그것을 멋지게 적용함으로써 목적을 달성했
던 것이다.

　　의식의 영역에서도 마찬가지이다. 의식은 파나마 운하의 물처
럼 끊임없이 흐르고 있다. 그러나 개인이라는 배를 쉽게 통과시키

려면 수문을 닫아 통로 일부를 다른 부분에서 떼어 놓기 위해 수위를 바꾸는 것이 적당한 방법이다. 이것이 기억 문제를 근거로 하여 윤회를 반박하는 사람들에 대한 윤회론자의 대답이다.

공포증이나 반복적인 꿈 말고도 케이시 파일에는 여러 가지 재미있는 정신 착란의 예들이 있다. 예를 들어 환각은 어떤 경우에는 전생의 삶에 대한 비정상적인 기억의 소생에 그 원인을 돌리고 있다. 어떤 예에서는 인간 몸의 차크라, 즉 내부 중추(中樞)의 하나가 불시에 열린 탓으로 쿤달리니의 힘이 넘쳐서 환각적인 인상이 생기는 것이라고 리딩은 설명하고 있다(케이시는 여기서 인도의 심리학 용어를 쓰고 있다. 차크라는 7개의 바퀴 내지 에너지의 소용돌이이며, 이것을 통하여 인간의 비물질적 부분이 육체로 표현된다고 여겨지고 있다. 쿤달리니는 척추의 아래 끝에 있고, 성적 에너지와 창조적 에너지 전반과 밀접한 관련이 있는 힘을 말한다).

심한 정신병에 대하여 리딩이, 그것은 순전히 물질적 원인에서 비롯된 것이라고 밝히고 아울러 순전히 물질적인 치료 방법을 말해 주어 기적적으로 치유된 예도 아주 많다. 그 중의 하나가 제2장에서 보았던 잇몸 속에 박혀 있던 이를 뺌으로써 정신 이상이 치유된 경우이다. 다른 예를 들어 보자. 어떤 우체국 직원이 갈수록 침울해지고 난폭해져서 가족들이 그를 설득하여 진찰을 받기 위해 입원시켰다. 의사는 조울증이라고 진단하고 정신 병원으로 보냈다. 그 뒤에 그의 아내가 케이시에게 리딩을 의뢰했다. 리딩에 따르면, 오래 전에 그가 빙판 위에 떨어진 일이 있었는데 그때 척추 끝이 충격을 받아 뒤틀렸고, 그 반응이 모든 신경 계통에 미치고 있다는 것이었다. 리딩은 어떤 식으로 몸을 주무르고 전기 치료를 하라고 권했다. 가족들이 그 치료법대로 잘 해주었기 때문에 2개월도 채 못 되어 정상이 됨으로써 퇴원할 수 있었다. 그가 빙판 위에 떨어진 일은 어쩌면 카르마에 원인이 있었을지도 모르지만 리딩은 그것에 대해서는 아무 말도 하지 않았다. 아무튼 순전히 물질적 치료가 효과를 낸 것이다.

한편, 리딩이 정신병의 원인은 죽은 사람의 영혼이 빙의되었기 때문이라고 설명해 준 경우도 적지 않다. 예로부터 어떤 종류의 정신 이상은 악령에 빙의되었기 때문이라고 믿어 왔다. 성서에는 예수가 미친 사람에게서 악귀를 내쫓은 이야기가 있으며, 가톨릭에서는 지금도 신부들이 귀신을 쫓는 퇴마 의식을 갖는다.

물론 이런 생각은 현대 정신 의학자들의 견해로는 우스꽝스러운 미신에 불과하다. 그러나 자아가 죽은 뒤에도 존속한다는 것을 인정한다면 영혼의 빙의 현상을 부정하는 것은 전혀 논리에 맞지 않는다고 할 수 있을 것이다.

케이시 파일에는 빙의와 관련된 예가 몇 개 있는데, 거기에 대해서는 대개 어떤 전기 치료나 기도 또는 명상을 권하고 있다.

이런 모든 예들은 정신 이상이라는 비극적인 현상을 새로운 관점에서 이해하고 해석할 수 있다는 것을 보여준다. 일반적으로 케이시 리딩이 정신 의학과 정신 분석 측면에서 갖는 가장 큰 의미는 무의식의 영역을 확대한다는 데에 있다. 앞에서 본 몇 가지 경우에서는 그 내용의 소극적인 면만이 두드러지게 나타나지만, '무의식'은 단지 공포나 혐오가 도사리고 있는 암흑의 지하실 이상의 것임을 잊어서는 안 된다. 분명히 그것은 기억의 저장소이기는 하지만 선과 악, 양쪽 모두의 기억 저장소이다. 실제로 케이시 리딩은 그것을 '육체의 마음'에 견주어 '영혼의 마음'이라고 부르고 있다. 그 속에 들어 있는 기억 속에는 확실히 장애적인 요소가 되는 것도 있지만, 아울러 쓸모 있고 유익한 요소가 되는 것도 있다. 예를 들면, 무의식을 통하여 사람은 다른 모든 사람들의 무의식의 마음과 교류하면서 육체의 감각적 지각을 통해서는 얻어지지 않는 지식을 획득할 수가 있는 것이다.

만약 윤회의 원리가 앞으로 과학적인 인정을 받게 된다면, 심리학자들이 먼저 관심을 가져야 할 것은 '무의식'의 영역 전체를 분명히 파악하는 일이며, 또한 무의식을 적극적으로 이용할 수 있는 적절한 기법을 개발하는 일일 것이다.

제13장

결혼과 여성의 운명

복잡다단한 인간관계 중에서 가장 친숙하고도 어려운 것은 결혼이다. 잘 되면 한없이 보람 있지만 잘 되지 못하면 다시없는 무거운 짐이 된다. 거기에는 인간의 행복과 인간의 속박이라는 양극이 들어 있으며 그 사이에 온갖 종류의 행복과 속박이 널려 있다.

법률적으로 결혼은 계약이며 사회적으로는 하나의 제도이다. 정신 의학 입장에서 보면 그것은 성적·감정적 충동의 무대이다. 교회는 성사(聖事)로 보고 심리학은 이것을 행동과 적응의 문제로 보며, 풍자가는 어리석은 자가 빠지는 함정으로 본다.

윤회론이 제시하는 원대하고 포괄적인 시야에서 바라본다면 앞에서 본 정의들은 각기 정확하기는 하지만 동시에 부분적이다. 심리학자인 링크는 결혼이란 "행복을 얻기 위한 싸움을 위해서 두 사람의 불완전한 개인이 서로의 힘을 결합시키는 수단"이라고 정의했다. 만약 행복을 얻기 위한 싸움이 동시에 자기완성에 이르기 위한 싸움으로 이해될 수 있다면, 이 정의는 오래된 지혜의 관점에 매우 가까운 말이라고 할 수 있을 것이다. 이렇게 원대한 시야에서 보는 결혼은 두 사람의 불완전한 개인이 서로 도우면서 각자 카르마의 부채를 지불하고, 그리하여 영혼이 새로운 성질을 가꾸어 나가면서 영적 이해력과 힘을 향상해 나가는 기회라고 할 수 있을지도 모른다.

케이시 리딩은 주요한 인간관계에서 우연의 결과로 생기는 것은 하나도 없음을 입증해 준다. 결혼은 바로 이런 사실 가운데서도 가장 고도의 예증이라고 여겨진다. 어떤 결혼도 백지 위에서 출발하는 것은 없다. 그것은 먼 옛날에 시작된 연속되는 이야기 가운데 하나의 에피소드이다. 부부는 여러 가지 경위로 과거생에서 서로 관계를 맺었던 사람들이라고 리딩은 지적한다. 과거의 연속인 현재의 결혼 관계에 대해 말해주는 리딩은 특별히 극적인 흥미가 있다. 케이시의 리딩에 따르면 결혼은 인간의 자연적 상태이다.

그렇습니다. 이 사람이 결혼하는 것은 좋은 일입니다. 그것은 지상의 인간에게는 자연스러운 생활입니다.

질문 지금 결혼하는 것이 좋을까요?
대답 좋은 사람을 만난다면 언제든지 좋습니다. 그것은 인연에 따르는 것입니다.

가정은 누구나가 얻으려고 노력하는 최종적 조화의 상태입니다. 가정을 부디 당신의 본업으로 삼으십시오. 이렇게 말하는 까닭은 가정이야말로 모든 사람이 지상에서 할 수 있는 최대의 일이기 때문입니다. 가정과 직업 양쪽에 매여 있는 사람도 조금은 있습니다. 그러나 모든 직업 가운데 최대의 것은 가정입니다. 그러므로 가정을 회피하는 사람은 가정에 맞먹을 만한 일을 해야 합니다. 그것이야말로 각 영혼이 궁극적으로 획득하기를 바라는 것, 즉 가정은 천국에 가장 가까운 상징이기 때문입니다. 그러므로 당신의 가정을 천국과 닮게 하십시오.

지상의 가족들 사이에 일치된 목적을 가지고 있는 가정은 인간과 창조주와의 관계에 가장 가까운 원형입니다. 왜냐하면 그런 가정은 언제나 창조적이고 몇 사람의 인격들이 하나의 목적, 하나의 이상을 향해 어우러져 있는 공동체이기 때문입니다.

물론 이와 같은 사상이 새로운 것은 아니다. 그러나 리딩의 견해는 실제로 세밀한 점에서도, 또한 여성의 지위나 운명에 관해서도 편견이 없고 현대적이다.

재미있는 것은 남녀의 평등과 여성의 자기 결정에 대한 완전한 권리를 당연한 것으로 보고 있다는 점이다. 이런 말은 리딩 속에 구체적으로 나와 있지는 않지만 전체를 통하여 암암리에 드러난다.

이와 같은 기본적 견해는 결혼이냐 직업이냐 하는 선택의 문제가 얽혀 있는 리딩에 가장 분명하게 나타나 있다. 여성의 천직은 가정과 아이에게만 있다는 파시스트나 전체주의적 개념은 케이시의 투시에서는 인정되지 않고 있다.

병자에게 권해주는 피지컬 리딩의 치료법이 한 종류만은 아니듯, 모든 결혼에 단 한 가지 행동 방식만이 적용되지는 않는다. 바탕이 되는 심리적·영적 원리는 항상 같지만 그 원리들을 행동으로 옮기는 방식은 경우에 따라 달라질 수가 있는 것이다. 리딩은 어떤 사람에게는 결혼을 하라고 권하고 어떤 사람에게는 반드시 결혼을 하라고 권한다. 그런가 하면 어떤 사람에게는 직업이 첫째이고 결혼은 둘째라고 한다. 또 어떤 사람에게는 직업과 결혼 양쪽을 동시에 가지라고도 한다. 또는 주인 둘을 한꺼번에 섬길 수는 없으니 둘 중에 어느 하나를 선택하라고도 한다.

불우한 환경에서 자라 내성적이고 수줍음을 잘 타는 18세의 처녀는 자신의 장래를 걱정했다. 그녀에 대한 라이프 리딩은 결혼을 하기 전에 어린이를 돌보는 일 등 뭔가에 적극적으로 봉사하는 것이 좋다고 했다. "만약 이 사람이 결혼 생활을 통해 자기의 향상을 도모하려 한다면 그러기 전에 먼저 어린이의 사회적·물질적 행복을 위해 뭔가 공헌을 해야 한다. 그렇지 않고는 이 사람은 결혼 생활에서 실망을 하고 좌절해 버릴 것이다."라고 리딩은 지적했다.

노련한 심리학자라면 이 조언이 심리학 입장에서 봐도 아주 건전하다고 인정할 것이다. 자기보다 나이가 어린 아이들을 가르치거나 그들과 함께 일을 하는 것은 성격을 외향적으로 바꾸는 데에 매우 좋은 방법이다. 남을 지도하는 입장에 선다는 것은, 그렇게 하지 않으면 영원히 결여된 채로 머물 자신을 되찾는 방법이다. 만약 내향성의 외로움에 지친 나머지 닥치는 대로 적당치 않은 배우자를 선택한다면 결혼은 필경 비참한 것이 되고 말 것이다. 어쩌다 선택한 배우자가 자신에게 적당한 사람이라 해도 부부 중의 한쪽이 결혼 생활의 여러 문제에 대처할 만한 능력을 갖추지 못했다면 그 결혼은 실패로 끝날 수도 있는 것이다. 따라서 그런 경우를 위해 결혼 전에 사회사업이나 직업을 갖는 것은 적절한 방법이라고 여겨지는 것이다.

또 다른 경우로는, 상당히 재능이 있는 한 여성에게 리딩은 직업과 결혼 생활을 동시에 가지라고 권했다. 그러나 이 사람이야말로 적절한 상대가 아닌 경우에는 결혼을 해서는 안 된다고 강조했다. 전생에서 그녀는 여러 가지 공부를 했기 때문에 매우 다재다능했다. 훌륭한 여류 조각가이자 공예가이기도 한 그녀는 교사·가수·무용가로서의 자질도 풍부했다. 그런 천성을 타고났기 때문에 영적인 의미에서 지도자나 교사가 되기에 알맞은 사람이었다. 리딩은 이런 사실을 지적하고 나서 "이 사람의 경우는 가정과 직업을 양립시켜야 한다. 그러나 그것은 이 사람이 선택하는 남편의 성격에 따라 결정될 문제이다. 왜냐하면 남편이 완전히 조화할 수 있는 사람인데도 도와주지 않는다면, 이렇게 재능 있는 사람인 경우 불화나 실망이 생기고 그것이 내적 자아에 새로운 상처를 남기게 될 것이기 때문이다."라고 충고했다.

이와는 아주 대조적인 경우도 있다. 그것은 어떤 재능 있는 젊고 아름다운 여배우의 경우인데, 연애를 하게 된 이 여성도 결혼과 직업을 양립시킬 수 있을지 걱정이었다. 그러나 그녀에 대한 리딩은 단호한 부정이었다. "이 사람은 결혼이나 무대 어느 한쪽에서 성공할 자질이 있다. 그러나 양쪽 모두 성공하는 것은 불가능하다. 이 문제는 그녀 자신이 결정해야 한다."고 리딩은 말했다.

이러한 경우들을 자세히 조사해 보면 리딩이 주는 조언이 항상 '무엇이 본인의 영적 성장에 도움이 되는가'를 기준으로 하여 주어진다는 것이 명백하다. 명성이나 돈·우월감·지위·자만심 따위의 이기적인 이유로 직업을 구하고 있는 경우에는, 리딩은 그 동기를 꿰뚫어 보아 그녀를 가정 생활 쪽으로 이끌고 있는 것이다.

리딩이 주는 조언은 가정의 신성함이라든가 가정에서의 부인의 지위 등에 대한 감상적인 또는 전통적인 관념에 바탕을 두고 있지 않으며, 언제나 동기와 목적이 활동의 방향을 결정하는 기준이 되어야 한다는 관점에서 주어지고 있다. 이기적인 활동은 항상 자기희생적인 활동보다 못하며 결혼과 가정생활은 그 성질상 보수를 목적으로 하는 이기적인 직업보다는 훨씬 더 자기희생 쪽으로 이끌어 주기 때문이다.

따라서 설령 다른 방면에 재능이 있다 해도 가정을 꾸미고 아이를 낳아 키우기를 대개의 여성에게 권하고 있다. 그런 일이 그들에게 필요한 영성(靈性) 획득을 위해 최상의 훈련이 되며, 직업을 가졌을 때 빠지기 쉬운 의식적·무의식적 이기주의를 억제하는 데 가장 좋은 방법이기 때문이다. 그러나 재능이 있는 여성은 그 재능을 인류에 봉사하는 방향으로 쓰는 것이 참으로 바람직할지도 모른다. 그런 여성에게는 가정이나 남편, 가족들이 그 재능을 충분히 발휘하는 데 방해가 되는 경우도 있다. 그러므로 그런 사람은 늦게 결혼을 하든가, 또는 만약 기질적으로 가능하다면 직업과 가정을 양립시키는 것이 좋다.

결혼 생활이든 독신 생활이든 모든 궁극의 목적은 영적 향상에 있다. 그리고 남자나 여자 모두 평등한 영혼이므로, 그 영적 진화에 가장 도움이 되는 상태라면 어떤 것이든 평등하게 기회가 주어져 있는 것이다.

자기의 일을 자기가 결정하는 권리는 리딩의 견해로는 사회적 권리일 뿐만 아니라 보편적 권리이다. 형이상학 용어를 빌린다면 그것은 바로 '자유 의지'이다. 여기에 대해서는 몇 세기에 걸쳐 격렬한 논쟁이 되풀이되어 왔다.

윤회론의 가장 중요한 특징의 하나는 그것이 자유 의지를 확실히 인정한다는 점이다. 카르마와 환생을 받아들이는 사람들이 흔히 빠지는 잘못은 인생의 모든 일이 미리 정해져 있다고 보는 생각이다. 이런 그릇된 믿음은 인간의 마음을 마비시키고 영적인 기를 죽이는 결과를 낳는다. 카르마의 숙명론적 해석을 받아들이는 힌두교도들의 무기력하고 수동적인 태도가 그런 위험의 좋은 예이다.

재채기를 하거나 모기에 물리거나 저녁 식사를 하는 따위의 일이 오래 전부터 하나하나 카르마에 따라 정해져 있는 것은 아님을 알아야 한다. 일상생활의 자질구레한 일들은 대개 현재의 의지나 생각에 완전히 따르는 법이다. 사실 우리들의 생활에서 일어나는 일은, 그것이 결혼 같은 큰 사건이든 음료수를 사 마시는 사소한 일이든 모두가 결국은 자기 자신이 결정하는 것이다. 현재 우리들에게 가해져 있는 제약은 모두가 과거에 자유 의지를 남용한 결과이다. 우리는 자신의 과거 행위를 잊고 있으며, 또 시야가 너무 좁기 때문에 과거와 현재 상태와의 관계를 이해하지 못해 제약이 단지 외적 요소인 것처럼 생각한다. 그러므로 윤회의 원리에 대해 올바른 이해를 가질 때 '자유 의지 결정론'의 오래된 모순이 해결된다. 인간은 끈에 묶여 있는 개와 같은 의지의 자유를 지니고 있다. 개는 끈의 길이만큼의 반경 안에서만 완전한 의지의 자유를 갖고 있는 것이다. 인간을 묶는 끈의 길이를 결정하는 것이 카르마이다. 즉 인간은 그 반경 안에서는 자유인 것이다.

자유 의지의 문제는 결혼에 관한 리딩, 특히 누구와 결혼할 것인가를 묻는 경우를 조사해 볼 때, 싫건 좋건 연구자의 주의를 끌게 된다. 리딩에서 결혼의 인연은 카르마에서 비롯된다는 것을 거듭 지적하여 왔다. 즉 결혼 상대는 서로 잊어버린 옛날의 가까운 친지이며 서로 카르마의 부채를 지불하기 위해 다시 만났다는 것이다.

그러므로 어떤 사람이 "전에 당신과 만난 적이 있는 것 같은데요." 할 때는 그 말이 단지 연애놀이를 시작하려는 상투적인 꿈수가 아니라 있을 수 있는 카르마에서 비롯된 사실을 말하고 있다는 것을 깨달아야 한다. 이렇게 표현하기는 하지만, 결혼의 경우에도 다른 모든 인간 관계와 마찬가지로 사람은 자유로운 의지와 선택 능력을 갖고 있다는 것은 분명한 사실이다. 또한 서로 카르마의 인연이 있고 강력한 친화력(親和力)이 있는 경우라도 현생에서 결혼하는 것이 반드시 좋다고는 할 수 없는 경우가 있는 것도 분명하다. 다음의 짤막한 문답이 이런 점을 설명하는 데 도움이 될 것 같다.

질문 지금 저에게 청혼하는 사람과 결혼을 해야 할까요?
대답 이 관계에는 카르마의 영향이 있습니다. 그러나 그와 결혼하는 것이 당신을 위해 최선의 길은 아닙니다.

질문 X와의 결혼이 우리 둘의 향상을 위한 최선일까요?
대답 그렇게 하려면 할 수 있을지도 모르지만 우리가 보기에는 서로의 향상을 위해서는 다른 사람이 있습니다. 그것은 특히 이집트 시대에 관계가 있던 사람입니다. 그러나 선택은 그 사람 스스로가 해야 합니다. 당신은 과연 X와 함께 지불해야 할 카르마의 부채가 있습니다. 그러나 부부 관계로 그것을 지불하기에는 어려운 관계입니다.

카르마의 인연이 있어도 결혼을 권할 수 없는 경우는 다음과 같은 몇 가지 이유로 설명할 수 있을 것이다. 먼저, 그런 인간관계 문제보다 더 중요한 문제를 그 사람이 현생에서 배우고 해결해야 하는 경우, 다음은 두 사람 중의 어느 한쪽 또는 두 사람 다 영적으로 아직 지불할 수 없는 경우, 즉 그 문제에 대처할 만한 준비가 되어 있지 않은 경우, 그리고 하려는 결혼이 과거에 저지른 행위에 대해 너무나 극단적인 형벌이 되거나 또는 그 형벌이 저지른 죄에 맞지 않는 경우, 끝으로 배워야 할 영적 교훈을 결혼 생활보다는 독신 생활을 통해 더 잘 배울 수 있는 경우이다.

리딩에서는 결혼을 왜 권하지 않는지 일일이 이유를 밝히지 않는 경우가 많다. 결혼이 적절하다고 인정될 경우에도 결혼을 하고 안 하고는 완전히 개인의 자유이다. 리딩은 조언을 바라는 사람에게 느닷없이 단정적인 지시를 하는 일은 거의 없다. 이것은 어떤 것을 지도할 때에도 최상의 지도법이다.

이런 기본적인 태도를 다음의 예에서 분명히 볼 수 있다. 젊은 사람 둘이 서로 결혼을 하는 것이 좋겠는지를 물었다. 리딩은 그들이 과거생에서 두 번 부부가 된 경험이 있음을 말했다. 한 번은 페르시아에서, 또 한 번은 이집트에서였다. 둘이 서로 강하게 끌리는 것도 그 때문이라고 했다. 그러나 막상 그들의 결혼에 대한 리딩의 대답은 모호했다. "만약 이상과 목적에 서로 일치하는 점이 있다면 둘의 결혼은 아름다운 결합이 될 가능성이 있다."는 식이었다.

처녀는 이어서 자신이 그 남성 이외의 사람과 결혼하면 그 남자와 결혼한 것만큼 또는 그 이상으로 행복해질 수 있겠느냐고 물었다. 리딩은 "당신이 그런 생각을 가지고 있다면 그런 사람은 얼마든지 만날 수가 있다. 만약 당신이 지금 그렇게 하고 싶다면 그렇게 해서 쌓아야 할 경험이 있기 때문이다. 조만간 당신은 그것을 해내야 하므로, 하고 싶으면 지금 그렇게 하는 것이 좋다."고 대답했다.

어떤 경우에는 다음과 같은 단호한 대답도 나온다.

질문 제가 지금 약혼한 사람과 결혼하는 것이 좋을까요?
대답 아니요.

그러나 대개의 경우 선택의 권리와 책임은 완전히 당사자인 개인에게 있다고 한다. 동시에 많은 경우 선택의 기준을 말해 준다. A가 "X가 저에게 맞는 상대일까요?" 하고 물었을 때 대답은 "그것은 당신 자신이 결정할 일이지 남이 결정할 것이 아니다. 당신들 둘 사이에는 정신적·육체적 친화력뿐만 아니라 영적으로 끌리는 힘도 있는가? 영혼이 영혼에 호응하고, 목적이 목적에 호응하고 있는가? 당신들의 이상은 같은가? 그렇지 않다면 조심하라." 였다.

네 사람의 결혼 상대 후보자가 있는 여성이 그 중 누구를 선택하는 것이 좋겠는지를 물었을 때 리딩은 이 점을 아주 분명하게 강조했다. 대답은 다음과 같다.

이 문제는 당신이 무엇을 이상으로 삼고 있느냐에 달려 있습니다. 그 네 사람은 모두가 과거생에서 당신을 어떤 일로 도왔거나 또는 방해를 했거나 하는 관계가 있었던 사람들 입니다. 당신에게 어떤 사람을 멀리하고 어떤 사람을 가까이 하라고 권하는 것은 당신의 입장을 나쁘게 하고 또 그들의 입장을 나쁘게 하는 결과가 됩니다. 선택은 당신 자신이 해야 합니다. 봉사하는 인생으로 살기를 선택의 기준으로 삼으십시오. 모든 사람이 다 자유 의지를 가지고 있음을 잊어서는 안 됩니다.

지금까지 살펴본 바에서 결혼 상대를 고를 때의 기준을 도출할 수 있을 것이다. 결혼이란 대개가 저항하기 어려운 육체적 매력 때문에 하려는 생각을 가지게 된다고 해도 잘못이 아니다. 그러나 케이시에 따르면, 두 사람은 육체적으로 뿐만 아니라 정신적으로나 영적으로도 궁합이 맞아야 한다. 결혼이 성공하려면 이 세 가지를 밑변으로 한 기반 위에 서야 한다. 만약 이 세 가지 가운데 어느 하나라도 소홀히 한다면 결혼은 일그러진 꼴이 되고 만다고 리딩은 말하고 있다. 남녀의 이상이 이 세 가지 영역에서 대체적으로라도 같아야만 한다. 그렇지 않으면 위험하고 비참한 결과가 나오기 마련이다. 선택에 즈음하여 잘 생각해 보지도 않고 무턱대고 결정해 버리는 것은 화를 자초하는 원인이다.

그러므로 이성에게 견딜 수 없는 매력을 느끼기 시작하면 스스로 경계해야 한다. 성적 애착을 느낄 때 그것을 훌륭한 결혼으로 발전시키고 싶다고 바랄만큼의 신중함이 있다면, 또한 언제든 폭발하려는 상태에 있는 카르마의 도화선에 불을 붙이는 짓을 하기 싫다면 충분히 조심해야 한다.

제14장

외로운 사람들의 카르마

윤회라는 원대한 시야에서 결혼을 생각해 볼 때 반드시 부딪치는 문제는 어찌하여 어떤 남녀에게는 결혼의 기회가 전혀 주어지지 않는가 하는 문제이다. 용모도 남들에게 뒤지지 않고 매력도 있으며 성격도 무난한데 결혼의 기회를 전혀 얻지 못하는 사람들이 있다. 여기에 대한 설명이 케이시 리딩에서 주어진 예가 있을까?

프랑스에는 결혼을 한 상태와 하지 않은 상태를 풍자하는 다음과 같은 멋진 경구가 있다.

"결혼이란 포위된 요새와 같은 것. 요새 밖에 있는 자는 안으로 들어가고 싶어 하고, 안에 있는 자는 밖으로 나가고 싶어 한다."

이 통찰에는 나름의 진리가 들어 있다. 결혼은 어떤 사람에게는 굉장한 심리적 불행을 가져다준다. 그러므로 결혼을 그저 바람직한 일로만 여기고 그것이 마음의 평안을 위협하는 요소들을 많이 가지고 있음을 고려하지 못하여, 그저 그 행복의 약속만을 보려는 사람들이 있는 것은 유감스러운 일이다. 더구나 결혼은 그 행위만으로도 상당한 어려움이 있다는 것이 상식인데도, 일반적으로 결혼을 하지 않은 사람은 뭔가 매우 소중한 것을 손에 넣지 못한 것 같은 느낌과 욕구 불만 내지 부족감을 품기 일쑤이다.

결혼 생활에서는 말할 것도 없이 성적 요소가 중요한 몫을 한다. 그러므로 결혼을 하지 못했다는 욕구 불만은 원시 사회에서야 어떻든 적어도 문명 사회에서는, 특히 여성에게 있어서는, 정도의 차이는 있겠지만 대개 성적인 굶주림이라고 볼 수도 있다. 현재의 서구 사회 구조 속에서 독신 생활은 일종의 욕구 불만의 상징이고, 그것을 보는 눈에는 어떤 경멸감마저 감도는 일이 많다.

이제부터 살펴보는 경우들은 모두가 여성에 관한 것들이다. 케이시에게 이런 문제로 도움을 청한 것은 남성보다 여성이 많고, 또 여성의 경우가 훨씬 복잡하기 때문이다.

외로움! 이 말에는 뭔지 모르게 쓸쓸하고 서글픈 느낌이 감돈다. 연인 사이에서는 "이것으로 이별이요." 하는 말이 온갖 말 가운데서 가장 슬픈 말인 것처럼 "나는 외롭다."는 말은 아마도 인간의 상태를 표현하는 말들 가운데서 가장 슬픈 말일 것이다. 영적인 빛이 없다면, 연애를 한 뒤끝의 외로움이든 전혀 연애를 해 보지 못한 외로움이든, 모든 인간 상황 가운데서 이처럼 삭막하고 비참한 상황은 없으리라.

다음의 예들은 이 외로움을 다룬 경우들이다. 첫 번째 예는 뉴욕의 어떤 개인 비서인데 상당히 육체적 매력이 있는 노르웨이 태생의 성실한 여성이다. 그녀가 처음 케이시의 리딩을 받았을 때는 47세였다. 그때 그녀는 이미 두 번의 결혼 생활을 경험한 뒤였다. 첫 번째 남편이 결혼한 지 얼마 안 되어 죽었기 때문에 재혼을 했는데 두 번째 남편은 훨씬 연상이었다. 그 결혼 생활은 너무 불행해서 곧 이혼을 했다. 아이는 없었다. 그리고 그녀의 친정 가족은 모두 죽고 없었다. 그야말로 의지할 데 없는 홀몸이었다. 직업 관계로 많은 사람들과 교제가 있었지만 그 모두가 그저 의례적인 교제에 불과했다. 그녀는 다시 한 번 결혼을 하고 싶었지만 기회가 전혀 올 것 같지 않았다.

리딩을 의뢰하면서 그녀가 한 말은 그녀가 얼마나 외로움에 지쳐 있는지를 여실히 보여준다. "저는 왜 이렇게 언제나 홀로 있어야만 할까요? 제가 결혼 상대를 얻지 못하는 데는 뭔가 특별한 이유가 있을까요?" 그녀는 물었다. 리딩은 "거기에는 까닭이 있다."고 밝혀 주었다. 전전생의 일인데, 그녀는 노르웨이에서 어떤 비극적인 실수로 지금의 그 외로운 상태의 원인을 지어 놓은 것이다.

당시 그녀는 어린 두 자식의 어머니이자 한 남성의 아내였다. 그런데 그 남편은 공개하기 어려운 어떤 이유로 사회에서 지탄받는 불명예스러운 처지에 빠져 있었다. 두 번째 아이가 태어나고 얼마 안 되어 그녀는 절망한 나머지 벼랑에서 바다로 몸을 던져 자살을 했다. "그 때문에 그 영향이 지금 우울증으로, 그리고 거의 견딜 수 없을 만큼 심한 고독감으로 이따금 나타나는 것"이라고 리딩은 말했던 것이다.

이 경우의 카르마의 유형은 아주 분명한 것 같다. 이 여성은 남편이 어려움에 빠졌을 때 자기의 목숨을 스스로 끊어 결과적으로 남편과 두 아이에게 꼭 필요한 사랑을 빼앗아 버렸다. 가족의 인연에 대한 감사의 결여, 명예와 책임감의 부족이 지금의 상태를 자아낸 원인인 것이다.

이 경우는 우리가 잘 생각해 보아야 할 문제를 보여주고 있다. 단지 자살을 중대한 죄악이라고 하여 금지하는 가톨릭의 교리가 건전한 것임을 이 경우가 증명해 줄 뿐만 아니라, 인간의 일체의 행위, 일체의 무관심, 일체의 태만, 생명이 베풀어 주는 것을 가볍게 보고 함부로 다루는 태도에 대한 궁극적인 책임을 져야 하는 것은 자기 자신이라는 사실을 증명해주는 것이다.

다음 경우도 구체적인 양상은 다르지만 기본적인 성격은 같은 예이다. 한 영국계 여성의 경우인데, 그녀는 유치원 보모이고 항상 결혼을 동경해 왔다. 그녀는 부모가 중년이 되어서 낳은 외동딸이었고, 부모는 모두 그녀가 아주 어릴 때 죽어버렸다. 나이든 고모 둘이 그녀를 맡아 엄격하고 보수적으로 키웠다. 그 때문에 같은 나이 또래의 친구들과 적응하지 못했고, 줄곧 외따로 고독감 속에서 지내 왔다. 그래서 심히 내향적인 경향이 생긴 것이다.

그녀에게는 단 한 번 연애 경험이 있었는데 그것은 순전히 육체적인 관계였다. 정신적으로 맞지 않는다는 것이 차츰 드러나면서 연애는 끝나고 말았다. 그 일이 있은 다음부터 그녀는 자신의 인생이 실패작이고 공허한 것으로 여겨지게 되었다. 그러나 하는 일을 즐길 수는 있어서 직업적으로는 성공한 셈이었다. 그녀는 일솜씨가 좋고 유능하고 영리했다. 그러나 과거를 회상할 때마다 깊은 시름에 빠질 수밖에 없었으며, 그런 상태가 몇 주씩 계속되다가는 겨우 가라앉곤 했다. 그런 슬픔이 발작하면 자살을 생각하는 때도 많았다. 하지만 일하는 태도가 적극적이고 매력적이어서 누구도 그녀가 그렇게 큰 좌절에 빠지는 일이 있다고는 상상도 못했을 것이다.

리딩에 따르면 그녀의 경험 가운데 두드러진 사건이 네 번째 앞의 전생에 있었다. 그것은 페르시아에 태어났던 전생에서인데, 페르시아에 베두인 족이 침략해 들어왔을 때 그녀는 자살을 선택했던 것이다.

그때 그녀는 페르시아 통치자의 딸이었고, 침략자 베두인 족장에게 인질로 잡혀 갔다. 그리고는 족장 바로 다음 지위의 사내에게 넘겨졌으며 그의 아이를 낳았다. 그렇게 계집아이를 낳고 얼마 안 되어 그녀는 자살을 했던 것이다. 어미를 잃은 아이는 고아로 자라면서 난폭한 병사들의 노리개가 되고 심한 학대까지 받았다.

리딩은 그 아이를 버리고 그녀가 자살을 한 것은 다만 남에게 지기가 싫어서 죽어버린 것뿐이라는 것을 지적했다. "그것은 자기 방위나 조국 또는 어떤 이상을 지키기 위한 죽음이 아니다." 리딩은 더 이상 자세한 말은 하지 않았다. 그러나 그 짧막한 말의 분위기로 미루어 너무 자존심이 강하고 오만불손한 그녀가 누구에게도 지기가 싫어 차라리 목숨을 끊는 쪽을 택한 것이라는 점을 짐작할 수 있었다.

현생에서도 그녀는 너무 무뚝뚝하고 독선적이며 남성보다 자존심이 강했다. 그리고 페르시아 시대의 기질이 고스란히 살아 있어 그때 저지른 정신적 죄가 현생에서의 그녀와 남성들과의 사이에 장벽이 되어 있는 것 같았다. 남성들이 그녀에게 접근하지 않는 것은 그녀에게 따뜻한 정이 없고 남에게 지기 싫어하는 기질이 느껴지기 때문인 것이다.

신기하게도 현생에서 그녀는 항상 아이를 갖고 싶어 했다. 후견인인 늙은 고모들이 반대하지 않았다면 벌써 양녀를 들였을지도 모른다. 그리고 전생으로부터 이월된 또 하나는 지금도 때때로 자살을 하고 싶은 충동이었다. 그러나 리딩을 통해 자신의 현재에 대한 인과 관계를 알게 되었기 때문에, 지금 과거의 행위를 보상하지 않으면 언제까지든 보상이 될 때까지 고통을 겪어야 한다는 것을 깨달아 자살로써 현실을 도피하려는 생각은 스스로 억제할 수가 있게 되었다.

그녀는 또 한 번의 리딩을 통해 현생에서 결혼 생활을 하게 될 수도 있지만 그것은 조금 더 시간이 지난 다음의 일이고, 그때까지 모든 노력을 다해 상대하는 사람들에게 도움을 주는 사람이 되기를 스스로 다짐해야 한다는 충고를 받았다.

언제 그런 행복한 때를 맞이할 수 있겠느냐는 그녀의 물음에 리딩은 "당신이 그럴 준비가 되었을 때 그런 생활이 당신에게로 찾아든다."고 대답했다. 그녀에게는 여러모로 현생이 시련의 시기라고 리딩은 잘라 말했다. "왜 저의 인생 최후의 기회인 이 시기에 남성들과의 교제가 이렇게도 막히는 것일까요."라는 그녀의 물음에 대한 리딩의 대답은 "그것은 당신이 이번에 태어난 근본 목적인 일을 시험해 보는 시기이기때문이다." 였다.

이렇게 두 경우에서, 아이를 두고 자살했을 때 그 카르마가 외로움과 남편을 갖지 못하는 처지로 작용한다는 것을 볼 수 있다. 다음의 예로는 텍사스의 음악 교사가 있다. 그녀도 전생에서 프랑스의 궁녀로 있다가 자살을 했기 때문에 현생에서 외로움을 겪고 있는 처지이다.

물론 위의 세 가지 예증을 가지고 자살에 따르는 카르마의 일반적 결과를 단정할 수는 없다. 윤회 연구가인 맨리 홀의 견해를 보면, 보통 자살에 따르는 카르마의 결과는 당사자가 아직 더 살고 싶다고 생각할 때 죽게 된다는 것이다.

케이시 파일에는 그것을 뒷받침해주는 예는 없지만, 그런 견해는 납득할 수 있다. 케이시 파일에는 과거생에서 자살을 했지만 현생에서는 그 카르마의 결과가 전혀 나타나 있지 않은 예가 서너 개 있다. 그러나 그것도 아직 나타나지 않은 것뿐이고 앞으로의 삶에서 나타나는 수가 있는 것이다.

　　　　　　한편 결혼을 하지 못하는 경우나 외로운 처지는 다른 여러 가지 원인에서도 나온다. 예컨대 다음의 예는 전혀 다른 카르마의 결과라는 것을 보여주고 있다.

　　이 경우를 살펴보면 오스카 와일드의 말이 생각날 것이다. 그는 "인생에는 두 가지 비극이 있다. 하나는 자기가 원하는 것을 갖지 못하는 비극, 또 하나는 자기가 원하는 것을 갖는 비극" 이라고 말했다. 이 기묘한 모순의 근본 원인은 인간의 빈약한 판단력이라고 할까, 힌두교에서 말하는 아비댜, 곧 무명(無明)에 있는 것이다. 옛이야기에 산신령이 세 가지 소원을 들어주겠다고 하자 아주 바보 같은 소원을 말하는 사람의 이야기가 있는데, 자신의 행위의 결과를 뒤에 달게 받아야 하는 것은 다름 아닌 바로 그 자신이다. 이 이야기는 두 가지 문제를 상징하고 있다. 하나는 대다수의 사람이 자신의 삶에서 자신이 원하는 것이 무엇인지를 모른다는 것, 또 하나는 인간 고뇌의 대부분은 자기 자신이 한 어리석은 선택에서 비롯된다는 것이다. 결국 빈약한 판단력이나 편협한 유물론적 견해, 그릇된 이기주의, 근시안적인 욕심에서 선택한 결과인 것이다.

　　이 경우는 멀리 아틀란티스 시대에 결심한 결과가 현재에도 아직 그 여운을 남기고 있는 예이다. 이 40대 여성은 몸매가 뚱뚱하고 아주 단단했다. 그러나 그것은 주로 운동 부족과 나쁜 자세 때문이다. 얼굴에는 전혀 화장을 하지 않고 머리 손질도 하지 않았다. 입은 옷에는 곱게 보이려는 여성스러운 배려가 전혀 없었고, 옷도 그저 실용적이고 경제적인 것만을 골랐다. 얼굴 생김새는 이목구비가 반듯하여 예쁜 편이며 무엇보다도 종교적 신념이 강하여 외향적인 태도가 몸에 배어 있으므로 화장을 하고 옷을 갖춰 입는다면 아름답고 성숙한 여성으로 남의 눈을 충분히 끌 수 있었을 것이다.

그녀는 초등학교만 나왔기 때문에 주로 공장에서 일하거나 손으로 하는 일로 생활을 유지하고 있었다. 몇 가지 심리학적 적성 검사를 해 보았더니 과연 종교적·사회적인 면에서의 적성이 가장 크다는 결과가 나왔다. 이는 인생에서 그녀의 흥미가 주로 종교 서적을 읽거나 사회사업에 참여하는 것이었기 때문일 것이다. 그러나 늘 외롭고 쓸쓸한 생활을 했고 가족 중에는 누구도 그녀처럼 종교심을 가진 사람이 없었다. 그녀의 그때까지의 삶에는 로맨스가 전혀 없었다.

심리학적으로 본다면 이것은 여성의 역할을 거부하는 이른바 '남성적 항의(Masculine protest)'가 매우 분명한 예이다. 이런 경향이 거의 여권 운동가적인 그녀의 비여성적 태도에 뚜렷이 나타나 있다. 또한 자신의 몸을 장식하거나 남성들의 주의를 끌기 위한 어떠한 노력도 청교도처럼 거절하는 그녀의 성격에서도 그것은 분명히 나타난다. 이런 태도의 심리적 짜임새는 아주 재미있고 또 정통 심리학으로도 충분히 설명이 된다. 그러나 정통 심리학적인 설명만으로는 규명되지 않는 무엇이 틀림없이 있는 것이다. 먼저 나오는 의문은 무엇보다도 그녀에게서 '남성적 항의'가 나타나도록 하는 육체적·심리적 유전을 왜 그녀가 가지게 되었으며 또한 왜 그런 환경에 태어났을까 하는 점인데, 여기에 대해서는 그녀의 전생에서의 경력이 해답을 내려 준다.

그녀는 바로 전생에서 세례 요한의 근친이었기 때문에 짙은 종교적 분위기에서 자랐다. 그것이 현생에서 종교에 몰두하게 된 원인이다. 그 전의 생애, 곧 팔레스타인 시대에 그녀는 남성이었고 목공과 쇠붙이를 다루는 일을 했다. 현생에서의 기계적이고 현실적인 사고방식은 거기서 비롯된 것 같다. 그 전의 삶에서는 아틀란티스의 귀부인이었다. 그때의 불행한 연애 경험이 그녀의 마음을 크게 괴롭혔고 혼란시켰다. 결과적으로 그녀는 리딩이 말한 대로 두 번 다시 실망과 골칫거리를 가져다주는 연애 같은 것은 하지 않겠다고 결심했다. 거기에 연애의 모험이나 함정에는 빠지지 않겠다는 그녀의 결심의 출발점을 볼 수 있는 것이다.

그러므로 그녀의 현생에서의 외로운 독신 생활은 보복적인 카르마의 작용은 아니다. 여기에는 앞에서 본 '자살'에서와 같은 작용·반작용의 관계는 없다. 오히려 연속의 원리가 욕망이라는 형태로 작용하고 있다고 하겠다. 그녀는 일단 결심한 바에야 가족이나 친지에게 본때를 보여주기 위해서라도 절대로 태도를 바꾸지 않으려고 했다. 그런 아틀란티스 시대 특유의 맹렬함을 가지고 그녀는 두 번 다시 다른 사람과의 애정 관계, 특히 이성과의 관계에 말려들지 않겠다고 결심을 한 것이다. 이 결심은 영적인 깨달음에서 보다 큰 사랑을 위해 한 것이 아니라, 사랑을 주고 난 다음 수치를 당하기 싫다는 이기적이고 자기중심적인 욕망에서 한 결심이었다. 그동안 그녀는 그런 태도를 바꾸어야 할 이유가 생각나지 않았다. 그러므로

그녀는 그런 결심의 논리적·심리적 결과 모두를 달게 받아들여야
만 하는 것이다.

　　그녀가 현생에서 결혼을 하게 될지의 여부에 대해서 리딩은 아
무 말도 없었다. 그러나 적어도 그녀는 이제는 남들에게 애정과 관
심을 갖는 방향으로 돌아서고 있었다. 사랑을 잃음으로써 그녀는
사랑의 가치를 알았다. 자신의 외로움을 통해서 자기가 남에게 사
랑을 주기를 거부한 죄가 현실 상황으로 자신의 신상에서 구체화되
는 것을 본 것이다.

　　다음은 동성애의 의심을 받는 한 여성의
경우이다. 케이시 리딩에서는 그다지 분명한 설명이 보이지 않지
만, 어떤 경우에는 본인의 성이 최근에 변했기 때문에 그 전 성의 특
성이 극복되지 못한 채 동성애가 그대로 이어져 왔다는 것도 다분
히 상상할 수가 있다.

　　영국 태생인 이 여성은 어릴 때 미국으로 왔다. 리딩을 받았을
때 미국의 큰 도시에서 직장 생활을 하고 있었다. 그녀는 용모도 몸
매도 남성적이었다. 목소리는 남성처럼 굵었다. 양복점에서 맞춘
것 같은 남자 옷을 입었고, 걸음걸이나 몸놀림도 남성적이었고 머
리는 아주 짧게 자르고 다녔다. 그녀가 동성애자라는 소문이 친지
들 사이에서 나게 된 것은 그런 그녀의 특징과 아울러 오랫동안 생
김새나 태도가 그야말로 여성적인 한 여성과 함께 살고 있다는 사

실 때문이었다. 그 둘은 아주 정다운 사이였고, 그런 단짝에게 대체로 따라 다니는 동성애적 애착의 모든 특징이 보였다.

현생에서의 그녀의 인간성과 가장 밀접한 관계가 있는 것은 전생과 전전생이다. 십자군 시대인 전전생에서 그녀는 영국에서 살았다. 남편은 십자군 전쟁에 나가 버리고 스스로 생계를 꾸려나가야만 했던 당시의 헤아릴 수 없이 많은 부인들 가운데 하나가 그녀였다. 그런 십자군 시대의 경험은 많은 사람들에게 깊은 심리적 상처를 남겼다. 남편에게서 버려진 외로움에 대한 아내들의 반응은 사람에 따라 각양각색이다.

이 여성은 여성답지 않은 용기와 통솔력으로 그런 상황에 반응했다. 그녀는 온갖 고난을 견디어 냈고, 같은 처지의 부인들이 겪는 비참한 상태를 보고는 용기를 불러일으켜 서로를 지키기 위한 일종의 자치 단체를 조직했다. 그로부터 이 사람은 남성을 거의 믿지 않게 되었다. 남을 원망하고 시기하며, 남의 일을 꼬치꼬치 캐고 따지는 경향이 이때에 생긴 것이다.

일종의 남성적이고 공격적이고 적극적인 성격이 그녀의 영혼에서 나타난 것은 바로 그 생애에서였다. 팔레스타인 시대의 삶에서는 여성이었고, 리딩은 남성적 경향은 아무것도 지적하지 않았다. 십자군 시대 끝 무렵에 그런 남성적 특성이 두드러지게 나타났고, 다음 생애에서는 남성으로 태어난 것이다. 그때도 역시 영국에 태어났는데, 모험을 좋아하는 패거리에 끼어 존 스미스의 뒤를 좇아 미국으로 건너갔다. 그때의 이름은 제임스 후안나였다. 자유주의자로서 해적질을 하며 주로 동해안을 돌아다니다가 모험가들과 함께 차츰 내륙으로 들어갔다.

지금 우리가 보는 그녀는 여자의 몸 속에 남자의 기질을 품고 있다. 아니, 몸 그것마저도 거의 남자처럼 보인다. 만약 그녀가 정말로 동성애를 하고 있다면 – 이 점에 대해서는 확실한 정보가 없다 – 이 예는 더욱 재미있을 것이다. 그러나 그렇지 않다 해도 이 경우는 매우 가치 있는 심리학적인 뜻을 담고 있다. 여기서 '극성(極性)의 원리'라는 아주 중요한 지식을 접하게 되는 것이다.

심리학자 융은 각 개인은 남성이면서 동시에 여성이며, 그 두 성 가운데 어느 한 쪽이 영혼에서 우세할 뿐이라는 사실을 상당히 중요하게 다루고 있다. 육체가 자체의 성을 나타내는 성기를 가지고 있으면서 동시에 그 반대의 성의 성기도 발육은 불완전하지만 갖추고 있는 것처럼 영혼 역시 어떤 발달 이전의 능력, 즉 지금은 활동을 멈추고 있는, 말하자면 이성에게 걸맞는 능력도 간직하고 있다. 융이 오랜 임상적 관찰을 통해 규명한 이 심리적 사실은 케이시의 리딩이 인간의 기원과 발달에 취하고 있는 견해와 일치하는 것이다.

간추려 말해 본다면, 이 견해는 다음과 같다. 모든 영혼을 신은 무성(無性) 내지 중성(中性)으로 창조했다. 그러나 우주의 조직 구성의 원리 가운데 하나에 극성(極性)의 원리, 곧 성(性)이 있다. 그러므로 영혼이 물질에 깃들어질 때 그것은 극성의 법칙에 따라 여러 가지 방식으로 결합되는 것이다. 처음에는 양극성이 어우러진 상태, 곧 한 개체 속에 두 성을 갖추고 있었다. 그것이 차츰 두 성으로 갈라진 것이다. 초기 아틀란티스의 역사에는 성적 에너지를 남용함으로써 생겨난 기괴한 생물 형태의 예가 많이 있다. 현재와 같은 두 성으로의 분리는 생명의 진화 과정에서 나타난 하나의 과도적 상태에 불과하다. 이것은 아마도 영혼에서처럼 다시 두 성이 어우러지는 방향으로 나가고 있을 것이다.

두 극성의 하나하나, 곧 남성과 여성에는 각각 그 전형적 성격이 있다. 적어도 현대와 같은 문화기에서는 전형적 남성 및 여성의 속성은 다음과 같이 구분될 수 있을 것이다. 즉 완력·공격성·적극성·지배욕·냉정 등은 남성의 속성이고 복종심·수동성·온순·친절 등은 여성의 속성이다.

여기서 가령 어떤 영혼이 남성의 육체든 여성의 육체든 어느 한쪽에만 연속적으로 여러 번 깃들어 그 성에 따른 일련의 특성을 너무 높이 발달시킴으로써 한쪽으로 치우칠 위험에 이르렀다고 가정해 보자. 이것은 그 사람 자신에게나 다른 사람들에게 매우 위험한 일이다.

우리는 이런 좋은 예를 히틀러가 들고 나온 나치의 철학과 행동에서 볼 수 있다. 나치가 이상으로 삼은 초인적(超人的) 인간상은 초인이라기보다는 초남성(超男性)이라고 하는 편이 나을 것이다. 그것은 완력·공격성·지배욕·냉정·자기중심적 행동 등 남성적 극성의 특징을 찬미했다. 이런 성질은 그것을 써야 할 곳이 있고 또 필요도 있다. 그러나 사랑이나 자기희생 같은 여성의 특질로 중화되지 않는다면 그것들은 잔인성·육욕·이기주의가 되고 만다. 세계는 이미 그 몸서리쳐지는 증거를 본 것이다.

남성은 그것만으로는 불완전하다. 남성적 특성이 지나치게 강화되면 사악함이 생겨난다. 그러므로 여성적 극성이 갖는 장점으로 보완해야 할 필요가 생긴다. 이 보완은 이성과의 결합, 말하자면 결혼에 의하여 어느 정도 달성된다. 배우자들은 서로 상대방에 의해 어느 정도 달라지고 조절된다. 그러나 그래도 아직 불완전하다. 한 생애라는 시간의 길이로는 지나치게 남성적인 영혼은 아내로 말미암아 어느 정도 여성의 덕목으로 조절되기는 하지만 그것만으로는 불충분하다. 그 반대 역시 마찬가지이다. 그런데 때로는 여성의 육체로, 또 어떤 때는 남성의 육체로 연속하여 환생한다면 서로 필요한 교정이 이루어진다.

이런 점에서도 윤회의 원리는 심리학에 있어 필요한 새로운 영역이라고 볼 수가 있는 것이다. 그런 방법으로써만 지배욕과 복종심은 진화된 창조적 영혼이 갖는 완전한 균형으로 어우러질 수 있으며 동시에 신의 뜻에 따를 수 있게 되는 것이다.

앞에서 본 예를 통해 영혼이 깃드는 육체의 성을 바꿈으로써 교정을 시도하는 재미있는 경우를 보았다. 이 사람은 두 번의 환생을 통하여 – 처음에는 여성으로, 그 다음은 남성으로 – 적극적인 남성의 특질을 발달시켰다. 여성으로 태어났을 때는 여성의 특질인

온순함·아름다움·너그러움·따뜻함·인내 등을 희생하면서 그렇게 한 것이다. 이 사람이 다시 남성으로 환생한다면 이미 지나치게 남성 쪽으로 기운 경향을 더욱 강화하는 데 그쳤을 것이다. 그러므로 이 사람이 매우 불균형하게 발달시킨 남성적 성격을 지닌 채로 여성으로 환생한 것은 바로 심리적 교정을 시도하기 위해서이다. 이 사람에게 있어 발달의 불균형은 내부와 외부, 특질과 육체 및 사회가 그녀에게 기대하는 여체(女體)로서의 역할을 서로 대조해 보면 더욱 뚜렷해진다.

이렇게 본다면 그녀의 여성적 특성의 결여는 두드러지게 나타나고 스스로 불쾌감을 느꼈을 것이다. 안에 있는 자아는 그 관심을 교정을 통한 균형으로 돌렸어야만 했다. 그러나 그들은 남성적 여성이나 여성적 남성이 동성애 관계를 맺은 상태를 자기 자신에게 허용함으로써, 말하자면 전생의 상태로 되돌아가는 것과 같은 가장 저항이 적은 방법을 선택하였다고 할 수 있다. 그러므로 이 사람은 자신의 육체가 자신에게 가르쳐 주려는 '균형'의 교훈을 배우기를 거부하고 있다고 말할 수 있다.

케이시 파일에는 남성적인 여성이 전생에서는 실제로 남성이었음을 말한 예가 무수히 있다. 전생에 남성이었기에 남성적 특성을 지니고 있다는 것이 반드시 결혼에 장애가 되는 것은 아니지만, 분명히 그것은 결혼을 더욱 어렵게 만들고 때로는 아이를 낳는 능력을 방해하는 것 같다. 아이 낳기가 어려운 여성 또는 전혀 아이를 낳지 않은 여성이 성전환을 했다는 예도 최근에는 많이 나오고 있다.

아무튼 외로움이 어떤 카르마 – 그것이 자살이든, 사랑을 주지 않겠다는 결심이든, 남성이었든 또는 전생에서 발달한 남성적 특질이었든 – 에서 온 것이든 결혼을 하지 못하는 상태는 다른 상태나 마찬가지로 오직 마음을 닦고 자기 변혁을 이루는 기회임을 인정해야 한다. 남자든 여자든 만약 삭막한 고독의 독방 속에 들어 있는 자신을 발견했다면 이 지혜를 자기 자신에게 적용해야만 한다.

짝을 얻으려면 자신이 그만한 값어치를 지녀야 한다. 친구를 사귀려면 그에게 부드럽고 친절해야만 한다. 사랑을 얻으려면 먼저 사랑을 주어야 한다. 지금 외로운 사람들은 스스로 자기가 바라는 것에 어울리는 자기가 되게 함으로써 행복한 사랑의 보금자리를 보다 빨리 차지할 수 있는 것이다.

제15장

결혼에 관해 알고 싶은 것들

배우자를 선택하여 결혼 생활을 시작하면 부부는 서로의 카르마가 결합되어 그 영적인 상호작용 속에 들어간 것이다. 결혼 문제에 관한 케이시 리딩들을 잘 살펴보면, 배우자의 선택이 과거 및 미래에 대해 갖는 의미에 대한 하나의 견해를 찾아 낼 수 있다. 이것을 연극에 비유하여 말해 본다면 조금 더 이해하기 쉬울 것 같다.

결혼을 결심함으로써 한 쌍의 남녀는 무의식 속에서 과거에 몇 번인가 공연한 적이 있는 특정 상대역과 다시 한 번 주역을 맡겠다고 동의한 것이 된다. 그들은 결혼에 동의함으로써 이 세계에 자신들의 인생극을 위한 특별한 무대를 꾸며 놓은 셈이다. 그 무대는 어쩌면 몇 겹의 배경이 보이는 장치로 되어 있을지도 모른다. 먼 배경에는 아틀란티스의 실험실이 있고, 거기에는 뭔가 번쩍거리는 정밀 기구들이 나란히 놓여 있다. 조금 앞에는 그리스의 험준한 바위산 기슭에 옹기종기 모여 있는 양치기의 움막집들이 보이고, 맨 앞에는 루이 16세 시대 궁전의 호화로운 응접실이 꾸며져 있을지도 모른다.

이제 두 사람은 그 현란한 프랑스 궁전에서 그들이 함께 연기했던 극의 여러 장면을 되새겨 본다. 경쟁·음모·간통·반역 등은 바로 앞의 막에서 펼쳐졌던 사건들이었을지도 모른다. 그리고 그것이 이제 억제하기 어려운 증오와 살인의 충동으로까지 엉켜 절정에 달해 있을지도 모른다. 또는 이야기의 진행이 세월을 거치면서 차츰 그 격렬함이 줄어들어 어쩌면 이제는 보다 미묘한 심리적 잔인성, 곧 이기주의·비웃음·교만·무관심 등으로 엉켜 새로운 막에서 갈등의 요소가 되어 있을지도 모른다.

그렇지만 이 두 주역은 과거에 어떤 무대에서 어떤 이야기를 펼쳐 왔든, 이번의 새 연극에서는 연기를 하면서 언제든지 마음대로 줄거리의 진행을 바꿀 수가 있다. 무대 장치는 되어 있지만 각본의 세부는 아직 확정되어 있지 않기 때문이다. 극의 개략적인 윤곽과 무대 장치는 미리 극단에서 정해 놓았지만, 주역들은 연기를 하면서 장면 장면을 즉흥적으로 바꾸어 나갈 수가 있는 것이다. 그리고 그렇게 함으로써 앞의 막에서의 결점을 보완해 나갈 수도 있는 것이다.

또 다른 비유를 써 본다면, 모든 사람이 결혼 상대를 선택함에 있어서는 다른 인생사에서와 마찬가지로 의지의 자유를 가지고 있는데, 선택이라는 행위는 마치 버스에 올라타는 행위와 마찬가지라고 할 수 있을 것이다. 일단 어떤 노선의 버스에 올라타면 그는 그 버스가 달리는 방향과 경로에 몸을 맡길 수밖에 없다. 그것은 다른 버스를 탔다면 지나갔을지도 모를 경로나 방향과는 전혀 다르다. 더구나 버스 안의 상태가 전혀 마음에 들지 않는 것일지도 모른다. 운전기사가 난폭하고 불친절할 수도 있다. 차 안의 공기는 탁한 데 창문은 꼭꼭 닫혀 있고, 더구나 옆에 앉은 사람은 짜증스러울 만큼 지껄여 댈지도 모른다. 거기에는 처음에 타려고 결정했을 때는 전혀 생각지 못한 온갖 요소들이 있을 수 있는 것이다. 그렇지만 역시 버스를 타고 가는 동안에 그가 취하는 태도나 행위는 그 스스로가 결정할 수 있다. 그리고 환경이야 어떻든 자신의 태도나 행동에 대해서는 결국 자신이 책임을 져야 하는 것이다.

케이시 리딩에는 카르마의 원리에서 설명이 되는 결혼 생활의 예가 많이 있다.

어떤 복수의 여신 또는 어떤 그리스의 비극도 다음과 같은 이상한 예에서 보는 운명의 전개 이상으로 무자비하고 처참하지는 못할 것이다.

그녀가 지금의 남편과 결혼을 한 것은 23세 때였다. 그녀는 놀랍도록 아름다운 여성이었다. 반짝이는 갈색 눈동자, 얼굴 전체를 감싸고 크게 물결치는 짙은 머리카락, 날씬한 몸매……. 여배우 못지않은 외모였다. 케이시 리딩을 받은 것은 41세 때이지만 아직도 거리에서 남들이 돌아다볼 만큼 매혹적인 아름다움을 지니고 있었다. 상류 사회 사교계를 주름잡는 그녀의 숨겨진 이야기를 그녀와 만나는 부유한 부인들이 얼마나 알고 싶어 했을까.

　잘 알려진 성공한 실업가와 결혼하고부터 18년간을 그녀는 그야말로 참기 어려운 감정의 격동을 용케 견디어 왔다. 남편이 성적으로 완전히 불구였던 것이다. 성에 대한 욕구도 쾌감도 느끼지 못하는 여성이라면 그런 것은 별로 비극이 아닐지도 모른다. 그러나 이 여성처럼 관능적이고 애정이 넘치는 경우는 이것이 더없는 비극일 수밖에 없었다. 별거를 하거나 이혼을 해버리면 문제는 간단히 해결되었을지도 모른다. 그러나 그녀는 남편을 사랑하고 있었다. 그런 어떤 방법도 취할 생각이 없었다. 그녀는 남편에게 상처를 줄 수가 없었던 것이다.

　결혼 초기 2, 3년 동안에는 절망한 나머지 다른 남자들과 관계를 맺어본 적도 몇 번 있었다. 그것은 남편을 배반하려는 뜻에서가 아니라 다만 육체적·감정적 욕구 때문에서였다. 그러나 그녀는 차츰 그런 충동마저도 신지학(神智學)을 공부하고 명상을 실천하면서 극복해 나갔다. 그렇게 겨우겨우 18년 동안을 넘겼지만 드디어 위기가 닥쳤다. 그녀를 사랑했던 옛 남자가 나타난 것이다. 케이시에게로 보낸 그녀의 편지를 보자.

　우리가 다시 만난 순간 그의 마음에 맹렬한 기세로 정염이 다시 타오르기 시작했습니다. 그리고 저도 거기에 휩쓸릴 것 같았습니다. 우리는 그대로 헤어지려고 애썼습니다. 저의 마음이 다시 신지학을 공부하기 전처럼 흔들리기 시작한 것을 발견했습니다. 그가 만약 독신이었다면 저는 그와 관계를 맺기를 주저하지 않았겠지요. 그러나 저는, 당신도 충분히 짐작하실 수 있으리라고 생각합니다만, 여러 가지 이유로 남편과 헤어질 생각이 전혀 없었습니다. 더구나 저를 좋아하는 그 남성 역시 훌륭한 인격자가 되어 있었고요…….

그 남성에 대한 저의 감정은 아마 사랑이라기보다는 제 결혼 생활의 특수한 사정에서 오는 반동이었을 것입니다. 아무튼 그 남성도 훌륭한 사람입니다. 그는 어릴 때부터 저를 좋아했습니다. 저는 그때는 그것을 몰랐습니다만, 나중에 그의 어머니가 말해주어 알게 된 것입니다. 그는 자기가 가정을 이루어 생계를 책임질 수 있게 될 때까지는 저에게 좋아한다는 말을 하지 않으려고 결심했던 것입니다. 그리고 그가 생활력을 갖추었을 때는 이미 시기가 늦었던 것입니다. 그가 저에게 결혼을 하자고 한 것은 바로 제가 지금 남편과의 약혼을 알리려고 집으로 돌아갔을 때였으니까요.

저는 몇 번 그와 데이트를 했습니다. 무엇보다도 그의 몸과 마음이 갈기갈기 찢어진 상태였기 때문입니다. 만나주기라도 하면 그의 욕망이 달래지지 않을까 싶었기 때문입니다. 그는 정신적으로 깨끗해지고 싶다는 소망도 가지고 있었지요. 그러나 그 후 그를 만나는 일도 중단하고 말았습니다. 그의 아내를 배신하고 싶지 않았기 때문입니다. 저는 그의 아내를 알고 있었습니다. 그리고 그의 아내를 좋아하기도 했습니다. 그녀에게 방해가 되고 싶지 않았습니다. 사회는 저의 행동을 비난할 것이고 그녀도 그것을 알면 비난할 것이 당연하니까요. 저는 누구에게도 상처를 주고 싶지 않았습니다. 그녀의 남편도 그녀를 싫어하지는 않는다고 저는 믿고 있습니다. 하기야 그녀는 사람들이 많이 있는 데서도 서슴지 않고 남편을 나무라기도 하지만 그녀에게도 장점은 많이 있습니다. 그녀는 아이를 낳지 못합니다……. 저의 남편은 제가 당신에게 건강에 대한 조언을 요청하고 있다는 것을 알고 있습니다. 그러나 남편은 저의 이런저런 사정은 전혀 모릅니다.

이상이 이 여성이 스스로 말한 자신의 인생 문제의 줄거리이다. 이 경우는 이것만으로도 충분히 극적이다. 그러나 라이프 리딩으로 그녀의 문제에 얽힌 과거생의 인연이 밝혀진 것을 볼 때는, 잘못을 저지른 두 영혼이 다시 만나 짊어지게 된 참으로 놀랄 만큼 적절한 천벌임이 깨달아져 저절로 숙연해지고 두려운 마음마저 일어나는 것이다.

리딩이 밝혀 주는 이 비참한 아내와 남편의 전전생을 보자. 그들의 전전생은 십자군 시대의 프랑스에서였다. 그때 그녀의 이름은 수잔, 그리고 당시에도 그녀는 현생의 남편과 결혼한 아내였다. 그리고 남편의 이름은 모리스였고 십자군 운동에 열심인 모험적인 사나이였다. 그는 아내를 좋아하기는 하였으나 당시의 종교적 정열을 지닌 사나이들과 마찬가지로 그에게 가장 중요한 일은 예수의 무덤을 이교도들에게서 다시 빼앗는 것이었다. 그러므로 그는 바로 그 예수가 가르친 사랑을 자기 아내에게 베푸는 것은 생각도 못하는 상태였다.

십자군에 참여하여 아내를 남겨 두고 고국을 떠나게 되자, 그가 가장 원한 것은 자기가 없는 동안 아내가 정조를 지켜 주는 것이었다. 그리하여 그는 아내가 행여 외로움에 겨워 실수를 하지 못하도록, 또 믿음에서 위안을 찾는 대신 다른 남성에게서 위안을 얻을 수 없게끔 조치를 취했다.

'정조대'라는 이 기묘한 기구는 이때 발명된 것이다. 정조대는 유럽에서는 12세기 후반까지 쓰였고, 프랑스에서는 얼마 전인 1934년까지도 쓰인 일이 있다고 한다. 뉴욕에서는 1931년에 정조대를 아내에게 강제로 채워 법정 시비까지 일으킨 사건이 두 번씩이나 있었으니, 그때까지 이 기구가 쓰였던 것이다. 정조대란 금속판에 가죽 또는 헝겊을 씌우고 자물쇠를 단 일종의 벨트이다. 그것을 아내의 음부에 채우고 자물쇠를 잠가 버리면 열쇠를 가진 사람이 돌아오기 전까지는 성교가 불가능해지는 것이다. 모리스는 그것을 수잔에게 채워놓고 떠났다.

리딩의 말을 인용해 본다. "이 사람은 남편에게서 의심을 받아 다른 남자와 관계를 하지 못하도록 벨트를 강제로 차게 된 아내 가운데 하나다." '강제로'라고 했으니 모리스 부인은 정조대를 차기 싫었던 것이다. 그리하여 나중에는 '언제든 어떻게 벗어 버릴 수만 있다면 누구하고라도……' 하고 마음먹기에 이른 것이다. "정조를 강요당하는 상태에 놓였기 때문에 이 사람은 좋지 않은 마음을 먹게 되었다. 따라서 이런 일이 현재의 이 사람이 겪는 경험의 일부가 된 것은 오로지 자기 자신이 지어 놓은 결과라 할 것이다."

이제 여기서 드러나는 보복적인 카르마의 결과를 분석해 보자. 아내를 묶어 두기 위하여 교묘한 장치를 만들어 사용한 이 남성은 성불구가 됨으로써 보복을 받았다. 이런 경우에 그보다 더 적절한 형벌은 없을 것이다. 언뜻 보기에는 남성의 비인간적 처사에 희생된 부인이 두 번씩이나 성적 욕구 불만의 인생을 보내야 되는 것이 부당한 일인 것 같다. 그러나 그것은 피상적인 관찰이다. 왜냐하면 죄는 단지 외적 행위만으로 성립되는 것은 아니기 때문이다. 그것은 의도·동기·마음의 상태·영혼의 태도 등으로 성립된다. 과연 이 부인은 부당한 속박을 받았다. 그러나 자신에 대한 불신과 그 잔인한 처사에 대한 이 여성의 반응은 같은 정도의 증오와 복수심이었다. 그 증오와 복수심이 리딩이 해 준 말의 범위에서는 구체적 행동으로 표현된 것은 아무것도 없다. 그러나 그렇다고 해서 증오와 복수심이 없어진 것은 아니다.

우리는 앞에서 무의식의 마음에 새겨진 강한 생각은 어떤 것이든 몇백 년이라도 지속된다는 것을 보아 왔다. 이 여성이 '누구하고라도……'라고 강하게 뜻한 것을 이제 구체적으로 표현할 수 있는 기회가 주어진 것이다. 그녀는 다시없이 아름답고 매력적인 여성으로 태어났다. 그녀는 전생에서 자신을 학대한 남성과 결혼한 자기를 발견했다. 그를 질투로 미치게 하고 친구들 면전에서 수치를 주고 이혼을 해버림으로써 그를 완전히 때려눕힐 수 있는 기회도 돌아왔다. 이 이상 그녀가 무엇을 더 바랄 수 있겠는가? 의기양양하게 그리고 떳떳하게 복수를 하는데 이보다 더 완벽할 수 있을까? 이 상태는 증오와 원한의 절정에 이르렀던 그녀가 마음에 그린 복수의 성취인 것처럼 여겨진다.

그러나 그녀는 그동안에 영적으로 성장해 있었다. 그녀는 이미 누구에게나 상처를 주지 못하는 사람이 되어 있었다. 그녀의 편지에는 그런 심정이 한결같이 나타나 있다. 그녀는 다시 만나게 된 자기를 사랑하는 남성과 관계를 맺을 수도 있었다. 그것은 남편에게 얼마든지 비밀을 지킬 수 있는 관계였다. 그러나 그녀는 그 남성의 아내에게 상처를 주고 싶지 않았다. 그리하여 그녀는 자제했다. 그녀의 건강한 육체와 감정은 어떤 모양으로든 성적 표현을 요구하고 있었다. 그러나 그녀는 남편을 사랑하고 있었으며 이혼도 하지 않았다. 그녀는 자신의 성욕과 아름다움과 청춘을 성실하고 헌신적인 사랑에 바친 것이다.

리딩의 말처럼 그것은 분명히 스스로 지어낸 결과였다. 말하자면 그녀는 그와 같은 환경에 놓임으로써 자기의 카르마를 보상하고 있는 것이다. 그리고 6백 년 전에 스스로 자신에게 지운 테스트를 통과한 것이다.

원수 갚는 일이 내게 있으니 내게 맡기라.(히브리서 10장 30절)

실족케 하는 일이 있음에 이로 인하여 세상에 화가 있다.
실족케 하는 일이 없을 수 없으나 실족케 하는 그 사람에게는
화가 있다.(마태복음 7장 1-2절)

이 성서의 구절들은 카르마의 법칙에 따라 죄를 저지르는 자는
누구든 벌을 받게 되니 자기 자신이 복수를 하려 하지 말고 주에게
맡기면 된다는 교훈이다. 즉 사람은 스스로 보복적인 징벌을 주어
서는 안 되며, 또한 복수를 맹세해도 안 된다는 것을 가르쳐 주는 것
이다. 이 말은 인간 사회에는 범죄자를 처벌할 권리가 없다는 뜻이
아니다. 법률을 위반한 범죄인에게 유죄를 선고하는 것은 신중한
고려 위에서 행해지는 사회적 행위이며, 최대 다수의 최대 행복을
위해 취해지는 조치이다. 그것은 합법적 행위이지 감정적인 복수의
충동에서 취해지는 행위가 아니다.

적어도 이상으로 말한다면 사회가 법률을 행사하는 것은 정의
의 비개인적 적용이며, 법률이라는 인간 영역에 우주 영역의 카르
마를 반영시키고 있는 것이다.

케이시 파일에는 또 다른 예로, 역시 십자군 시대에 정조대를
강제로 채운 행위에서 비롯된 결혼의 비극이 있다. 그런데 이 경우
에서는 카르마의 결과가 조금 다르게 나타난다. 어떤 부부의 이야
기인데, 아내의 말에 따르면 남편은 매우 참을성 있고 이해심이 컸

다. 그럼에도 불구하고 결혼한 지 8년이 지나서도, 32세인 그의 아내는 계속해서 성적 관계를 맺기를 아주 두려워했다. 말할 것도 없이 매우 곤란한 사태가 일어났다. 그것은 그 아내가 이탈리아의 오페라 가수인 어떤 남자 친구에게 걷잡을 수 없는 매력을 느끼기 시작하고부터 사태는 더욱 복잡해진 것이다.

리딩의 설명에 따르면 이 부부는 십자군 시대의 전생에서도 역시 부부였는데, 그때 남편이 아내에게 정조대를 채웠던 일 때문에 지금 성적 갈등을 겪게 되었다는 것이다. 남편은 분명히 성적 행위를 두려워하는 아내를 가짐으로써 자신의 행위 결과를 거두어들이고 있는 것이다. 아내가 그 이상한 공포에 따르는 온갖 고통에 시달리고 있다는 사실 역시 카르마의 결과였다. 전생에서 그녀는 자신을 속박한 남편을 미워하게 되었다. 그리고 그 증오가 끈질긴 인연이 된 것이다.

리딩의 조언은 "잠재하는 증오심에서 이제 온갖 공포와 의심이 생겨나고 있다. 전생에서 시작된 그 카르마는 서로의 이해로써 현생에서 청산되어야 한다. 용서를 받고 싶다면 먼저 용서를 해야 하는 것이다." 이다.

오페라 가수에게 매력을 느끼는 것은 또 다른 전생의 경험 때문이었다. 그 오페라 가수는 전생에서도 그녀의 연인이었던 것이다. "대체 이 사태를 어떻게 풀어야 할까요?" 하고 묻는 그녀에게 리딩은 "당신이 최선이라고 생각하는 방법으로 처리하시오."라고 대답하고 있다.

공포라는 요소는 카르마가 이것과는 전혀 다른 다음의 예에서도 나타나고 있다. 개인적인 괴로움이라는 점에서 본다면 이 이야기는 참으로 비극적이다. 그러나 정신 의학의 입장에서 말한다면 이 예는 카르마와 환경과 유전의 상호 관계를 연구하는 데 있어 아주 좋은 자료를 제공해 준다. 이 여성은 1926년에 다음과 같은 편지를 보냈다.

저는 거의 정신이 돌아버려 자살을 하기 직전이었습니다. 이 세상에서 가장 비참한 여자이며 마약 중독자입니다. 저의 어머니는 아이 여섯을 날 때마다 난산의 고통을 겪어, 저에게 끊임없이 임신의 고통을 말해주었습니다. 18년 전에 결혼한 저는 임신이 두려워 계속 친절한 남편에게서 떨어져 생활하고 있습니다. 제 곁에나 제가 보이는 곳에 남편이 있으면 견딜 수가 없는 것입니다. 저는 기도를 하고 심리학과 정신 의학 책도 읽었으며, 크리스천 사이언스, 유니티 교회, 그밖에 무엇이든 다 해보았습니다만 모두 소용이 없었습니다. 저는 정상으로 돌아갈 가망이 있을까요? 저는 아이를 갖고 싶고 남편도 사랑하고 있습니다만, 성교가 무서워 견딜 수가 없습니다. 날이 갈수록 더 무서워져서 자살이라도 해버리려고 생각했을 때 마침 당신의 이야기를 듣고 이렇게 도움을 청하는 것입니다.

리딩은 전전생까지 소급하여 이 부인의 비참한 상태를 설명해
준다. 먼저 이 여성은 프랑스의 궁전에서 허영심이 강하고 물질적인
쾌락을 추구하던 여자였음이 밝혀졌다. 그때의 그녀의 생활은 무척
화려한 것이었다. 그러나 그때에 그녀는 다음 생에서 겪을 비극의
씨앗을 뿌렸던 것이다. 그녀는 다음 생에 미국 초기 개척자의 아내
가 되어 여섯 아이를 낳았는데, 그 여섯 아이 모두가 불에 타 죽는
비극을 겪은 것이다. "이 사람은 여생을 공포 속에서 보냈다. 그녀는
신을 원망했다. 신이 그녀와 아이들을 지켜주지 않았다고 원망하며
믿음을 잃어버린 것이다. 그것이 현생에서 이 사람이 아이를 낳는
데 대한 공포심으로 나타났고, 그 공포로 온갖 고통이 생긴 것이다."
그녀가 현생의 어머니에게로 끌려와 태어난 것은 이 두 사람 사이에
공포라는 공통적 요소가 있었기 때문일 것이다. 어머니가 임신의 고
통을 거듭거듭 딸에게 말해 준 것은 오직 딸의 무의식 속에 이미 잠
재해 있던 공포를 더욱 강화하는 구실을 했을 것이다.

미국 개척기의 전생에서 겪은 비극은 이해하기 어렵지 않다.
인간은 뭔가를 잃어봐야 비로소 영적인 것으로 마음을 돌리게 되기
때문이다. 그러나 그렇게 하나의 카르마를 보상하는 과정에서 그녀
는 또 다른 카르마를 지어냈다. 여섯 아이를 잃는 비극은 아무리 이
기적인 여자라도 견디기 힘든 고통이었을 것이다. 그래도 그녀는
그 시험을 잘 통과해야 했다. 그런 경험에 대해서는 깊은 애정을 품
고 다소곳이 따르든가 원망과 증오가 담긴 분노를 품거나 어느 한
쪽 반응을 보이게 되는데, 그녀는 분노를 품게 된 것이다.

'이런 비극은 불가해한 신, 그러나 의로운 신의 뜻'이라는 해석을 따르든가, 아니면 '이런 비극은 신의 불공평과 무자비의 증거이다. 신 같은 것은 없는 우주 멋대로의 장난이다'라는 태도를 취하든가 둘 중 어느 한쪽일 텐데, 그녀는 후자를 택한 것이다.

그러므로 거기에는 그녀가 아직 배워야 할 또 하나의 근본적 교훈이 들어 있었던 것이다. 즉 완전한 사랑은 공포를 소멸시킨다는 교훈이다. 그녀는 이기적이고 유물적인 인생관을 넘어서야 한다. 물질적인 공포 따위는 느끼지 못할 만큼 남편을 사랑하고, 그녀를 어머니로 택할지도 모르는 아직 태어나지 않은 영혼을 사랑하고, 그녀 자신 속에 있는 거룩한 창조의 원리에 대한 사랑과 존경을 배워야 했던 것이다.

불행하게도 대부분의 현대 심리학은 사랑의 힘을 인정하지 않는다. 대다수의 정신 분석가들에게 사랑은 고작 성욕의 한 표현에 불과하다. 갓난아기에 대한 왓슨의 훌륭한 실험이 있고부터 심리학은 사랑을 세 가지 정당한 인간 감정 중의 하나로 인정하게 되었다. 그러나 사랑을 우주의 적극적인 힘으로서, 또한 신의 본연의 모습으로서 즉 만물의 궁극적 본성으로서, 그리고 모든 인간악을 녹여 없애는 영묘한 만병통치약으로서 인정하기에는 아직 이르지 못하고 있다. 이것은 아마도 심리학이 이 말을 쓰기가 쑥스러워하기 때문일 것이다. 우리는 그들의 신중한 - 만약 그것이 신중함이라면 - 태도를 이해할 수 있다. 왜냐하면 만약 사랑이라는 말이 봉사라는 말처럼 마구잡이로 쓰이게 된다면, 그것은 오늘날의 봉사라는 말처럼 상업적인 의미를 연상시키는 품위 없고 진실성이 결여된 말로 전락할 것이기 때문이다.

성적 적응이라는 측면과 정신 분석 치료의 측면에서 흥미 있는 또 하나의 예는 어떤 맞벌이 부부의 경우이다. 케이시의 리딩을 받았을 때 이 부부는 이미 2년간 정신 분석 치료를 받은 때였다. 남편은 극도로 내향적이었고, 아내는 세 번째 신경쇠약에 걸려 있었는데 전혀 회복될 가망이 없었다. 리딩을 받았을 때 아내는 51세이고, 남편은 54세, 아이 하나를 낳았지만 젖먹이 때 죽고 없었다.

둘의 결혼 생활은 완전한 부조화였다. 그들을 치료하고 있던 정신 분석의가 케이시의 소문을 듣고 편지로 이 부부의 리딩을 의뢰했다. 라이프 리딩이 아니라 정신적·영적 분석을 의뢰한 것이다. 그렇게 함으로써 두 사람의 전생에 대해서는 별다른 설명이 없었지만 부인에 대한 리딩에서는 상당히 의미 있고 상세한 정보가 얻어졌다.

부인에 대한 리딩 때 질문이 주어졌다. "왜 이 사람은 보통 사람들보다 인생을 심각하게 생각할까?" 대답은 "과거생에서 심각한 경험을 했기 때문이다."였고, 계속해서 "이 사람의 열등감은 왜 생겼는가?"라고 묻자 대답은 "남성을 싫어하고 두려워하기 때문이다. 이 여성은 독신을 맹세해도 그것을 지킬 수 없으니 홀가분하게 마음을 바꾸어 만족시키기 어려운 상대방을 열심히 만족시키도록 노력하는 것이 좋다."였다.

여기에 이 부인의 적응 불능에 대한 매우 중요한 단서가 있다. 그녀는 전생에서 아마도 수녀였을 것이다. 신앙생활의 계율 때문에 오랜 세월 성적 본능을 억지로 억제해 온 사람이 전과는 다른 결혼 생활이라는 상태로 들어갔을 때, 그것을 자연스럽고 자유롭게 소화하고 자기 표현을 하기가 어렵다는 것은 쉽게 이해할 수 있는 일이다. 이것은 한 생애에서도 심리적으로 있을 수 있는 일이고, 두 생애에 걸쳐서도 마찬가지로 상상할 수 있는 일이다.

물론 이 사례만으로 냉담한 여성은 모두 전생에 독신이었다고 결론짓는 것은 잘못일 것이다. 여성의 불감증에는 확실히 선천적인 이유, 후천적인 이유, 카르마에서 비롯되는 원인, 그리고 카르마에서 비롯되는 것이 아닌 원인 등 여러 가지 이유가 있다. 그러나 어떤 경우에는 둔한 감응의 원인이 이 사례와 같은 경우도 있을 수 있다. 이런 경우에는 정신 분석가가 남편의 노이로제에 대한 설명으로서 '오이디푸스 콤플렉스'를 들먹이는 것은 무의미하다. 이 남편에 대해서는 리딩이 분명한 말로 그렇지 않다고 한 것이다.

질문 정신 분석에 의하면 이 사람의 감정 연령은 몇 살입니까?
대답 2개월쯤이오.
질문 이 사람의 심리에는 오이디푸스 콤플렉스가 있을까요?
대답 지금까지의 리딩을 읽어 보시오. 당신은 유물적인 설명만 구하고 있습니다.
질문 이 사람이 결혼 생활에서 행복을 찾지 못하는 것은 무슨 까닭입니까?
대답 그는 자기 자신의 만족만을 구하고 있기 때문입니다.

그러므로 이기주의가 근본적 원인이다. 사실 케이시에게 리딩을 받은 결혼 생활 부조화의 예들은 분명히 이기주의가 문제의 원인(遠因) 및 근인(近因)이 되어 있다. 이것은 매우 함축하는 바가 큰 사실이다. 그러나 '이기주의'라는 말은 현대인에게는 너무도 순진한 말로 여겨질 것이다. 어쩌면 '제우스 콤플렉스(Zeus-complex)'라든지 '자득 양자(自得量子, Self-Satisfaction Quantum)' 등등 새로운 용어를 만들어 이기주의가 과학적으로 증명된 악덕으로서 재인식될 때까지 이기주의의 참뜻을 나타내기 위해 쓰일 필요가 있을지도 모른다.

　　그렇지만 케이시 리딩이 '이기주의'라는 단순한 말을 그대로 쓰는 것은 뭔가 신선한 느낌이 든다. 케이시 리딩에는 '이기주의는 기본적인 죄악이다'라는 말이 끊임없이 나온다. 이 간단한 명제에서 출발하면 사람들은 산더미 같은 심리학 전문 용어나 그 날조어(捏造語)들을 뚫고 나가, 보다 선명한 인간의 가치 세계와 치유 철학을 엮어 낼 수 있으리라.

　　"사랑은 소유하는 것이 아니다. 사랑은 '있는 것'이다." 케이시 리딩은 이런 경구적(警句的)인 표현으로 밝혀 준다.

　　결혼은 대개 사랑이란 소유하는 것이라는 착각에서부터 시작된다. 결혼 생활의 무상한 변천과 슬픔은 오로지 '사랑은 있는 것'임을 인간이 배우기 위해 나타나는 것이다.

제16장

불륜과 이혼의 카르마

일부일처를 원칙으로 하는 나라에서 불륜은 어디서나 흔히 있는 사건이다. 이에 대한 근본적인 설명을 대개 생물학적 견지에서 하는데, 그것을 보면, 원래 남자는 생물적으로 일부다처적인 경향을, 여성은 일부일처적인 경향을 지니고 있다고 한다.

불륜에는 생물학적 요인 말고도 심리학적 및 사회학적 요인이 분명히 있다. 그러나 여기서 윤회론의 견해를 인정한다면, 카르마의 측면에서 불륜의 문제를 분석해 보게 된다. 케이시 파일에는 불륜 관계의 근본 원인이 카르마라고 지적한 눈에 띄는 예가 세 가지 있다.

첫째는 두 아이의 어머니 경우인데, 그녀의 남편에게는 8년 동안이나 사귄 다른 여자가 있었다. 그녀가 그 사실을 안 것은 남편에게 여자가 생기고 6년이 지나서였다. 그녀는 왜 자기가 그런 슬픈 일을 당해야 하는지를 물었다. 리딩이 준 답은 "전생에서 당신이 남편을 배반한 일이 있기 때문" 이라는 것이었다.

둘째 예는 프랑스 왕정 시대에 불륜의 죄를 저질렀던 한 부인이다. 그녀가 그 전생에서 불륜 관계였던 남성이 바로 현생의 남편인 것이다.

셋째의 경우는 결혼을 하자마자 남편이 술만 퍼먹고 이 여자 저 여자와 놀아나기 때문에 고민하는 여성이다. 어떤 때는 남편이 집으로 여자를 끌어들이기까지 했다. 이 여성은 그럴 때마다 얌전히 정조를 지키고, 남편이 여자와 헤어지면 다시 부부 생활을 하곤 했다. 그러나 슬프게도 그런 그녀의 정절에 대한 보상은 남편이 성병을 옮겨 준 것뿐이었다. 리딩은 그녀의 비극이 전생의 카르마에서 나온 것이라고 했다. 일본에 처음으로 미국 사절로 페리 제독이 갔을 때, 그 함대의 한 수병과 일본의 창부 사이에서 그녀가 태어난 것이다. 아마도 그런 출생의 열등감으로 인해 그녀는 타락한 생활을 하게 되었고, 드디어는 접촉하는 많은 남자들에게 성병을 옮겨 주었던 것이다. "그 영향이 매우 커서 당신은 지금 그 보상을 받고 있다."고 리딩은 말한다.

위의 예들이 보여주는 것은 배우자의 불륜 행위가 때로는 카르마에서 비롯되는 일도 있다는 것이다. 물론 이런 예만을 가지고 모든 불륜 행위의 원인이 카르마에 있다고는 할 수 없다. 아내에 대한 남편의 불륜 행위는 그 아내가 전생에서 불륜 행위를 한 당연한 보복으로 현생의 남편에게서 그런 경우를 당하는 것일 수도 있다. 그러나 반대로 남편이 다른 여자와 놀아나는 것은 아내가 남편을 만족시키지 못하기 때문일 수도 있다. 즉 현생에서의 원인에 대한 현생에서의 결과일 수도 있는 것이다. 말하자면 아주 빠른 카르마라고 할 수 있을 것이다. 그러므로 자신이 당한 사태가 카르마에서 비롯된 것인지 아닌지를 판단하는 것은, 과거생에 대한 투시적 지식을 얻을 수 없는 경우에는 현생에 그런 사태를 일으킬 만한 원인이 있는지 없는지를 알아냄으로써 결정될 것이다.

카르마의 법칙에 따르면, 만약 한 사람이 과거생에서 심하게 불륜 행위를 했다면 그 사람은 당연히 현생에서 같은 정도의 불륜 행위로 보복을 받게 된다는 것이다. 그런 입장에 자기 자신이 서보아야 비로소 정절과 남을 아껴주는 마음이 성격의 일부가 된다. 리딩이 흔히 이혼을 하지 말라고 권하는 것은 이런 교육적인 필요 때문이다. 만약 어려운 결혼 생활을 통하여 영적인 교훈이 얻어진다면 그 결혼 생활에서 도피하는 것은 무의미한 짓이다. 사람은 조만간 그런 사태에 올바르게 대처할 수 있는 영적인 힘을 획득해야 하는 것이다.

그렇다고 리딩이 이혼에 절대 반대하는 것은 아니다. 분명하게 이혼을 권한 경우도 많이 있다. 리딩이 이혼을 해야 하는지 아닌지를 가르는 기준은 두 가지가 있는 것 같다. 즉 아이에 대한 의무와 배우자에 대한 의무이다. 이혼을 분명하게 권한 경우는 모두 아이가 없는 경우였다. 또는 있어도 이혼하는 편이 아이에게 더 좋을 때이다. 그리고 카르마에서 결혼의 교훈을 이미 다 배웠을 때, 또는 배우자 한 쪽이 상대방의 인격을 아주 끌어내리는 경우이다.

대표적인 예로서, 49세인 뉴저지의 어떤 부인은 아이가 없었고 남편과의 사이가 불편했다. 그녀의 교사로서의 뛰어난 재능을 살리기 위해 이혼을 해야 한다는 것이 리딩의 권고였다. 리딩의 말을 조금 인용하면 다음과 같다.

당신은 이 세계에서 직업을 가져야 한다는 것을 분명히 알아야 합니다. 이제부터 시작하는 것은 조금 늦기는 하지만, 그러나 아직은 어린 학생들을 가르치는 것으로 당신을 연마할 수 있을 것입니다.

이와는 대조적인 예가 있다. 남편보다 20년이나 연상인 어떤 부인의 경우, 두 사람은 전혀 성격이 맞지 않았다. 남편은 술꾼이고 처자에게 마구 욕지거리를 퍼붓고 폭력을 휘둘렀다. 이에 대한 카르마의 설명은 없었으나 이혼은 하지 말라고 리딩은 전했다. 일부를 인용해 보면 다음과 같다.

당신들 부부는 서로 생각이 달라 실망하고 있습니다. 그러나 당신은 그 상태에서 몸을 피해서는 안 됩니다. 오히려 남편의 심정을 이해해주면서 무관심한 태도를 취하시오. 폭행을 당하고 부끄러운 꼴을 당해도 흘려버리고 마십시오. 사람은 자기가 씨 뿌린 것은 거두어들이는 법이라는 것을 잘 깨달으시오. 이것은 당신의 남편과의 관계에 해당될 뿐만 아니라, 남편의 당신에 대한 관계에도 해당되는 것입니다. 어떤 경우에도 당신이 남편에게서 받고 싶은 만큼 남편에게 해주도록 하십시오.

이 말은 뭔가 아직 카르마에서 배워야 할 교훈이 있다는 것과 카르마의 부채를 아직 갚아야 할 것이 있음을 암시하고 있다.

전생의 여러 가지 경험이나 그 공(功)과 죄(罪)를 투시를 통해 알 수 없을 때는, 이혼의 정당성을 인정할 근거를 찾기는 어렵다. 가톨릭의 교리가 이혼을 금하는 큰 이유 중의 하나는, 만약 교회가 금하지 않는다면 불륜의 당사자들이 뭔가 자기변명의 구실을 찾아내어 마땅히 받고 치러야 할 것을 회피함으로써 더 많은 과제를 가중시키게 될지도 모르기 때문이다.

사실은 케이시 리딩이 이혼을 권하는 일이 아주 빈번하여 리딩은 이혼의 절대적 금지에는 반대하는 것처럼 여겨지기도 하지만, 리딩이 제시하는 자기 평가의 기준은 아주 높으며 또 확고한 철학적 근거를 가지고 있으므로 그 궁극적인 효과는 이혼을 증가시키는 것이 아니라 감소시키게 될 것이 틀림없다.

제도로서의 결혼은 윤회론의 견해로 볼 때는 흔히 생각하는 것처럼 그렇게 신성한 것은 아니다. 만약 사회가 결혼을 깨지 못하게 하려 한다면 그것도 좋을 것이다. 만약 그렇지 않다 해도 또한 좋다. 우주 법칙은 그런 어떤 제도에도 방해받지 않는다. 왜냐하면 만약 한 사람이 한 생애에서 부채를 다 갚지 못한다면 반드시 다른 생애에서 갚게 되기 때문이다. 인간이 그때그때 임의로 설정하는 외적 형식은 카드놀이 규칙 정도만큼의 중요성밖에 없는 것이다. 결국 어떤 놀이에 어떤 규칙을 설정한들 그런 것은 대수롭지 않다. 왜냐하면 놀이의 형식과 규칙은 그 놀이를 하는 사람들의 솜씨와 정직성에 따라 가치가 결정되기 때문이다.

그러나 다른 한편으로 결혼은 많은 사람들이 생각하는 이상으로 심각한 문제이다. 해마다 많고 많은 사람들이 이혼이라는 형식을 거쳐 아무렇지도 않게 무시해 버리는 이 의무는 단지 보잘것없는 사회적 인습은 아닌 것이다. 이 의무는 인류라는 공동체 – 우리들은 각자 그 공동체의 살아 있는 세포이다 – 에서 진실로 우리들 모두를 결합시키는 힘을 지니고 있는 것이다. 우주에는 균형의 법칙이 끊임없이 작용하고 있기 때문에, 아무리 이기주의에 빠지더라도 그것을 바로잡는 데는 결혼보다 더 좋은 수련과정이 없다. 그러므로 우리들의 '큰 나大我'가 태어나기 위해 '작은 나小我'가 진통을 겪고 있다는 것을 자각하고, 희생 정신으로써 결혼 생활의 어려움과 시련을 받아들이기를 배워야 한다.

결혼 상대는 아득한 옛날부터 '끌어당기는 힘'에 따라 주어진 것임을 깨닫는다면, 그리고 아무리 절망적인 상태에 빠지더라도 그것은 우연이 아니라 '큰 나'의 의지에 따른 일임을 깨닫는다면, 또한 불화(不和) 속에 '나 없음(無私)'을 통한 향상의 길이 있음을 알 때 이혼이 엄청난 손해라는 것을 이해할 수 있을 것이다. 그러나 또 한편으로는, 인간은 어떠한 제도에 의해서도 불건전하고 해롭고 일그러진 인간관계 속에서 노예화되어서는 안 된다는 것을, 또한 반성할 줄 모르는 이기주의라는 돼지 앞에 '나 없는 사랑'이라는 진주를 던져도 소용없다는 것을 인정한다면, 이혼은 다른 법률상의 계약의 해지와 마찬가지로 건전하고 온당하고 분별 있는 수단이라고 생각하는 것이다.

우리들이 되찾아야만 하는 것은 중용과 균형이다. 이것은 개인이 그 영적 완성의 추구에서 되찾아야 하는 미덕일 뿐만 아니라, 사회가 개인에게 자기 표현의 형식을 주는 노력에 있어서도 되찾아야만 하는 것이다.

제17장

부모 자식의 카르마

예로부터 가정은 아버지 또는 어머니가 통치하는 군주국이었다. 그러한 통치권은 오늘날에도 그대로 존재하고 있으며 실제로 그 힘을 발휘하고 있다. 유물적 관점에서 본다면 아이는 부모의 재산으로 보인다. 어머니의 희생과 노동으로 창조되고, 아버지의 노고와 희생으로 부양된다. 부모는 자식보다 육체적으로 강하고 보다 성숙해 있으며 훨씬 크기 때문에 자식을 지배하는 것은 어버이의 권리라고 하는 것이다.

그러나 사실 영적으로 보았을 때 자식에 대한 어버이의 지배권이란 없다. 모든 생명은 넓고 넓은 영적 사회에 있어서 평등한 구성원이다. 영적으로 말한다면 어버이는 그 자식을 소유하고 있는 것도 창조한 것도 아니며, 다만 아이를 이 지상의 삶으로 나올 수 있게 한 경로에 불과하다. 신비로운 작용이 부모의 내부에서 일어나 그것이 어느 순간 그들을 서로 결합하게 하고, 그리하여 같은 신비로운 활동이 시작되고 그것이 또 하나의 육체 탄생을 가져오는 것이다.

그 육체 역시 우리와 마찬가지인 영적 존재가 들어 사는 집이 된다. 잠시 동안은 그들은 말할 줄도 모르는 무력한 존재이다. 우리가 그들에 대해 책임감을 느끼며 알뜰히 돌보아 주는 것은 보람 있는 일이다. 이 일이 우리를 희생과 사랑으로, 가장 깊고 따뜻한 정으로 이끌어 준다. 이것은 어떤 형태의 소유나 지배로 발전하지 않는 한 그대로 좋은 것이다. 칼릴 지브란은 그의 시 「예언자」에서 이렇게 노래하고 있다.

> 당신의 자식은 당신의 자식이 아니다.
> 생명의 그리움의 아들이며 딸이다.
> 당신을 거쳐서 오지만 당신에게서 오는 것은 아니다.
> 당신과 더불어 있지만 그래도 당신의 것은 아니다.
> 당신은 당신의 아이가 살아 있는 화살로서
> 내쏘아지는 활이다.
> 사수의 손 안에서 당신은 기쁨을 위해 휘어져야만 한다.
> 왜냐하면 사수는 날아가는 화살을 사랑하는 것처럼
> 든든한 활도 사랑하고 있으므로…….

어버이는 자식에 대하여 우월적인 지배 의식이나 선망적인 열등감을 가져서는 안 된다. 부모로서의 알뜰한 사랑의 정과 그것을 초월하는 통찰의 균형 – 이것이야말로 자식에 대한 부모의 가장 이상적인 태도이다 – 은 모든 인간, 모든 영혼이 평등하게 창조되어 있다는 근본적 진리를 인정함으로써만 가능하다. 케이시 리딩이 즐겨 쓰는 표현에 따르면, 부모란 "생명이 흘러 영혼이 육체로 깃들어지기 위한 물길"이다.

그러므로 우리들은 신성한 의식을 가지고 결혼 관계에 들어가도록 요구되는 것이다. 여기서 결혼 관계란 분명히 성적인 관계이다. 즉 케이시 리딩의 견해는, 성적 행위는 그 자체에 있어 신에게 바쳐진 거룩한 것이라는 힌두교의 견해와 일치한다.

불행하게도 옛 그리스도교 신학은, 성은 본래 죄라고 함으로써 성에 심리적 그늘이 드리워지게 했다. 창세기의 그 상징적 이야기를 그릇 해석했기 때문에 모든 인류는 아담과 이브의 원죄를 짊어지고 있다고 여겨 온 것이다. 결혼식이 성적 관계를 합리화해주기는 하지만, 아이는 죄 속에서 잉태되는 것이라고 여겨져 왔다. 인체에 감추어져 있는, 신에게서 주어진 자연의 기능에 대한 이러한 일그러진 관념은 그것이 주는 심리적 영향이 매우 크고, 억압이라든가 죄악감 및 그밖의 아주 심각하고 뿌리 깊은 갈등이 생겨나게 하기에 이른 것이다. 이 말은 자유 연애나 성적 방종이 옳다는 말이 아니라, 성의 창조력이 신에게서 주어진 특권임을 충분히 이해해야 한다는 말이다. 더러움 없는 육체적 사랑은 인간이 지상 생활에서 갖는 가장 거룩한 경험이다.

이런 견해가 많은 리딩에서 강조되어 있다. 어떤 부인의 부탁을 받고 리딩은, "영혼의 준비 그 자체가 창조적이며, 육체적 준비와 마찬가지로 중요하다는 것을 깨달아야 한다."고 했다. 또한 아직 아이를 낳을 가망이 있는지 없는지를 물어 온 36세의 부인에게는 다음과 같이 말한다.

당신 자신이 육체적으로 정신적으로 영적으로 보다 좋은 물길이 되도록 하시오. 사람은 임신을 그저 육체적인 상태로만 생각하기 일쑤입니다만, 한나(구약성서에 나오는 예언자 사무엘의 어머니)나 마리아가 어떤 식으로 마음의 준비를 했는지를 되새겨 보십시오. 기록에 남아 있는 것도 많이 있지만 알려지지 않은 것도 많이 있습니다. 그러나 거기에는 길고 긴 준비가 있었던 것입니다.

또 다른 리딩에서는 다음과 같이 말했다.

인간에게는 조물주가 그 창조를 인간에게 보이기 위해 그 경로가 될 기회가 성교로서 주어져 있습니다. 그러므로 그 경로를 통하여 들어오는 새로운 생명의 성격 일부분은 부모의 마음 상태에 따라 결정되니, 그 기회를 대할 때의 당신의 태도와 상대방의 태도에 조심해야 합니다.

또한 리딩의 말들에 따라 밝혀지는 것은, 부모와 자식의 관계는 어떤 것이든 우연한 관계로 볼 수가 없다는 것이다. 대개 어떤 경우에나 부모의 한쪽 또는 양쪽에 전생으로부터의 인연이 있다. 이런 전생의 관계가 부모 어느 쪽에 대해서도 없는 경우는 별로 없는데, 때로는 그 가정적 상황이 태어나는 아이의 심리적인 요구에 맞는 환경을 제공하고 있다. 케이시 파일에는 자식이 부모 가운데 한쪽에는 카르마의 유대를 가지고 있지만 다른 쪽에는 가지고 있지 않은 경우도 몇 가지가 있다. 그런 경우에는 현생에서 처음으로 부모 자식 관계를 맺은 쪽은 냉담해지는 경향이 있다. 다음의 대표적인 예는 부모와 자식 사이에 있을 수 있는 여러 가지 과거 관계를 보여준다.

아주 짙은 애정의 끈으로 이어져 있는 어떤 어머니와 아들은 전생에서도 모자간이었다. 마찬가지로 아주 다정한 아버지와 아들은 전생에서 형제간이었다. 사이가 별로 좋지 않은 어머니와 딸은 전생에서 아무 관계도 없었다. 딸이 어머니에 대해 매우 냉담한 어떤 모녀는 전생에서 아주 사이가 나쁜 자매간이었다. "당신들은 그 당시 싸움을 했고 아직 화해한 상태가 아닙니다." 리딩은 말해주고 있다. 아버지와 딸이 전생에서 부부였던 예도 있다. 사이가 나쁠 뿐만 아니라 서로 적의를 품고 있는 어머니와 딸은 전생에서 한 남자를 놓고 대결한 사이였다. 아들이 어머니를 지배하려 하는 경향이 있는 어떤 어머니와 아들은 전생에서는 그 관계가 반대로 아버지와 딸 사이였음이 판명되었다.

이런 경우들은 자식이 부모에게 끌리는 데에는 여러 가지 원리가 작용하고 있음을 암시해 준다. 그러나 아주 능숙한 인형극에서는 인형을 조종하는 실이 보이지 않는 것처럼, 그 원리는 대부분 가려져 보이지 않는다. 케이시 파일은 시사해주는 바가 매우 크지만 그것을 순수하게 체계적인 법칙으로 발전시킬 만큼 상세한 사실은 제공해주지 못한다.

서로 좋아하는 사람끼리 서로 끌어당기는 것은 사실이지만, 반면에 여러 가지 카르마의 원인 때문에 과거에 서로 적대 관계에 있었거나 또는 기질적으로 반대였던 사람들이 끌리는 경우도 많이 있다. 기질적인 차이가 두드러지게 나타나는 한 예는 5세 때 리딩을 받은 다음의 소년에서 볼 수 있다. 그의 성격은 이기적이고, 잘못을 저지르고도 자기의 잘못을 인정하려 하지 않는 아이였다. 순전히 지적 가치가 흥미의 중심이고, 사고방식은 객관적이고 학구적인 과학자의 그것이었다. 이 아이는 전생에서 동력으로서의 증기 연구에 몰두했었다. 전전생에서는 화학 폭발물을 연구했고, 그 전의 삶에서는 기계에 열중했으며, 또 그 전의 아틀란티스 시대에는 전기 기술자였다.

이렇게 네 번의 전생에서 순수 과학에 열중했던 것은 슈프랑거가 말하는 가치의 지속을 증명하는 좋은 예이다. 이것은 분명히 '이론형'이다. 그러나 그는 이론적 가치 쪽으로 너무 기울어졌기 때문에 그와 마찬가지로 정당한 사랑과 아름다움과 조화라는 삶의 가치는 희생되어 버렸다. 남들에 대한 그의 태도가 초연하고 냉담한 것은 그 때문이었다. 리딩은 그에게 아직도 전기나 기계 그밖에 기술적인 일을 한다면 가장 성공할 것이라고 했다. 그는 현재 전기 기술자로서 성공하고 있다. 그리고 그 성격은 가정의 환경 때문에 얼마간 변화하기는 했지만 대체로 그 배경에서 기대되는 것 같은 특성을 나타내 보이고 있다.

만약 좋아하는 것끼리 서로 끌어당긴다면 그는 과학적인 환경, 예컨대 아버지가 기술자이고 어머니가 전에 수학 선생을 하고 있었다는 식의 가정에 태어났을 것이 아닌가 하고 여겨질지도 모른다. 그러나 그의 경우는 그렇지가 않고 비현실적인 이상주의자의 가정에 태어났다. 아버지의 가치관은 분명히 사회적·종교적이며, 어머니는 내성적이었지만 열성적인 남편의 사회 봉사 사업에 많이 동조하고 있었다. 소년의 형도 역시 이상주의자이며 삶에서의 주된 관심은 남을 돕는 일이었다.

이 소년이 그런 가정에 태어난 것은, 지금까지 살펴본 자료로는 엄밀한 의미에서 카르마의 결과라고는 할 수 없을지 모르지만 그러나 역시 여기에도 어떤 징벌의 원리가 작용하고 있는 것 같다. 바꾸어 말하면 한쪽으로 치우친 경향의 교정이다. 이 사람은 자신의 가치관이 편협함을 의식하여 보다 인간적인 가치까지를 포용하려고 그 견해를 확대할 수 있는 환경을 선택한 것이 아닌가 하고 여겨지는 것이다.

결과적으로 이 소년은, 인생의 첫째 목적은 남들을 돕는 데 있다고 믿고 있는 사람들과 끊임없이 접촉할 수 있는 환경에 놓였다.

그의 철저한 현실주의는 다른 가족들의 지나친 이상주의를 억제하는 데 도움이 되었다. 또한 반대로 가족들의 사고방식은 그에게 그 자신의 가치관 말고도 또 다른 가치가 있다는 것을 끊임없이 상기시켜 주었다. 이런 경험은 그의 기본적인 가치관, 즉 순수 과학의 탐구라는 가치관을 완전히 바꾸어 놓지는 못했지만, 그래도 그의 인격을 과거보다는 덜 이기적이고 사회적으로 돌려놓았다는 점에서 효과가 있었다. 그러므로 그가 부모를 선택했을 때에 의도했던 교정이라는 목적은 적어도 부분적으로는 달성된 것 같다.

태어나는 아이는 부모를 자유롭게 선택할 수 있다는 견해를 케이시 리딩은 상당히 잘 입증해주고 있다. 아직 충분히 진화하지 못한 영혼은 좁은 범위의 선택밖에 하지 못한다는 것도 여러 가지 예에서 나타난다. 아무튼 부모의 선택은 태어나려는 영혼의 특권인 것처럼 여겨진다. 이제부터 태어나려는 영혼이 왜 일부러 빈민가나 타락한 부모 또는 불구의 몸, 그밖의 불리한 환경을 선택하는지 쉽게 이해가 가지 않을지도 모른다. 피상적으로 생각한다면 그런 선택은 심리적으로 있을 수 없을 것 같다. 그러나 면밀히 분석해 보면 거기에는 심리적인 모순은 전혀 없는 것이다.

이런 상황을, 자기가 갑자기 뚱뚱해지기 시작했다는 것을 깨달은 사람의 경우에 비유할 수 있을 것이다. 보험 회사에서 뭔가 제한조건을 들고 나온다든가 여성이 청혼을 거절한다든가 옷이 작아져 입을 수 없게 된다든가 하는 일들로 그는 갑자기 자기가 살이 찌기 시작했다는 것을 의식하게 된다. 그래서 그는 몸무게를 조절하기로 결심하고는 어딘가 적당한 몸무게 조절 전문가를 찾아가서 지도를 받는다. 6개월 뒤에는 허리가 다시 가늘어지고 심장 기능도 정상으로 돌아가 그의 목적이 일단 달성된다. 영혼도 이와 같은 상황에 있을 수가 있는 것이다. 일부러 고통스러운 환경을 받아들이려고 결심하는 것은 인간으로서 생각할 수 있는 일인 것이다. 사람은 많은 경우에 목적을 달성할 수 있는 길이라고 여겨지면 고통스러운 길도 선택하는 것이다.

기묘하게도 이 선택의 자유는 아이가 어려서 죽는 문제와도 어떤 관계가 있는 것 같다. 리딩에 따르면 보통 영혼은 태어날 때 자기가 선택하는 부모에 따라 자기가 이제부터 처해질 지상의 환경이 어떤 것인가를 예견할 수가 있다. 그러나 인간의 자유 의지에 따라 미래의 일들 모두를 예견할 수 있는 것은 아니다. 따라서 어떤 영혼은 태어난 후에 자기가 태어나기 전에 가졌던 기대에 부모가 따라 줄 것 같지 않다는 것을 발견할지도 모른다. 그런 때에는 영혼이 자기가 태어난 내적 목적이 예상과는 다른 환경 때문에 달성되지 못할 것임을 깨닫고 물러가 버리는 것이다.

이런 사정을 뒷받침해주는 좋은 예는, 전생에서 아주 일찍이 죽었다는 한 소녀의 경우이다. 그녀가 현생에서 지금의 부모를 선택하여 태어난 것은 주로 어머니에게 끌렸기 때문이다. 그러나 태어나서 얼마 안 되고부터 아버지가 술을 마시기 시작했고 자포자기가 되어 가족들을 학대하기에 이르렀다. 어린 영혼은 실망하여 더 이상 살지 말자고 결심하고, 잠시 병들어 앓다가 지상을 떠나 돌아온 것이다. 리딩은 이런 일이 별로 특별한 현상이 아님을 매우 분명하게 지적해 준다. 이렇게 본다면, 어려서 죽는 경우는 말하자면 영화를 보러 갔다가 그 영화가 기대한 것과는 달리 재미가 없어서 조금 보다가 영화관을 나오고 마는 것과 같다. 어떤 경우에는 위에서 본 예처럼 이런 경위가 부모의 행동에서 비롯되는 것일지도 모른다. 그러나 또 어떤 경우에는 태어나는 영혼의 판단이 잘못되었기 때문인지도 모른다.

때로는 어린아이의 죽음은 부모가 슬픔의 경험을 맛볼 필요가 있기 때문이라고 해석될지도 모른다. 그 아이는 부모가 자신들의 영혼의 성장을 위해 필요한 고통을 경험하는 것을 돕기 위하여 그저 잠시 동안 희생적 정신으로 지상에 나타날 수도 있는 것이다. 19세기의 어떤 무명 작가의 소설이 이런 희생적 행위를 주제로 한 것이 있다. 그 이야기에서는 젊은 여성의 아버지가 유물적이고 자기 자랑이 심해서 자기 소유물이나 아이들이 잘생긴 것이 자랑거리이다. 딸은 아버지를 사랑하지만 그의 사고방식을 바로 잡아줄 수가 없다. 그녀는 불의의 재난을 당하여 죽는데, 오래지 않아 다시 같은 부모에게서 이번에는 절름발이 아이로 태어난다. 일부러 그런 육체를 가지고 태어난 것은 아버지에 대한 사랑과 그의 마음이 정화될 수 있도록 고뇌를 그에게 주고 싶다는 소원 때문이다. 물론 이것은 순전히 허구의 소설이다. 그러나 이것은 성장을 위해 슬픔을 경험할 필요가 있는 두 인간에게 교육적인 사랑의 봉사를 하고 싶다고 영혼이 원할 때는 어쩌면 실제로 일어날 수도 있는 일임을 암시해 준다. 케이시 리딩을 살펴보면 때로는 이와 같은 일이 실제로 일어나는 것을 알 수 있다.

한 가지 주목할 점은 – 이것은 케이시 리딩이 단순히 암시하는 것뿐만 아니라 몇 번씩 분명한 말로 표현하고 있는 사실이다 – 임신의 순간은 영혼이 들어오는 순간과는 일치하지 않는다는 점이다. 리딩은 많은 경우에서 임신 중의 마음가짐이 끌려오는 영혼의 유형을 어느 정도 결정한다고 말하면서 임신 중에는 특히 마음가짐과 생각에 조심하도록 조언해 준다. 다음의 인용은 이런 견해를 잘 나타내고 있다.

질문 이제부터 몇 달 동안을 저는 어떤 마음가짐으로 지내야 할까요?

대답 당신이 어떤 아이를 바라고 있는지에 따릅니다. 음악적 재능이 있는 예술적인 아이를 바란다면 음악이나 미술, 아름다움에 대해 생각하십시오. 기술자가 될 아이를 바란다면 기계를 생각하고 기계를 만지시오. 그런 것이 무슨 효과가 있을까 하고 생각해서는 안 됩니다. 모든 어머니들이 알아야 하는 것이 있습니다. 그것은 임신 중의 태도는 그 부모를 거쳐 태어나는 영혼의 성격과 밀접한 관계가 있다는 사실입니다.

그리고 케이시의 데이터로 미루어볼 때, 영혼이 육체로 들어오는 것은 탄생 직전이나 탄생 직후 또는 탄생과 동시인 것 같다. 어떤 경우에는 태어나서 24시간이 지나서야 영혼이 들어오는 경우도 있다. 또 어떤 경우에는 들어온 영혼이 마지막 순간에 바뀌는 일도 있다. 생명의 알맹이인 영혼 없이 육체가 존재할 수 있다고 생각하는 것은 일견 기본적인 윤회론의 견해와 모순되는 것처럼 여겨질지도 모른다. 그러나 여기에는 별로 모순이 없다. 신비학자들은 육체를 '수레'라고 부른다. 이 말에서 연상되는 유추(類推)를 써 본다면, 운전기사가 아직 차에 오르기도 전에 자동차는 이미 완성되어 있고 그 자동차의 시동이 걸려 엔진이 이미 돌아가고 있는 경우도 충분히 생각할 수 있는 것과 마찬가지로 육체 속에 들어와 그 활력의 원천이 될 것이 아직은 들어와 있지 않아도 육체가 조직으로서 완성되고 그 유기적 생명 작용이 이미 일하기 시작한 경우도 생각할 수 있는 것이다.

물론 유추에 의한 추론(推論)이 그대로 단정적인 결론이 되는 것은 아니다. 우리가 이런 추론을 하게 되는 것은 오로지 케이시 리딩에서 여러 번 이상과 같은 단정적인 설명을 보았고, 한편 생명의 과학적 정밀성을 가지고 그것을 설명할 수가 없기 때문이다. 어떤 사람이 케이시에게 "영혼이 들어올 때까지 육체는 무엇으로 살아 있는 것인가요?"하고 당연한 질문을 했다. 대답은 모호하다고는 할 수 없으나 일종의 수수께끼 같다. "정령(精靈)입니다. 물질의 정령, 곧 물질의 원천은 신이니까요." 이것이 대답이었다.

이런 문제에 대해서는 다른 많은 문제와 마찬가지로 앞으로 더 많은 투시적 연구가 필요하다. 어린 시절, 부모 자식의 관계, 탄생 등에 관한 케이시 리딩 속에 들어 있는 다양한 설명의 의미를 끝까지 추구하면서 이런 종류의 연구를 밀고나갈 때, 우리는 분명히 우생학·아동 심리학·인종 개량학 등의 새로운 과학 영역을 개척하게 될 것이다. 탄생은 겉으로 보기처럼 우연한 사건이 아니다. 또 어린 시절도 가볍게 부수적으로 다루어질 것이 아니다. 이 점에 대해서도 많은 다른 영역들과 마찬가지로 케이시 리딩은 새로운 탐구 영역을 가리키고 있으니 앞날에 큰 희망을 가질 수 있다.

제18장

가족 갈등의 카르마

인간에게 닥치는 슬픔 가운데 가장 딱하고 가엾은 것은 장애를 가진 자식을 낳은 슬픔일 것이다. 장애 아이는 물질적으로는 특별한 배려와 보살핌을 필요로 하고, 사회적으로는 일종의 무언의 치욕이며, 영적으로는 사랑의 신에 대한 의심의 씨가 된다.

윤회론은 그런 부모에게 안심과 용기의 원천이 될 수 있다. 첫째로, 윤회론에 따르면 이상한 사건은 어떤 것이든 대개 카르마에 원인이 있다는 것이 분명하기 때문이다. 케이시 파일에는 선천적인 불구로서 카르마에서 비롯된 것이 아닌 경우도 몇몇 있지만 – 여기에 대해서는 뒤에 카르마를 다루는 장에서 살펴보기로 한다 – 대개 타고난 불구는 무언가 전생의 죄를 강하게 암시한다. 다운 증후군·청각 장애인·선천성 뇌수종 등 기타 가련하게 불행에 시달리는 아이들에 대해 리딩은 거듭거듭 "이것은 아이와 부모 쌍방의 카르마이다."라고 말해 준다.

이런 종류의 카르마의 유대를 보여주는 가장 눈에 띄는 예는 어릴 때부터 간질을 앓고 있는 12세의 유대계 소녀에서 볼 수 있다. 간질은 발작이 일어났을 때 다루기가 어려울 뿐더러, 앓는 사람에게 어두운 그늘을 드리우게 마련이다. 리딩은 "이 부모와 딸은 미국 혁명 시대에 역시 미국에서 지금처럼 부모 자식 간이었다. 그때 부모는 식민지 개척자들보다는 영국과 운명을 같이하는 것이 경제적으로 유리하다고 판단하여 영국군에게 도움이 될 정보를 수집하여 제공하고 있었다. 딸은 미인이고 대담하며 영리했다. 그런 장점은 부모가 하는 일에 안성맞춤이었기에 부모는 그녀를 부추겨 정보를 얻을 만한 사람을 유혹하게 하면서 딸을 이용했다."고 밝혀 주었다.

리딩은 이 흥미진진한 드라마의 시말에 대해서는 설명이 없었지만, 그것이 현생에 나타난 결과는 지적해주고 있다.

이 사람의 부모는 딸에 대하여 무엇을 해줘야 하고 무엇을 할 수 있는지를 알려면 그들 자신의 라이프 리딩을 받아 과거의 경험을 비교해 보아야 한다.

이 사람이 현생에서 겪고 있는 고통은 누가 보더라도 사람은 자기 자신이 한 행위의 보상을 받는다는 것을 깨닫게 해줄 것이다. 신을 속일 수는 없다. 사람은 씨 뿌린 것을 거두어들여야 한다.

과거의 횡포나 자기중심적인 행위의 결과가 지금 자기가 뿌린 씨를 거두어들이고 있는 사람의 육체에 나타나 있다.

이 사람을 이 세상에 낳아 놓은 사람들은 그녀가 당연히 했어야 할 자제를 하지 못했던 과거에 대하여 크게 책임이 있다. 왜냐하면 그들은 물질적으로 보다 많은 이익을 얻으려고 그녀가 하는 대로 내버려 두었으니까. 그러므로 그들도 현재 이런 경험을 함으로써 극복될지도 모르는 많은 빚을 갚고 있는 것이다.

이 딸아이는 현재의 육체적 불행 속에서 과거에 자신이 저지른 성적 과잉을 보상하고 있는 것이다. 부모가 이 딸아이를 돌보게 된 것은 그 책임의 대부분이 그들에게 있으므로 아주 적절한 일이라고 할 수 있다.

또 하나 재미있는 예는, 타고난 맹인인 뉴욕의 한 소녀의 경우이다. 사진을 보면 아주 귀여운 생김새인 이 소녀는 빛에 대하여 약간의 감각은 있지만 물체의 모양은 식별할 수가 없었다.

소녀의 어머니가 의뢰한 것은 피지컬 리딩이며 라이프 리딩은 하지 않았기 때문에 그녀의 불행이 어떤 카르마에서 비롯된 것인지는 알 수 없다. 그러나 어머니는 자신의 라이프 리딩을 받았기 때문에 이 아이에 대한 그녀의 의무가 밝혀졌다.

이 어머니는 전생에서 교사 노릇을 한 것 같다. 리딩의 말을 인용하면 "이 사람은 자신의 위치를 이용하여 한 아이의 어머니에게 큰 문제를 일으켜 결과적으로 본인 자신이 많은 사람들에게서 높이 평가받게 되었다. 인간은 겉모양을 본다. 그러나 신은 마음속을 보신다. 당신과 당신의 남편은 현생에서 이런 불행을 짊어짐으로써 자기 자신의 죄를 보상하고 있는 것이다. 왜냐하면 당신들은 과거에 신의 법칙을 가지고 이기적인 목적을 달성하려 했기 때문이다." 이다.

그 극적인 음모의 내용에 대해서 다만 억측을 할 수밖에 없지만, 거기에는 지금의 부친도 관계가 있었던 것 같다. 리딩의 말로 알 수 있는 것은 다만 한 교사가 자신의 이익을 위해 어떤 학생의 어머니를 이용했고, 더구나 그 때문에 그 어머니의 마음을 혼란시켰다는 것이다. 여기에는 두 가닥의 명백한 운명의 흐름이 있는 것 같다. 이용된 여성은 그녀 자신이 아마도 전생에 맹인이라는 형태로 보상할 육체적 카르마를 지니고 있었을 것이다. 현재의 생활은 그 죄를 보상하기 위해 선택된 것이다. 그리고 현재의 모친은 그녀 자신의 개인적 카르마의 부채를 보상하기 위한 기회를 얻기 위하여 이 세상에 그 아이를 낳아 놓는 경로로써 선택된 것이다.

세 번째 예는 다운 증후군의 경우인데, 이것도 자세한 것은 아주 조금밖에 알려지지 않았지만, 이 사람의 어머니가 팔레스타인에서의 전생에서 불행한 사람들을 비웃었던 것이 현생에서 불구의 자식을 낳는 원인이 되었다는 것이다.

또 하나의 예는 선천성 뇌수종이라는 희귀한 병을 타고난 조산아의 경우이다. 모친은 산후 며칠만에 죽었다. 젊어서 홀아비가 된 부친은 가톨릭계 보육원에 그 여자 아이를 맡겼다. 아이가 4세가 되었을 때 아버지는 그녀의 피지컬 리딩을 케이시에게 의뢰했다. 그의 편지에 의하면, 그 아이는 매우 영리하고 무엇이나 잘 알아들으며 주변 사람들 이름도 잘 외고 말도 제법 잘할 줄 알았다. 그러나 걷지를 못했다. 그것은 머리가 너무 무거워서였는데 어떻게 하면 머리를 똑바로 지탱할 수 있는지 항상 조심해야만 했다.

이 아이의 라이프 리딩은 하지 않았다. 그러므로 그 불행의 카르마가 어떻게 시작되었는지는 알 수가 없다. 그러나 아버지는 자기와 아이의 전생에서의 관계를 알려고 자신의 라이프 리딩을 의뢰했다. 리딩의 대답은 짧고 날카로웠다.

현생보다 더 전의 삶에서 당신은 자기 자신을 바로잡을 수가 있었다. 그런데도 당신은 그렇게 하지 않았다. 이제는 그렇게 하는 것이 좋을 것이다.

유감스럽게도 이런 태만의 죄가 구체적으로 무엇인지를 밝혀 주는 말은 리딩에 없다. 그의 전생에서 알려진 것은, 그가 포트 디어본에서 장사를 했다는 것, 그리고 그가 정신적·물질적으로는 이익을 얻었지만 영적으로는 잃은 것이 많다는 것뿐이다.

이런 경우를 볼 때 우리는 하나의 강력한 추정을 할 수 있다. 즉 우리가 남들의 괴로움에 대하여 무관심하다면 운명은 뒤에 그런 괴로움을 우리에게 지우게 된다는 것이다. 사람들 가운데에는 남에게 적극적으로 잔인한 행위를 할 만큼 나쁘지 않은 사람이 있을지도 모른다. 그러나 그런 사람은 단테가 그의 시에서 노래했듯이, 연옥에 던져지는 사람들과 마찬가지로 자진해서 나쁜 짓을 하지도 않지만, 또한 자진해서 좋은 일도 하지 않는 것이다.

남의 괴로움을 눈앞에서 보면서도 냉담하고 무관심한 태도를 취한다는 것은 아마도 미래에 자기 자신이 육체적 불구가 될 만큼의 죄는 아닐지 모르지만, 그러나 그는 어떻든 보다 더 민감해질 필요가 있는 것이다. 그는 지상의 불행한 사람들에 대해 관심을 갖기를 배워야 하는 것이다. 다시 말해서 그는 동정심을 길러야 하는 것이다. 그리고 그것은 그 자신이 괴로움을 받을 만큼의 죄는 아니기 때문에 불행한 아이의 어버이가 되는 것이 가장 좋은 방법일 수 있다. 자기가 낳은 아이의 참으로 볼 수 없는 몰골을 보아야 하는 괴로움을 통하여 불행한 어버이들의 고뇌와 인간고의 의미를 이해할 기회가 주어지는 것이다.

만약 이 사람이 사랑의 행위를 배우기 위해 지금보다도 더 적당한 기회가 앞으로 두 번의 삶에서 연속적으로 주어져도 여전히 냉담하다면, 그런 태만의 죄는 다음번에는 그 자신의 육체에 어떤 고뇌를 가져올 만큼 큰 것이 되리라. 그리고 다시 태어날 때는 뭔가 구체적인 모양의 불행을 그 자신이 짊어지고 나올 것이다. 이러한 인과의 연쇄에 대해서는 리딩의 어디에서도 분명한 말은 없다. 그러나 이 경우뿐만 아니라 다른 경우에서도 이런 원리는 강하게 암시되어 있다. 이와 같은 경우는 부모 자식 사이에 카르마의 부채가 얽혀 있음을 보여준다. 한 집안의 아이들 사이에도 카르마의 유대가 이어져 있는 일도 있다. 케이시 파일에는 자매가 서로 반목하고 있는 기묘한 케이스에서 이런 상황을 말해주고 있는 것이 있다.

그 어린 자매는 어릴 때부터 서로 시기하고 질투하며 미워하는 것이 두드러지게 드러났다. 아주 사소한 일로도 둘은 끊임없이 싸웠다. 그런 적의는 다섯씩이나 되는 아이들 가운데서 다른 형제자매 사이에서는 보이지 않았다. 프로이트의 관점에서 말한다면 이 자매 사이의 적의는 아버지를 독점하려는 유아의 질투에서 생긴 것이라고 설명될지도 모르지만, 케이시가 투시한 바에 의하면 이 자매의 한쪽에 성 문제에 얽힌 완강한 질투가 있었음은 사실이나, 그것은 현생의 부친 때문에 생긴 것이 아니라 언니 쪽의 전생의 남편 때문에 생긴 것이었다.

이 복잡한 인간관계를 이해하기 쉽도록 현생에서의 세 사람에게 이름을 붙여 본다. 예를 들어 동생을 루, 언니를 앨리스, 루의 남편을 톰이라고 하자. 루가 라이프 리딩에서 자기와 남편 및 자기 언니와의 전생 관계를 묻자, "루는 이 두 사람과 사이가 좋지 않았다."는 대답과 함께 다음과 같은 드라마를 리딩은 말해주었다.

이 세 사람은 버지니아의 식민지 시대 후기의 전생에서 서로 잘 아는 사이였다. 톰은 당시 앨리스의 남편이었다. 수녀로서 마을 사람들을 돌보고 있던 루는 톰이 병에 걸리자 그를 간호하여 건강을 되찾게 해준다. 앨리스가 당시 어떤 이유 – 리딩은 그 이유에 대해서는 별다른 말이 없다 – 때문에 톰과 별거하고 있었던 것이다. 루의 동기는 순수한 이웃 사랑이었지만, 그녀의 친절이 그녀와 톰 사이에 조화의 인연을 만들어 놓았다.

앨리스는 그것을 알고 매우 원망했다. 그 근거 없는 원망과 질투는 오래지 않아 증오로 자라났다. 이런 감정의 어둠이 앨리스의 마음속 깊이 박혀 몇 세기가 지난 후에도 아직 남아 있었던 것이다.

이성적으로 말하면 앨리스는 현재의 동생을 싫어하거나 학대할 이유가 전혀 없다. 그러나 그녀의 마음속 무의식의 밑바닥에는 증오의 원형이 있었던 것이다. 그리고 루의 마음 속에도 방어 본능과 복수의 온갖 요소가 역시 무의식 속에서 기다리고 있었던 것이다.

카르마가 얽힌 남매의 관계를 보여주는 다음의 예는 영국 태생인 남매의 경우이다. 그 아이들은 제2차 세계 대전 동안 어떤 미국 부인이 맡아서 키워 주었다. 그 부인은 당시 뉴잉글랜드에서 진보적인 학교를 운영하고 있었다. 두 아이를 입양보내게 되었을 때 사내아이는 10세, 여자아이는 5세였다. 그들을 보호해 준 부인은 아동교육의 이론적으로나 실제 경험에 있어서나 아동 심리에 밝은 사람이었기 때문에, 이 남매 사이에 두드러지게 나타나는 적의에 관심을 가지게 되었다. 아무래도 오빠 쪽이 먼저 싸움을 거는 것 같았다.

"그는 매우 영리한 아이입니다. 그러나 아주 감상적이고 마치 궁지에 몰린 개처럼 폭력을 휘둘러댄답니다." 그녀는 이런 사연과 함께 아이들의 라이프 리딩을 의뢰했다.

리딩에 따라 밝혀진 것은, 전생에서 이 두 아이들은 각각 조상 대대로 격렬한 적대 관계에 있던 스코틀랜드 영주들의 가족이었다. 여기에서부터 원한이 무의식 속에서 계속 흐르고 있었던 것이다. 그것이 너무나 강한 원한이었기에 몇 세기가 지난 현생에서도 10세의 소년과 5세의 소녀 사이에 반목을 일으켜 놓았던 것이다.

이 두 가지 경우는 거기에 연관되는 원리를 말해 줌과 동시에, 자기와 형제 사이에 어떤 불가해한 원한이 있어 고민하는 사람들이나, 또는 환자 가운데 이와 유사한 문제가 있어 고심하는 정신 분석가들에게 문제의 원인을 암시해주기에 충분할 것이다. 하긴 어떤 가정에서나 가족 간의 적의의 원인을 현재의 환경 속에서 충분히 찾아낼 수는 있을 것이다. 인간 기질(氣質)의 공감대에 따라, 그저 우연한 만남일 때는 가벼운 혐오감이나 냉담을 불러일으킬 정도에 불과한 모순적 요소도 아주 밀착된 가족 관계에서는 참을 수 없는 갈등이 되고 때로는 폭발적인 사태로 발전하기까지 하는 것이다.

윤회론의 견해를 비판하는 사람들은 대개 이런 점을 지적하면서 또 한편으로는 현재의 환경과 사정에서도 충분히 사실을 설명할 수 있는데도 가족 간의 갈등이나 증오를 설명하는 데 윤회론까지 들고나올 필요는 없다고 하면서 '절약(節約)의 법칙', 즉 가장 단순한 설명이 최상의 설명이라는 주장을 내세울지도 모른다. 과연 이 법칙은 우주에 대한 인간의 사색을 그것이 공상(空想)으로 흐르지 않도록 지키는 데 도움이 되고 있고 또 도움이 되어 왔다. 그러나 과학에서의 새로운 발견으로 확대된 우주관은 윤회론의 이론적 시야는 차치하고, 가장 단순한 설명이 반드시 옳다는 가정(假定)을 강렬한 빛으로 재조명하여, 우주의 모든 작용들이 단순하다기보다는 인간의 마음 쪽이 단순한 것인지도 모른다는 사실을 부각시키고 있는 것이다. 지금 단순한 것으로 여겨지고 있는 것은 새로운 빛으로 비추어 보면 단 하나의 단편에 불과하다는 것이 밝혀질지도 모르는 것이다.

만약 윤회론의 일반적 합리성이 인정된다면, 논증할 수 있는 상세한 사실들이 당연히 그것과 일치할 것이다. 과연 어떤 인간관계에서의 갈등도 현생에서 그 이유를 찾아낼 수는 있을 것이다. 그러나 동시에 그 갈등의 기초가 몇 세기 전의 과거 탓인 경우도 생각할 수가 있는 것이다. 물론 적의나 갈등에 대한 전생의 원인이 밝혀진다 해도 그것만으로는 문제가 해결되지 않는다. 만약 증오의 사슬에 묶인 사람끼리 그 사슬에 묶인 채로 여러 번 환생하기를 바라지 않는다면 그들은 미움 대신에 사랑, 원망 대신에 친절을 지니도록 의식적으로 신중하고 지속적으로 노력해야 한다.

이런 노력은 가족 내에서 생긴 반목에만 해당되는 것이 아니라, 사람과 사람을 잇는 모든 환경적 유대, 모든 적대 관계에도 해당되는 것이다. 결국, 우리가 한 가족의 일원으로서 갖는 역할의 변화는 궁극에 있어서는 단순히 한 가정의 일원이 아니라 인류라는 대가족의 일원임을 보여주는 것이다. 우리는 이것을 끊임없이 되새기면서 살아가는 것을 배워야 한다.

제19장

직업 능력의 카르마

　영혼의 불멸은 그리스도교 신학에서는 대개 미래라는 한 방향으로만 뻗어 있는 것으로 생각하고 있다. 4차원 물리학이 제시하는 '무시간(無時間)'이라는 새로운 개념에 비추어 보면 그런 견해는 아무래도 불완전하다. 과학적 고찰은 차치하고 이 문제를 종교적 신앙의 입장에서 본다면 영혼은 본래 영원이며, 따라서 만약 영혼이 불사(不死)라면 그것은 또 태어나지도 않을 것이다. 만약 그것이 미래에 영원히 존재한다면, 그것은 또 과거에도 영원히 존재했을 것임에 틀림없다. 그러므로 탄생, 삶, 그리고 죽음이라는 말로 구획하는 생물적 경계는 단지 영원한 비물질적 영혼의 겉모양 내지 그림자에 불과하다.

　이런 견해를 근대 그리스도교 신학에서는 거의 받아들이지 않고 있지만, 초기 그노시스파 그리스도교에서는 인정했었다. 많은 현대 시인들이 이 사상을 표현하고 있는데, 그 중에서 가장 많이 인용되는 것은 아마도 영국의 계관시인인 윌리엄 워즈워스의 시 「영혼 불멸송Intimations of Immortality」일 것이다. 태어남은 단지 수면이요 망각이라는 워즈워스의 감각은 고대의 예지에 비추어 볼 때 충분히 근거 있는 말이다. 인간이 지니고 태어나는 영혼은 어딘가 다른 곳에 그 배경이 있으며 먼 곳에서 오는 것이라는 그의 확신은, 전생을 믿는 수많은 사람들이 즐겨 인용해 왔다.

그러나 그가 '우리는 길게 뻗친 영광의 구름으로서 온다'고 할 때 윤회론자는 그가 낭만적인 표현보다는 좀 더 심리학적 사실로써 노래해주었으면 하고 아쉬워하지 않을 수가 없다. 물론 결국 영혼은 원래 신에게서 나오며, 따라서 신의 본래의 순수함과 광휘를 나누어 지니고 있으며, 그 초감각적인 한얼[大靈]의 자리에는 과연 거룩한 빛과 아름다움이 있을 것이다. 그러나 보다 산문적(散文的)으로, 보다 겸손하게, 그리고 보다 격려하는 말로 말해 준다면, 정신적 실상(實相)은 '길게 뻗친 영광의 구름으로서 온다'라기보다는 오히려 능력과 무능력, 결함과 재능, 단점과 장점이 산처럼 쌓인 내용 풍부한 화물(貨物)로서 온다고 여겨지는 것이다.

개인이 과거에 노력하여 획득한 인격의 균형은, 무엇보다도 직업을 잘 지도해주는 말이 담긴 리딩에 가장 정확하게 그리고 분명하게 나타나 있다. 이미 많은 리딩 속에서 연속의 원리가 개인의 태도, 흥미, 성격의 특성 등에 영향을 미치는 양상을 보아 왔으며, 이 연속의 원리는 인간의 능력에도 작용하고 있어 인간의 직업 생활에 중요한 인자가 되어 있음이 명백해졌다.

그 대표적인 예를 뉴욕 일류 미용사의 전생에서의 경험에서 볼 수 있다. 그녀의 매장은 호화스러운 살롱이었다. 그녀는 거기서 얼굴과 몸과 머리 모양을 곱게 가꾸고 꾸며주고 또 성격을 개선하는 방법까지 지도해주고 있었으며, 그녀 자신도 매우 매력적이고 우아한 여성이었다. 그녀에 대한 라이프 리딩을 통해 3회에 걸친 전생이 밝혀졌는데, 그 중 2회의 전생에서의 경험만이 현재의 직업적 능력과 직접 연관되는 것 같다. 전생은 루이 15세 시대의 프랑스 왕궁에서 살면서 왕과 그 측근들에게 영향력을 미치고 있었다. 그녀는 그때 외교술과 미태(媚態)·기민함·몸가짐·화장술과 멋부리기 따위를 배웠다. 전전생은 로마에서 그리스도교를 믿는 귀족들의 앞장을 섰다. 그리고 그보다 앞의 삶에서는 기원전 13000년경 이집트의 신전에서 공부하고 일했다는 것이다. 그때 그녀는 무용과 음악·예술을 통해 아름다운 지체(肢體)를 다듬어 내는 방법을 배웠고, 또 몸에 바르는 화장수·연고·분 따위를 만드는 법도 익혔다.

프랑스 궁전에서의 생활은 여기에 일맥상통하는 효과를 주었다. 즉 세속적인 사고방식과 사회생활에서 낌새를 살피는 능력을 키우는 데 도움이 된 것이다. 이집트 신전에서의 경험에 대해서는 조금 설명해 두는 것이 좋을 것 같다. 그 시대에는 주된 '신전'이 둘 있었던 것 같다. 하나는 '미(美)의 신전'이라 부르고, 또 하나는 '희생의 신전'이라고 불렀다. 그리고 그 이른바 신전들의 기능에 대해서는 리딩에서 나온 여러 단편적인 설명을 종합할 때 대체로 다음과 같다는 것을 짐작할 수 있다.

'미의 신전'은 일종의 학교 내지 대학과 같은 곳이다. 그러나 지성의 함양을 목적으로 하는 일반적인 대학과 달리 인간의 전체적인 인격을 연마하는 것을 목적으로 하는 곳이다. 예술과 과학이 모두 학생들의 정신과 육체의 미를 가꾸어 내는 수단으로 이용되었다. 학생들은 그렇게 하여 자기들의 나라 및 다른 나라에 적극적인 영향력을 발휘할 수 있는 사람이 되도록 훈련된다. 이것을 '신전'이라고 부르는 까닭은 모든 교육이 종교적 및 영적 원칙에 바탕을 두고 있기 때문인 듯하다. 또한 인간의 일곱 차크라에 해당하는 일곱 가지 훈육상의 초점이 있었다고 하는 리딩의 말은, 이 교육 기관의 구성과 교과 과정이 철저히 초자연적 지식 위에 세워진 것임을 암시해 준다.

영적 기초 위에서 직업 지도를 하는 것이 미의 신전의 많은 기능 가운데 하나였다. 그리하여 오늘날 예술이나 종교를 통하여 직업 상담이나 인격 도야 등에 관심을 쏟고 있는 사람들 대부분이 거기서 교사나 학생으로 있었던 사람들의 환생이라는 것이 밝혀졌다. 교육 분야의 훌륭한 저서인 『이상(理想)의 학교』를 통해 보리스 보고슬로프스키가 말한 원대한 교육 사상은 고대 이집트의 지혜와 많은 점에서 아주 흡사하다.

'희생의 신전'이란 말하자면 병원과 같은 기관으로, 여기서는 아틀란티스에서 전해졌을 전기 치료법이 외과 수술과 육체의 온갖 중상이나 불구를 치료하는 데 쓰였다. 여기서는 육체의 완성과 인종의 개량이라는 이상을 지도 원리로 삼았으며, '신전'이라는 이름 역시 종교적 및 영적 원칙에서 운영되었다는 것을 암시한다.

다음으로, 어떤 매우 인기 있는 마사지 치료사의 전생에서의 직업 경력을 보면 다음과 같다. 그의 4회의 과거생이 밝혀졌는데, 그중 3회의 생애에서의 직업이 현생의 그것과 관련이 있다. 전생에서 그는 미국 초기의 의사였고 인디언들과 친밀한 교류가 있었다. 그런 교류를 통해 그는 자연 요법과 약초 요법에 관심을 가지게 되었다(리딩에 자주 나타나는 설명을 보면, 전생에 아메리카 인디언과 친했거나 인디언이었던 사람은 현생에서도 자연을 사랑하고, 손으로 물건 만들기를 좋아하며, 자연적인 생활과 치료법에 강한 관심을 갖는 경향이 있다). 전전생에서 그는 초기 그리스도교 시대에 로마에서 목욕장과 마사지실의 감독 노릇을 했으며, 그 전의 삶은 페르시아에서였는데 그때의 직업에 대해서는 리딩이 말해주지 않았다. 다시 그 전의 인생은 기원전 13000년경 이집트에서 살았고 그때 직업은 미라 만드는 일이었다. 이때의 경험이 그에게 인체의 내부 구조, 여러 가지 약초, 향료, 갖가지 화장품의 효과에 관한 지식을 주었을지도 모른다.

또 하나의 예는 할리우드의 영화 색채 감독이며, 화가인 사나이이다. 이 사람에 대한 리딩은 그가 과거생에서 3번이나 예술적인 일을 했다고 말하고 있다. 전생은 후기 식민지 시대의 미국에서 실내 장식가였고, 전전생은 러시아의 코사크 기병 장교였으며, 그 전의 삶에서는 인도차이나 여왕의 의상 담당자, 다시 그 전의 인생에서는 이집트의 '미의 신전'에서 실내 장식가로 활약했다는 것이다. 현재의 그는 매우 활기가 넘치고 민첩하며 관찰력이 예민한데, 이것은 아마도 코사크 기병 장교로서의 전생의 경험에서 온 것 같다. 그리고 3번의 과거생들에서는 예술가였으니, 현재의 그의 재능은 그런 전생에서 비롯된 것이라고 볼 수 있는 것이다.

뉴욕에서 성공한 작곡 및 편곡자 역시 현재의 직업과 관계가 있는 다채로운 과거생들을 가지고 있다. 전생에서 그는 뉴욕에서 교사였고, 학교의 교과 과정에 음악을 포함시켰다. 전전생은 독일에서 목조각(木彫刻)을 업으로 삼았으며, 이때는 여러 가지 악기를 만들었다고 한다. 그 전의 인생은 칼데아의 네부카드네자르 왕의 희극 배우였고, 다시 그 전의 삶은 아틀란티스인이었는데 이집트로 가서 신전의 예배 음악을 연주하는 악사로 일했다. 그가 현생에서 악기 모양이나 끝마무리 손질, 음질과 음정의 완벽성에 대해 까다로운 것은 분명 독일에서 악기를 만들었던 경험에서 유래된 것이다. 익살을 잘 떨고 유머 감각이 있는 것은 궁중 희극 배우로서의 경험에서 온 것이고, 그 밖의 2번의 음악가로서의 경험은 현재의 음악적 재능으로 이어지고 있는 것이다.

때로는 취미가 전생에서 유래되었음이 밝혀진 예도 있다. 어떤 은행장의 경우인데, 그는 어릴 때부터 모든 종류의 운동 경기에 열정적이었으며 특히 야구를 좋아했다. 그가 다니던 침례교회 목사가 일요일에 야구를 하는 것에 맹렬히 반대하자 즉시 그 교회를 박차고 나와 버렸을 정도이다. 은행가로 돈도 많이 벌었지만 여가만큼은 야구 클럽 운영에 바치고 있다. 재미있는 것은 그의 과거생에서의 직업 경력이다. 전생은 초기 개척자로 무역업을 했고, 전전생은 로마의 원형 경기장에서 국제 경기를 관리하는 사람이었으며, 세 번째는 페르시아의 유목민 우두머리로서 여러 곳에 물자 교역소를 세웠고, 네 번째는 이집트에서 재무 관리자였다. 이 경험들 가운데 세 번은 현재의 은행가로서의 직업에 직접 이어지며, 로마 시대의 경험은 분명히 은행장으로서의 경영 능력의 기초가 되었을 뿐만 아니라 지금의 열정적인 운동 취미로 이어지는 것이다.

또 하나의 예는 해군 식량 검사관의 직책을 가졌던 한 사나이의 경우인데, 라이프 리딩은 식량을 구입하고 검사하는 그의 직업보다도 취미 쪽을 상세히 설명해주고 있다. 이 사람은 평소 돌과 보석에 관심을 가지고 있었다. 그는 보석 거래소를 만들어 석공이나 보석 수집가들과 친하게 교제하고 있고, 해군에서 제대하고는 여생을 오직 이 취미 하나로 살고 있다. 케이시 리딩이 말해 준 뜻밖의 사실이 자극이 되어 보석에 대한 그의 관심이 더더욱 강해진 것이다. 그는 전생에서 오하이오에 살면서 인디언을 상대로 자질구레한 싸구려 장신구와 술을 파는 장사를 했다. 전전생에는 페르시아 상인이었는데, 대상(隊商)을 짜서 여행을 하며 이집트의 마포(麻布), 페르시아의 진주, 인도차이나의 오팔과 청금석 따위, 그리고 다이아몬드와 루비 같은 보석을 주로 거래했다. 그 전의 삶에서는 가나안에 살면서 성직자의 법의에 쓰이는 보석을 공급하는 직업을 가졌었다.

이 경우는 특히 흥미로운 점이 두 가지 있다. 첫째는 리딩이 뚜렷이 선택적인 원칙에 따라 과거생의 일들을 말해주고 있다는 점, 즉 본인에게 도움이 될 전생의 사실들을 골라 말해주고 있는 것이다. 이 사람이 리딩을 받았을 때는 해군으로서 정년에 가까운 나이였는데, 해군에서 당시의 직책에 관련된 전생의 경험은 별로 말해주지 않았고 주로 그의 취미와 연관된 사실들을 밝혔던 것이다. 아마도 보석을 다루는 일로 그가 여생을 건설적으로 보낼 수 있을 것이기 때문이었으리라.

그는 먼 과거생부터 거듭거듭 보석을 다루어 왔으면서도 보석의 참 가치를 충분히 알지 못하고 있었다. 그저 장식용으로, 그리고 수집이나 매매에 유리한 상품으로 다루어 온 것뿐이었다. 그리하여 리딩이 둘째의 흥미로운 사실에 주의를 돌리도록 해 준 것이다. 즉, 보석은 그것을 이루고 있는 진동(振動)의 특성 때문에 병을 고치는 효과와 자극을 주는 성질을 지니고 있다는 점이다.

케이시 파일에는 이 사람에 대한 리딩을 해 준 1944년 이전에, 어떤 종류의 돌이나 보석 및 귀금속 등을 그 진동의 영향력 때문에 이용하라는 권고를 받은 사람들이 많이 있다. 그러나 리딩이 권하는 돌이 그 사람의 탄생석과 일치한 일은 없다. 보석이 효과가 있는 이유는 밝히지 않았지만, 돌이나 원소들이 각각 그 나름의 원자(原子) 에너지를 지니고 있다는 설명은 자주 해주고 있다. 육체의 원소도 본질은 원자 에너지이다. 어떤 돌이 어떤 사람에게 맞는가는 케이시같은 투시력, 아니면 아직은 발명되지 않았지만 어떤 장치에 의해서 알아낼 수밖에 없을 것이다.

아무튼 리딩을 의뢰한 사람에게 보석의 특성을 연구해 보라고 권한 것은 이 예가 있을 뿐이다. 아마 이런 조언이 10년 전쯤 주어졌다면 엉터리 같은 이야기라고 무시되었을지도 모른다. 그러나 원자력에 대한 지식이 널리 퍼져 있는 오늘날에는 적어도 진지한 관심을 기울일 만한 일이다. 그런데 돌이 지니는 원자 에너지를 케이시 리딩이 말한 것은 원자력에 대한 과학적 발견이 있기 20년 전이라는 사실은 주목할 만한 점일 것이다. 어떻든 이 사람은 보석의 성질이라는 점에 비상한 흥미를 느끼고는 리딩을 받고부터 주어진 개괄적인 설명에 따라 연구에 온힘을 기울이고 있다.

직업 선택에 대한 조언으로서 리딩이 전생의 경험을 바탕으로 하여 서로 동떨어진 두 가지의 직업을 한꺼번에 가지라고 권한 경우는 이밖에도 몇 번 있다. 그 하나는 리딩이 말하는 디자인된 '라이프 실'과 전기 치료법에 관한 것이다. 리딩은 이런 것들이 모두 아틀란티스와 이집트의 고대 미술 및 과학을 부활시키는 일이라고 했다.

이집트의 '미의 신전'의 교사인 승려 또는 무녀(巫女)들은 투시법과 오늘날의 심리학에 해당하는 분석법을 써서 학생들 개개인이 지닌 카르마의 문제나 재능을 알아내어 그것을 바탕으로 가장 알맞은 직업을 정해 줄 수가 있었다. 그리고 그렇게 선택된 직업에 따라 학생들의 훈련 과정을 정했던 것이다. 그 과목에는 영양학·근육 단련법·치료법·재생법·체육·의복의 예술과 과학·교수법·치유법·목회학·음악·예술·웅변술·수공예·음악과 갖가지 향을 쓰는 명상법 등이 들어 있다.

적절한 전공 과정이 결정되면 학생들 개개인의 '라이프 실'이 전문가에 의해 만들어진다. 이것은 일종의 상징적인 그림으로, 그 사람이 과거에 이룩한 진보의 원형을 보여줌과 동시에 그에게 자신이 사는 목적을 상기시키는 구실을 하는 장신구이다. 브로치와 같은 이것은 대개 원형인데 원을 3, 4등분하여 거기에 그 학생이 어떤 충동이나 재능 및 영능을 획득한 과거생의 특정 장면이나 그것을 상징하는 도안들을 그려 넣기도 하고, 또는 그가 앞으로 획득해야 할 것들의 상징이 그려진다. 이 상징적인 문양(紋樣)을 명상함으로써 학생들이 자신의 가장 깊은 속의 자아로부터 잠재되어 있는 능력을 일깨워 내는 데 도움이 되는 것이다. 이것은 또 그 사람과 우주의 창조적 에너지 사이의 관계를 깨닫게 하는 데도 도움이 되었다. 언젠가 – 20세기 후반쯤일 것이다 – 이집트의 기록 보관소가 발견되면 이 브로치들 몇 개가 나올 것이라고 리딩은 말하고 있다.

어떤 젊은 여성의 경우는, 과거생에서 그녀가 '미의 신전'에서 세 가지 재능을 발휘했다고 리딩이 말해주었다. 명상과 치병을 위해 육체의 진동을 높여 주는 음악을 만드는 재능, 미용식을 만드는 재능, 라이프 실의 문양을 디자인하는 재능이다. 따라서 그녀는 현생에서 영양사나 음악가가 된다면 직업적으로 성공할 것이라고 했다. 리딩은 또한 그녀 자신이 명상을 한다면 이집트 시대에 영혼의 경력을 투시하고 라이프 실의 상징적인 문양을 생각해 냈던 것과 같은 정도의 초의식적 능력을 개발할 수가 있을 것이라고 했다. 이 여성은 리딩의 조언을 실천에 옮겨 음악을 직업으로 선택하여 성공했다. 또한 명상을 함으로써 라이프 실을 디자인하기 위한 적당한 원소를 판별하는 능력을 개발했는데, 그녀는 이 능력을 사람들에게 봉사하는 데 사용하고 있다.

리딩은 직업으로서 화학, 수치료(水治療, Hydrotherapy), 음악 등과 아울러 전기 치료(Electrotherapy) 연구를 하도록 많은 사람들에게 권하고 있다. 전기 치료는 물론 현대 문명에서는 널리 알려져 있지만, 리딩이 어떤 사람들에게 그들이 아틀란티스나 이집트에서 직업적으로 전기 치료를 했으니까 현생에서도 해보라고 권하기 때문에 새삼스럽게 재검토하게 된 것이다.

기원전 10000년경 3회에 걸쳐 아틀란티스 대륙이 침몰할 때 아주 많은 아틀란티스 사람들이 이집트로 피난한 것 같다. 이 사람들은 물론 그때 이미 고도로 발달했던 그들의 예술과 과학을 함께 가지고 갔다. 그들은 여러 가지 이유로 그 고도의 문명을 재건할 수는 없었지만, 그 과학의 일부분들은 이집트의 문명과 융합했다. 따라서 리딩이 어떤 형태의 전기 치료법을 직업으로 권하는 경우에는 모두 이와 같은 흥미로운 특징을 공통적으로 가지고 있는 것이다. 전기 치료란 현재의 문명에서는 비교적 새로운 영역이지만, 고대에는 널리 알려졌던 직업적 영역이었음이 짐작된다. 이 과학의 지식은 역사에서 모습을 감추어 버렸지만, 당시 이 분야에서 활약했던 사람들의 무의식적 기억 속에는 동면 상태로 남아 있어 오늘에 이르고 있는 것이다.

대개의 경우, 항공 기술과 전자 공학·텔레비전·최면술·정신 감응·원자 에너지 등에 대한 강렬한 흥미는 아틀란티스 시대에 그 사람이 그런 분야의 직업에 종사했었다는 사실에서 비롯되었다는 것을 밝혀 주고 있다. 리딩을 종합해 보면, 어떤 직업 영역에서 화려한 성공을 하거나 강렬한 흥미를 보이는 것은 그가 전생 또는 몇 회 전의 과거생에서 그와 같은 직업이나 또는 그 영역과 밀접한 관계가 있는 직업에 실제로 종사했던 경험에서 비롯된다고 해도 좋을 것 같다.

이 경우 '그것과 밀접한 관계가 있는'이라는 조건이 필요하다. 왜냐하면 같은 영역의 직업에 종사한 경험이 과거생에 전혀 없음이 분명한 경우라도 직업적으로 눈부신 성공을 거두는 경우는 상당히 많이 있기 때문이다. 한 예를 보면, 미국의 일류 대중 여성 잡지에 소설을 써서 대단한 성공을 거둔 어떤 여류 작가는 리딩에 의하여 4회의 과거생이 밝혀졌는데, 그 중에 문장 저술에 관계가 있다고 볼 수 있는 경험을 가진 것은 한 번뿐이며 더구나 작가는 아니었다. 그녀의 과거생을 보면, 전생은 미국 초기에 떠돌이 극단의 여배우였고, 전전생은 그리스도교도로서 바울의 안티오크에서의 전도 활동(사도행전 13장)을 다른 교회에 알리는 활동을 했으며, 그 전의 생은 팔레스타인에서 평범한 가정주부로서 살았고, 다시 그 전의 생은 미의 신전에서 교사로서, 그리고 고비 사막으로의 밀사(密使)로 갔던 경험이 있다.

이 여류 작가의 문장 스타일은 간결하고 솔직하며 묘사에 생동감이 있다. 리딩은 그녀의 단편 소설가 및 기록 작가로서의 재능이 떠돌이 극단의 배우 노릇을 한 경험에서 온 것이라고 한다. 그리고 어머니와 자식 간의 관계에 대한 날카로운 통찰력은 팔레스타인에서의 경험에서, 그 직관적 능력은 이집트 시대의 경험에서 유래된 것이라고 했다. 안티오크에서 그녀가 한 일이 구체적으로 어떤 것이었는지는 밝혀지지 않았지만 아마도 편지를 쓰는 일이 아니었을까 짐작된다. 그러므로 그녀의 소설에서 볼 수 있는 단순함은 그런 경험에서 오는 것이라고 볼 수 있다.

리딩이 이 여류 작가의 과거생 모두를 말해 준 것은 아니기에 그녀가 언제 전업 작가였던 적이 있었는지는 알 수 없다. 그렇지만 밝혀진 4회의 과거생을 가지고 판단한다면, 작가로서의 그녀가 보이는 다양한 재능은 4회에 걸친 서로 다른 영역의 직업에서 유래한 것이고, 그 모두가 현생에서 처음으로 작가라는 직업에 결합되었다고 결론지을 수 있을 것이다.

그밖의 많은 경우들을 종합하여 결론지을 수 있는 것은, 새로운 직업을 선택함에 있어 어떤 직업 영역에 대한 흥미가 과거생의 경험에서 비롯되는 것이고 그와 연관되는 능력이 이미 개발되어 있다면 결과는 결코 나쁘지 않다는 것이다. 다시 예를 하나 들어 보면 31세인 기혼 남성의 경우인데, 이 사람은 의학을 공부하려고 결심했다. 그의 편지에는 분명하게 씌어 있지 않으나 다만 어떤 이유로 젊었을 때 의학 공부를 하지 못했다는 것이다. 그의 아버지가 의사였으니 그럴 수 있는 기회나 의지가 또한 있었을 터인데 말이다. 그는 이렇게 늦게 의학 공부를 시작하는 것이 현명한 일인지, 그리고 성공할 수 있겠는지를 물었다.

리딩은 그 점은 문제없다고 단호하게 확신해주었다. 그가 의사가 되고 싶다는 생각은 미국 혁명 시대에 이미 싹텄다는 것이다. 그는 전생에서 미국 독립 전쟁 때 위생병 겸 전령으로 종군했으며, 그의 다정한 성품과 병사들의 상담자로서의 재능이 상관의 인정을 받아 부대원들의 사기를 고무하는 일이 그에게 맡겨졌던 것이다. 의사라는 직업에 동경을 느끼게 된 것은 그 시기였다. 아마도 그는 끊임없이 목격하는 육체적 고통에 대한 동정심에 겨워 그 고통을 덜어줄 수 있는 지식을 갖고 싶다고 원하게 되었을 것이다.

이 사람이 의사가 되기에 유리하도록 의사를 아버지로 선택한 것이 재미있다. 의학 공부를 늦게야 결심하게 된 이유는 밝혀지지 않았다. 어쩌면 일찍 결혼한 것이 그 원인인지도 모른다. 그와 아내 사이에 과거생으로부터의 어떤 카르마의 강한 끌림이 있어서 다른 목표를 잠시 잊고 충동에 끌려 결혼한 것인지도 모른다. 물론 또 다르게도 설명할 수 있을 것이다. 아무튼 여기서 중요한 것은 리딩이 이 사람이 새로 들어가려는 분야에서의 성공을 장담했다는 점이다.

지금까지 살펴본 바를 요약하면, 직업 능력의 전생적 기초를 분석 연구하건대 그런 능력이 대개 전생이나 전전생 또는 그보다 먼 과거생에서 같은 직업이나 매우 밀접한 관계가 있는 직업에 종사한 사실에서 비롯된다고 할 수가 있다는 것이다. 매우 강한 취미가 있을 때는 많은 경우 일찍이 과거생에서 그것이 그 사람의 직업이었기 때문이다. 또한 일견 새롭다고 여겨지는 직업도, 많은 경우 그것이 고대 아틀란티스나 이집트의 예술과 과학의 재현이라는 것이다. 어떤 사람들은 자신의 얼의 역사 중에서 처음으로 어떤 직업분야에 들어서는 것처럼 보인다. 이때 만약 과거에 그런 분야에 대한 흥미가 철저히 발달되어 있다면, 그리고 거기에 관련된 능력이 개발되어 있다면, 그 분야에서의 성공은 틀림이 없는 것이다.

제20장

직업 선택의 철학

케이시 파일에서 볼 수 있는 직업의 역사는 신중한 연구자들의 생각에 많은 의문을 일으킨다. 첫째로 발단(發端)의 문제가 있다. 이 것은 윤회론이 영혼은 처음에 신에게서 나왔다고 할 때 그들을 당혹케 하는 문제이다. 애당초 무엇이 어떤 영혼은 어떤 직업 쪽으로 향하게 하고, 다른 영혼은 또 다른 직업 쪽으로 향하게 하는 것일까? 만약 인간의 영혼이 원래 신에게서 차별 없이 평등하게 방사되어 나온 것이라면, 어찌하여 한 사람은 농업으로 향하고, 또 다른 사람은 상업으로, 공업 분야로, 음악 분야로, 수학 분야로 향하게 되는 것일까? 인간 각자 속에 들어 있는 뭔가 개별적인 미묘한 요소가 개인마다 다른 직업을 선택하게 하는 것일까?

케이시 파일은 이 문제에 대하여 어떤 분명한 말도 하고 있지 않지만, 또 다른 하나의 문제 곧 '영혼이 인생을 거듭하면서 하나의 직업에서 다른 직업으로 바꾸어 나가게 하는 것은 무엇일까?' 하는 의문에는 상당히 납득이 가는 자세한 설명을 해 준다. 케이시 파일에는 이와 같은 전직(轉職)의 예가 많이 있다. 그 중의 적당한 예를 분석해 보면, 이런 직업의 변화는 '욕망'과 '카르마의 법칙'이라는 두 가지 근본적 인자로서 설명된다는 것이 분명하다.

이미 살펴본 두세 가지의 예에서도 명백하듯이, 욕망은 그 강도에 있어 카르마와 동등한 힘을 지니고 있는 것 같다. 영혼은 어떤 능력이나 성질을 지니고 있는 사람과 접촉하다 보면 그런 능력이나 성질을 원하게 되는 것 같다. 예수가 설교를 하고 병자나 고민하는 사람들을 도와주는 것을 목격한 사람들 가운데에는, 그 감화를 받아 예수와 같은 일을 하고 싶다는 욕망을 일으킨 사람이 많이 있었다고 케이시 리딩은 말한다. 이런 욕망의 힘은 그 후 연속적으로 여러 번의 삶을 통하여 설교를 하고 병을 고치는 능력을 획득하도록 그 사람의 마음을 몰아세운다. 때로는 이런 욕망이 어떤 사람의 영향을 받아서가 아니라 자신은 갖지 못했다는 불쾌한 열등감에서 나오는 경우도 있다. 아무튼 어떤 원인에서 그런 욕망이 나오든, 욕망이란 영혼의 운명을 결정하는 중요한 인자이다. 그것은 온갖 계기를 이용하여 차츰차츰 특정의 형태와 방향을 취하면서, 마침내 그것을 실현하기에 알맞은 부모와 환경을 선택하여 그 새로운 성질과 모습을 완성하려고 활동하기 시작하는 것이다.

내향성·외향성의 경우와 마찬가지로, 욕망의 충동에 따라 하나의 숙련된 직업에서 다른 직업으로 완전히 옮겨가는 데는 아마도 몇 번의 환생을 필요로 할 것이다. 만약 이 추론이 옳다면, 지금 자신이 종사하고 있는 직업에서 평범한 능력밖에 발휘하지 못하는 사람도 희망을 가질 수 있게 된다. 다른 뛰어난 사람들과 비교하여 그가 평범한 것은 아마도 그 직업에 종사한 것이 처음이거나 또는 두 번째쯤이기 때문이라고 할 수 있을 것이다.

욕망 이외에 카르마도 직업의 변화를 결정하는 중요한 인자인 것 같다. 불구라는 육체적 카르마를 짊어지고 태어난 사람은, 예컨대 전생에서 몇 번씩 무용가로 성공했다 해도 현생에서는 그 재능의 진보를 바랄 수 없음이 명백하다. 어떤 직업 능력의 자유로운 표현이 방해될 때 필연적으로 다른 직업으로 바꾸지 않을 수 없게 됨으로써 오랫동안 파묻혀 있던 어떤 다른 재능이 눈뜨게 된다.

제5장에서 말한 고관절 결핵인 소녀가 바로 이런 예에 해당한다. 그 소녀는 병에 걸리고부터 계속 사회에 쓸모 있는 사람이 되려면 어떤 직업을 가져야 할까 하고 생각해 왔다. 리딩은 그녀에게 하프를 배우라고 했다. 그리고 초기 이집트에 태어났을 때는 현악기를 전공했기 때문에 그녀에게는 그런 재능이 있다고도 했다. 소녀는 리딩의 권고에 따랐다. 그러자 정말로 그 악기를 다루는 놀라운 재능이 나타났던 것이다. 그때까지는 어떤 악기를 배워보려는 생각도 한 적이 없었던 것이다. 그 후 그녀는 동생과 함께 음악회를 몇 번씩 열게 되었다. 그다지 명성을 날리지는 못했지만 적어도 그 직업을 가짐으로써 행복하고 바빠진 것만은 사실이다. 바로 그 전의

삶에서 그녀는 다른 직업을 가졌었다. 그러므로 육체적 카르마가 하나의 직업을 지속하는 것을 방해하여 어쩔 수 없이 다른 직업을 선택하는 결과가 된 것이다.

　　또 하나의 의문은, 영혼이 완전히 진화되기까지는 이 지구상에서 몇 가지의 직업을 경험해야 되는가 하는 문제이다. 완전하고 원만한 인격을 갖추기 위해서 영혼은 갖가지 다른 직업을 가져 보아야만 한다는 것은 분명하다. 예술 방면에서는 완성의 경지에 도달했다 하더라도 공업이나 의학, 사회학 등 다른 방면에 대해서는 잘 알지도 못하고서 이 태양계를 졸업할 수는 결코 없다고 여겨진다. 우주 평의원회(宇宙評議員會)에서 모든 분야에서의 일정한 합격증을 요구한다는 것을 생각할 수는 있는 일이다. 그러나 어떻게 교과 과정을 짜야만 이렇게 많은 학생들이 모든 과목을 다 배울 수 있게 될 것인지는 또 다른 문제이다.

　어떻든지 적어도 이것만은 분명한 것 같다. 즉, 직업 문제와 영적 문제 사이에는 많은 경우에 밀접한 상호 관계가 있다는 것이다. 직업상의 어려움은 대개 교정되어야 할 어떤 성격상의 결함에서 온다고 여겨지는 것이다. 그러한 예를 48세인 한 독신 남성에게서 볼 수 있는데, 이 사람은 어떤 성격상의 결함 때문에 부동산 중개인이라는 자신의 직업이 점점 싫어지자, 어떤 직업으로 바꾸면 좋을지를 판단하려고 케이시에게 리딩을 받았다. 리딩에 따르면 그의 전생은 권위적이고 오만한 교사였다. 그런 엄격한 성격이 현생에까지 이어져 사회적 적응이 어렵다는 것이었다. 그러나 설령 지금의 직업이 맞지 않더라도 필요한 교훈을 배울 수가 있으니, 당분간 그대로 계속하라고 리딩은 권한다.

케이시 파일에는 이 같은 경우가 많이 있다. 그것들을 살펴 나가노라면 톨스토이의 말이 생각난다. 그는 생활 환경이란 건축을 할 때 세우는 비계와 같은 것이라고 했다. 한 사람의 생활 환경은 그가 안에서 건축을 하기 위한 외부 골격의 구실을 할 뿐이다. 밖의 틀은 그 자체로는 아무런 절대적 중요성도 없고 영구적인 것도 아니어서 건물이 완성되면 곧 철거되고 마는 것이다. 아마도 직업 역시 이와 마찬가지이며, 인간의 영적 성장이 이루어지기 위한 어떤 면에서의 거푸집이라고 본다면 이해가 갈 것이다.

한편, 직업이 어떤 덕성(德性)을 가꾸는 데 반드시 도움이 되는 것은 아니다. 다만 각기 다른 직업에 종사함으로써 그 분야에서 독특한 것들을 이해하고 배우며, 나아가 우주의 많은 동심원(同心圓) 중의 어떤 하나의 원에 나타나 있는 생활 원리를 알고 거기에 따라 활동하기를 배우는 것이다. 아마도 의학이나 음악·농업·예술 등등을 배우는 것은, 본질적으로는 결국 자기 자신이 신과 더불어 창조자가 되는 일일 것이다. 균형잡힌 순수한 영으로서의 신, 스스로 온갖 형식과 생명과 세계를 만들어 낼 수 있는 영으로서의 신과 하나 되는 것이다.

이런 우주적인 전망을 갖는 것은 유쾌한 일이다. 그러나 일상

생활의 중요하고 급박한 일들로 돌아오면 역시 해결해야 할 문제가 많이 있다. 자신의 과거의 직업 경력을 모르고, 자기 인생의 중심이 되는 영적 교훈이 무엇인지를 꿰뚫어볼 힘이 없는 사람이 어떻게 현명한 직업 선택을 할 수 있을까?

이런 문제를 전문적으로 연구하는 어떤 사람이 케이시에게 리서치 리딩(Research Reading)을 의뢰한 경우가 있다. 제출된 질문은 "어떤 사람의 전생의 직업을 체계적으로 조사해 보아도 알 수 없을 때, 그 사람의 직업 선택에 도움이 되는 심리 테스트 같은 것을 만들어 낼 수는 없을까?"라는 것이었다. 이에 대한 대답은, 점성학의 천궁도(天宮圖)가 많은 경우 도움이 되겠지만 현재의 점성학은 전생을 고려하지 않기 때문에 별로 소용 없을 것이라는 말이었다.

"왜냐하면 대개의 경우 한 사람에게 알맞은 직업이란 그가 지상에 태어나 사는 동안 점성학적 충동에 따라 무엇을 했느냐로 결정되기 때문이다. 어떤 사람의 경우는 천궁도에 맞지만, 다른 사람의 경우는 일부만 맞으며, 또 다른 사람의 경우는 전혀 반대인 것도 있다."고 리딩은 말한다.

이것은 상당히 흥미로운 견해다. 진지하게 생각해 보면 점성학은 어떤 미개발 분야의 연구에 효과가 있을지도 모른다. 그러나 이 영역이 도표로 분명해지기까지는 우리에게는 투시력이나 통찰력이 없기 때문에 전생에서 무엇을 했는지를 알 수가 없고, 따라서 그 잠재 능력에 맞는 직업 선택은 할 수가 없다는 결과가 된다.

직업 선택에서 헤매는 것은 흔히 있는 일이다. 그러나 육체적인 장애와 마찬가지로 이런 어려움 속에 교육적인 목적이 있을지 모른다. 인생의 뜻과 직업의 의미를 지그시 생각해 볼 필요가 있을지도 모른다. 또한 자신의 개성을 남과 비교해 보아, 그 의미를 보다 영적으로 파악할 필요도 있을 것이다. 직업적 목적을 태어날 때부터 분명하게 지니고 있는 사람은 어릴 때부터 그것이 나타나지만, 그렇지 않은 사람의 경우는 일종의 과도기에 있는 것이므로 이것저것 생각할 필요도 있을 것이다. 결국 그런 사람은 의심과 혼란의 시기를 거쳐야 할 필요가 있는 것이다. 왜냐면 그것은 항상 자기 발견과 보다 활기찬 활동으로 나가는 데 필요한 전주곡이기 때문이다. 직업에 대한 방황을 이렇게 설명하는 것은 여러 가지 증거로 보아 아주 자연스러운 일이다. 그러나 케이시 리딩은 이런 문제에 대해 별로 분명한 말을 하지는 않고 있다.

그렇지만 케이시 리딩 속에 나오는 직업과 관한 말들은 유용한 가치가 있다. 왜냐하면 그것이 심리학적 연구의 새로운 방향을 가리키고 있으며, 또한 직업 문제를 해결하는 새로운 태도를 암시해 주기 때문이다. 어떤 사람이 언젠가 한 아일랜드 사람에게 바이올린을 연주할 수 있는지 물었다. "연주해 본 적이 없으니까 모르겠소." 하고 대답했다. 이 퉁명스러운 대답은 겉으로 보기처럼 그렇게 엉터리 같은 말은 아니다. 그것은 전혀 교육을 받지 않은 사람의 재치에서 나온 대답인 것이다. 그러나 케이시 리딩을 연구해 보면 이 대답에는 무의식적인 예지의 알맹이가 들어 있다는 것을 알 수 있다. 왜냐하면 마음의 비밀 창고에 어떤 재능이 숨어서 잠을 자고 있는지는 누구도 모르니까 말이다.

이상한 일이지만, 미국 은행에는 예금주가 깜빡 잊어버린 예금 잔액이 모두 합쳐 몇백만 달러라는 액수에 이른다고 한다. 어느 기간 동안 예금 통장이 쓰이지 않으면 은행에서는 최근 주소를 단서로 하여 예금주를 찾아 나선다. 만약 그렇게 찾아보아도 예금주가 나타나지 않을 때는 부득이 그 예금액을 동결시키고 만다. 어쩌면 이 이야기가 매우 이상하게 들릴 것이다. 특히나 돈에 대한 관심이 보통이 아닌 사람들이 모여 있는 나라에서 이런 형편이라니 놀라운 일이기는 하지만, 그러나 이것은 사실이다. 이렇게 동면하고 있는 예금액은 바로 인간의 능력에 있어서의 어떤 상태를 상기시켜 주는 것이다.

케이시 파일에는 능력이나 재능이 오랫동안 잊혀져 의식 아래 기억 창고 속에 파묻혀 있는 예가 많이 있다. 리딩은 그런 능력에 주의를 돌리게 하는 데 도움이 된다. 그렇게 잠자고 있는 능력을 일깨우려는 개인의 노력은 놀랄 만큼 많은 경우에서 진짜 직업 능력의 발견으로 이어진다. 그렇게 새로운 능력이 아주 쉽게 나타나는 것을 보면 그 사람의 전생에서의 경험이 바로 그런 능력과 연관된 것이었다고 상상하는 것이 잘못이 아님이 분명해진다. 이런 사실을 안다면 우리들은 모두 자신의 잠재의식 속에 어떤 힘이 저장되어 있다는 신념을 갖게 된다. 그것은 마치 어린 시절에 살았던 마을의 은행에 자기가 잊고 지냈던 예금 잔고가 있다는 말을 듣는 것과 같다. 그러나 이 견해가 직업 선택을 위해 뭔가 실제적인 가치를 갖기 위해서는 좀 더 상세히 분석되어야 한다. 만약 케이시가 지녔던 것과 같은 투시 능력이 우리에게도 있다면 그것은 참으로 다행한 일이다. 그러나 그런 능력이 없다 해도 전생에서 자신의 능력이 어떤 분야에 있었는지를 발견하기 위해 암시나 최면술이나 명상 등을 이용하여 보다 깊은 기억의 층을 열어 볼 수는 있을 것이다.

우리들의 미지의 능력을 발견하고 발전시키는 또 다른 방법은 취미를 통하여 얻어진다. 저절로 강하게 솟아나는 흥미는 무엇이든 전생에 그 분야에서 일한 적이 있다는 것을 암시하는 것이다. 스페인 풍물에 대한 강한 흥미는 일찍이 스페인에서 살았던 생애가 있다는 것을 말해 준다. 중국 풍물에 대한 흥미는 중국에서 전생을 보낸 적이 있음을 암시하는 것이다. 스페인어를 배운다든가 중국에 대한 강의를 통하여 그런 흥미를 가꾸어 나가는 것은 깊은 무의식 층의 기억을 일깨우고 그 당시 획득한 능력을 다시 살려내는 데 도움이 될지도 모른다. 그것은 또 공통되는 향수를 품고 있는 같은 전생의 친지를 다시 만나게 해 줄지도 모른다. 인생의 행로가 바뀌는 것은 주로 인간을 통해서이다. 오래된 카르마의 유대로 이어져 있는 삶들과의 만남은 새로운 활동 분야를 연다는 의미에서 인생에 완전한 변혁을 가져올 것이다.

직업 선택에서의 방황은 재능이 빈약해서만 생기는 것이 아니라, 도리어 다재다능하기 때문에 생기는 경우도 있다. 거듭된 과거 생에서 여러 가지 영역에서 활약했고, 그 각각의 영역에서 열심히 노력했기 때문에 비상한 능력을 획득했으며, 그 때문에 도리어 이 것이 좋을까 저것이 좋을까 하고 헤매는 사람도 많은 것 같다. 재능이 풍부한 젊은이들이 그 풍부한 재능에도 불구하고 뚜렷한 인생 목적을 갖지 못하고 우유부단하게 살고 있는 사람도 의외로 많은 것이다.

직업을 선택함에 있어 올바른 첫 걸음은 말할 것도 없이 본인의 재능 목록 – 재능이 다양하든 아니든 – 을 만들고, 그 가운데서 가장 뛰어난 것을 선택하는 것이다. 이것이 심리학자들이 말해주는 아주 현명한 대답이다. 그들은 인간의 재능을 측정하는 정확한 기준을 고안해 냈다. 케이시 리딩은 이런 점에 대해서는 별로 세밀한 설명을 하지는 않지만, 직업에 대한 상담에 응하는 심리학자와 마찬가지로 대개 그 사람의 가장 두드러진 능력을 암시해 준다.

그러나 어떤 직업을 딱히 결정하기 어려운 경우나 또는 특별한 조언이 필요하다고 여겨지는 경우에 리딩이 말해주는 조언의 기본, 곧 직업 선택의 기본적 철학은 아주 명확하다. 이 철학의 중심 개념은 세 가지이다. 첫째는 "당신의 이상(理想)과 당신의 내적인 인생 목표를 정하시오. 그리고 그것을 성취하도록 노력하시오." 이다.

이상을 세운다는 것은 케이시의 '적응의 철학'에 절대로 필요한 요소이다. 더구나 그것은 직업의 자발적인 결정에서 특히 필요하다. 리딩은 사람이 자기의 이상을 분명히 세우지 않으면 안 된다고 주장한다. 구체적인 방법으로 종이 한 장에다 육체적·정신적·영적이라는 세 가지 항목의 난을 만들고, 그 각 항목의 난에 자신이 열망하는 가장 높은 목표를 써넣으라고 리딩은 자주 권고하고 있다. 여기에 그 대표적인 예를 하나 들어본다.

당신의 문제나 당신의 이상을 분석할 때 그저 마음속에서 생각만 하지 말고 종이에 써보시오. '육체적'이라고 쓰고 줄을 긋고, 다시 '정신적'이라고 쓰고 줄을 긋고, 끝으로 '영적'이라고 쓰십시오. 각 난에 '영적'부터 시작하여 – 왜냐하면 마음속에 있는 모든 것은 먼저 영적 개념에서 오기 때문에 – 당신의 영적 이상을 써넣으시오. 그것이 그리스도인지, 붓다인지, 마음인지, 물질인지, 신인지, 그밖에 무엇이든 당신에게 영적 이상이라고 여겨지는 것을 써넣으시오.

다음으로 '정신적'이라는 항목에 당신 자신의 일이나 당신의 가정·친구·이웃·적·상태·조건 등에 대하여 당신의 영적 개념에서 나오는 이상의 정신적 태도를 써넣으시오.

그 다음에 당신의 물질적인 이상은 무엇인지를 써넣는 것입니다.

이렇게 하여 자기 자신을 분석해 나갑니다. 그리고는 그렇게 해서 얻은 지식을 즉시 응용해 나가시오.

먼저 무엇보다도 당신의 이상을 정해야 합니다. 그것을 종이에 써보십시오. 다음에는 마음먹고 그림을 그려 보는 것입니다. 당신은 상당히 훌륭한 기술자이니 그림을 잘 그릴 수가 있습니다. 당신은 자화상을 그려 본 적이 있습니까? 당신은 자기가 되고 싶다고 생각하는 이상에서 얼마나 멀리 떨어져 있나요? 또한 남들이 그렇게 생각해주기를 바라는 이상적 이미지에서 얼마나 떨어져 있나요? 당신의 정신적 이상은 무엇인가요? 물질계에서는 마음이 모든 것을 만들어 낸다는 것을 잊어서는 안 됩니다.

결국 리딩은, 인간의 이상은 필연적으로 다양하지 않을 수 없지만 동시에 인격의 참된 완성과 참된 자기 훈련은 명확한 목적의 확립을 거침으로써만 달성될 수 있음을 강조하는 것이다. 직업은 이와 같은 기본적 개념 위에서 선택해야 한다.

직업 선택에 관한 케이시 철학의 두 번째 개념은 "남들을 위해 봉사하도록 노력하라." 이다. 무엇을 하면 인류에 봉사할 수가 있을까 하는 것이 결국은 직업을 선택함에 있어 모든 사람들을 지도하는 원리이어야만 하는 것이다. 사람은 끝내는 자기 자신을 인류라는 육체의 세포로 보게 되어야 한다. 서로 싸우는 국가의 세포가 아니라 인류 그것의 세포라고 생각해야 할 것이다. "이웃에 대한 봉사는 신에 대한 최고의 봉사다." 라는 말은 리딩이 거듭 강조하는 말이다. "당신들 중에 가장 큰 사람이 되기를 바라는 사람은 모든 사람의 종이 되시오." 라는 말도 리딩이 자주 되풀이하는 말이다.

우리들 모두가 이것을 이 세계에서의 이상으로 삼아야 한다는 것이 리딩의 견해임이 다음과 같은 말 속에서 분명히 드러난다.

　인생에는 오직 하나의 이상이 있습니다. 그것은 우주의 창조적 에너지를 당신의 이상으로 삼는 것입니다. 그리고 당신의 육체·마음·영혼을 그 에너지와 당신의 동포에게 봉사하기 위한 도구로 삼는 것입니다.

　이 원리에서 나오는 필연적인 결과는 경제적 안정이라든가 명성이라든가 세속적인 성공 따위가 봉사라는 목표 앞에서는 제2차적인 것으로 돌려진다는 것, 그리고 그런 것들은 수레가 소를 따라오듯이 저절로 따라오게 된다는 것이다.

　매우 다방면의 재능을 지녔기 때문에 어느 것을 선택해야 할지 망설이고 있는 13세 소년이 케이시에게 "제가 어른이 되어 경제적으로 가장 성공하려면 저의 어떤 소질에 따라야 할까요?"하고 물었다. 대답은 이러했다. "경제적인 것은 잊어버리고, 오히려 이 세상을 살기 좋은 곳으로 만들려면 무엇이 가장 도움이 될까를 생각하라. 단지 보수를 목적으로 하는 일은 결코 해서는 안 된다. 금전상의 이익은 그 사람이 자기의 재능을 남들을 위해 쓰면 결과로서 반드시 얻어지는 것이다."

　또 다른 사람이 물었다. "내가 어떤 분야의 일을 하면 경제적으로 가장 성공할까요?" 그러자 "경제적이라는 생각을 집어치우시오. 경제적인 이익은 정직하고 성실하기만 하면 자연히 따라오는 것입니다. 다른 사람들에게도 그렇게 사는 것이 옳다는 것을 깨닫게 하시오. 이익은 신이 주십니다."라는 대답이 주어졌다. 어떤 무역상은 이런 말을 들었다. "동포에 대한 봉사를 목적으로 삼으시오. 당신이 거래하는 사람들이 당신 때문에 이익을 보도록 하고, 결코 그들을 도구로 이용하는 일이 없도록 하시오. 명예나 부는 결과로서 반드시 오는 것이니 보람 있게 보낸 인생의 결과로서, 그리고 남들에게 해준 봉사의 결과로서 받도록 하십시오. 남들을 자신의 명예나 부의 발판으로 이용해서는 안 됩니다."

우리는 여기서 17세기 영국의 위대한 건축가 크리스토퍼 렌의 일화를 떠올릴지도 모른다. 어느 날 렌 경은 자신이 설계한 런던의 대성당 건축 공사가 한창 진행되고 있는 현장을 지나가게 되었다. 그는 일꾼들이 자기 스스로 하고 있는 일을 어떻게 생각하고 있는지를 알고 싶어 일꾼 몇 명에게 차례로 같은 질문을 해보았다.

"자네는 지금 무엇을 하고 있는가?" 첫 번째 일꾼이 고개를 들며 퉁명스럽게 대답했다. "벽돌을 쌓고 있소." 두 번째 사람은 "난 이렇게 일해서 오늘 2실링을 벌고 있는 거요." 세 번째 일꾼의 대답은 "큰 성당을 짓는 일에 힘을 보태고 있지요." 였다. 케이시 리딩이 직업 선택에서 헤매는 사람들에게 주는 지도 원리는 육체적 노고나 금전적 보수를 생각하지 않고 아름다움을 마음에 그리고 있는 이 세 번째 일꾼의 태도인 것이다.

케이시의 직업 철학의 기본 개념 세 번째는 "몸 가까이에 있는 것을 활용하라. 자기의 신변에서부터 시작하라."는 것이다. 이것은 너무나 뻔한 말이어서 군소리처럼 들릴지도 모른다. 그러나 인간성 이라는 것은 멀리 있는 복잡한 쪽에 훨씬 더 호기심이 작동하는 경 향이 있다는 것을 생각한다면, 다른 많은 명백한 진리와 마찬가지 로 이것은 거듭거듭 강조해 줄 필요가 있는 조언이다. 많은 사람들 이 인류에 대한 봉사라는 이상을 일단 쥐게 되면 막연한 이상주의 의 안개나 뜨거운 정열의 회오리바람에 휘말려 버리고 마는 법이 다. 한창 세속적인 생활을 하고 있는 터에 새로운 인생 목적에 사로 잡히게 되는 경우도 있을지 모른다. 또한 가족에 대한 책임이나 경 제적인 곤란 때문에 필요한 전문적 훈련의 기회를 얻지 못하고, 새 롭게 자신의 사명이라고 생각하게 된 것을 달성하지 못하는 경우도 있을지 모른다. "몸 가까이에 있는 것을 활용해야 한다."는 리딩의 기본 방침은 그런 사람들이 꼭 잊지 말아야 할 말이다. 천릿길도 한 걸음부터다. 더구나 그 첫 걸음은 그 사람이 지금 서 있는 곳에서 시 작되는 것이다.

이제 대표적인 예 몇 가지를 들어보자. 49세인 한 부인이 "저의 평생 사업은 무엇일까요?"하고 물었다. 대답은 "몸이 약한 사람이 나 기운을 잃은 사람들을 격려해주고 좌절한 사람에게 힘과 용기를 주도록 하시오." 였다. "어떻게 하면 그런 일을 시작할 수 있을까 요?" 그녀가 다시 물었다. "오늘 당신의 눈에 띄는 일을 하십시오.", "저를 위해 어떤 일이 기다리고 있을까요?" 그녀는 계속 물었다. "당신은 지금 무엇을 가지고 있습니까?" 리딩이 반문했다. "당신이 지금 있는 곳에서 지금 가지고 있는 것을 활용하십시오. 하느님의 인도를 기원하십시오. 당신을 하느님의 손에 맡기십시오. 나는 어디서 일을 하고 싶다든가 하고 하느님에게 말해서는 안 됩니다. '주여, 나는 당신의 것입니다. 당신의 뜻대로 나를 써 주십시오'하고 말하십시오."

같은 문제로 고민하고 있는 부인이 또 있다. 그녀는 61세이고 어떤 나라 외교관의 아내이다. 오랫동안 동양의 여러 나라를 여행했고 예술과 종교를 연구해 왔다. "어떻게 하면 제가 인류에게 가장 봉사할 수가 있는지 자세히 가르쳐 주십시오." 그녀는 물었다. "그날그날 당신이 할 수 있는 방법으로 봉사하십시오. 가장 많은 일을 하는 사람이 반드시 위대한 일을 하려고 계획하는 사람은 아닙니다. 주어진 기회나 특권을 활용하는 사람이 큰일을 하는 사람입니다. 기회를 활용하면 보다 좋은 길이 열립니다. 왜냐하면 남들을 돕기 위해 우리가 쓰는 것은 자연히 늘어가기 때문입니다." 또 어떤 사람은 이런 말을 들었다. "당신이 지금 있는 곳에서 시작하십시오. 당신이 지금 서 있는 입장에서 해야 할 일을 하십시오. 그리고 당신의 참된 가치를 발휘하면 주님이 더 좋은 길을 열어 주십니다."

이 현실적인 경제 철학은 인생의 여정에서 갑자기 인류에 봉사하고 싶다는 소망을 깨달은 사람에게 응용될 수 있을 뿐더러, 뭔가 위대한 일을 하고 싶다고 원하는 모든 사람에게 적용된다. 실제로 "몸 가까이에 있는 것을 활용하며, 지금 서 있는 곳에서 출발하라."는 리딩의 주장은 눈앞의 이익을 추구하기에 급급한 근시안적 무지와 발이 땅에 닿지 않는 원대한 이상으로 말미암은 현실 인식의 결여라는 인간성의 두 가지 경향을 타파하는 현명한 방법이다.

예술이나 과학 또는 정치 분야에서 어떤 업적을 이루고 싶은가를 정확히 알고 있는 사람들은 많다. 그러나 그릇된 근시안적 물욕 때문에 기가 꺾여 나태해지고, 목표에는 도저히 도달할 수 없을 것 같다는 생각도 하게 된다. 삶과 노력이라는 것은 한 번으로 끝나는 것이 아니라 연속된다는 사실을 모르기 때문에, 시간이라는 요소는 그리 중요한 것이 아니라는 사실을 이해하지 못하고, 또한 하나의 인생에서 시작된 것이 다음 인생에서 열매를 맺는 일이 적지 않다는 것을 알지 못하는 것이다. 기회는 지금의 인생뿐이라는 착각을 가지고 있는 사람이 현생에서 위대한 음악가가 되기는 불가능할 것이다. 그러나 만약 그가 그런 생각 때문에 음악을 완전히 단념하고 만다면, 그것으로 그의 재능의 성장은 멈추어져서 다음에 태어났을 때 해야 할 일을 많이 만들어 놓는 결과가 된다. 지금 할 수 있는 것을 하라는 말 속에 요약되어 있는 선견지명을 응용한다면 그의 무기력은 해소되고, 그 에너지는 올바른 방향에 쓰일 것이다.

한편, 반대로 윤회론에 의하여 펼쳐지는 거대한 발전의 전망에 취한 나머지 도리어 그 정열을 나날의 생활과 실천에 쏟지 못하는 사람도 많이 있다. 접신론자(接神論者)나 인지학자 중에는 영적 진화가 작동되는 우주의 법칙을 열심히 연구하다가, 자기 자신의 영적 진화가 그런 법칙을 아는 것만으로는 자동적으로 이루어지는 것이 아니라는 사실을 잊어버리는 사람도 많이 있다. 그들은 여행 안내서 연구는 몰두하지만 스스로 여행은 가지 않는 사람과 같다. 추상적 개념만이 그들의 동인(動因)이 되어 버려 막상 뭔가 실제로 성격을 개선한다든가 또는 인류에 대해 뭔가 유익한 봉사를 해야 할 때가 되면 어쩔 수 없이 그 무능을 노출시키고 마는 것이다. 이런 취약점을 지니고 있는 것은 물론 접신론자나 인지학자만이 아니다. 햄릿 이전부터 비행동성(非行動性)은 철학자들의 공통된 특성이다.

케이시 직업 철학의 핵심이라고 여겨지는 세 가지 원칙에는 인간의 운명에 대한 원대한 우주적 전망과 흠잡을 데 없는 건전한 상식이 슬기롭게 조화되어 있음을 발견한다. 물론 윤회의 지식이 정신의 균형을 어지럽힐 이유는 아무것도 없다. 그것은 인간의 윤리적 · 우주적 관계 부여의 틀과 일치하도록 되어 있기 때문에, 어느 면에서나 모든 결심을 보다 건전한 것이 되게 하는 결과를 낳는다. 하긴 윤회론을 처음 접하여 그 원대한 전망이 펼쳐지는 것을 처음으로 바라보면 자칫 마음이 부풀어 올라 착실한 상식을 잃게 되는 경우도 있다. 케이시의 직업 철학을 연구하는 사람은 이런 오해를 예방해야 한다. 그리고 인간의 운명에 대한 개념이 아무리 드넓어져도 자기완성은 여전히 매일매일 조금씩 쌓아 올려야 하는 느린 과정이라는 것을 분명히 보여주어야만 한다.

또한, 환경이라는 것은 설령 그것이 어떤 것이든 그 사람의 내적인 눈뜸의 단계에 꼭 맞는 것임을 케이시 리딩은 끊임없이 상기시켜 준다. 설사 현재의 환경이 겉으로 보기에는 그 사람의 진정한 소명 실천에 방해가 되는 것처럼 여겨진다 해도, 그것은 그가 걸려 넘어질 돌이 아니라 그의 디딤돌인 것이다. 외적인 환경을 변화시키는 유일한 길은 그런 환경의 장애 요소들을 통하여 자기 자신을 꾸준히 바꾸어 나가는 것이다. 리딩은 말한다.

이것을 아십시오. 어떤 처지에 있어도 그것은 당신의 진보 발전을 위해 필요한 것입니다. 사람은 나날의 공동 생활 속에서 여기에서 하나, 저기에서 하나 하면서 자기 자신의 이상을 실천해 나가야 합니다. 말과 행동을 통해 인격이 도야됨을 되새기면서 말입니다. 벽돌을 한 장 한 장 쌓아올림으로써 집은 지어집니다. 말로 그리고 나날의 조그만 행위로 사람은 자기 자신을 표현하면서, 그 지식과 잠재능력 및 참 목적의 완전한 성취를 향해 전진하는 것입니다. 그가 끊임없이 전진적 실천을 통해 봉사하려고 마음먹는다면 환경은 필연적으로 변화하여, 다음 단계의 방법, 다음 기회가 나오게 됩니다. 그러므로 지금 손에 쥐고 있는 것을 밑천으로 하여 조금씩 착실히 쌓아 나가십시오. 서둘러서는 안 됩니다. 미리 걱정하는 것도 무의미합니다. 왜냐하면 전체 건축물은 신이 만드는 것이니까요.

제21장

노년을 준비하는 마음가짐

인간의 갖가지 재능과 그 재능이 하나하나의 생애마다 향상되어 간다는 것을 보여주는 케이시 파일에는 상당히 실제적인 중요성이 있다. 그 하나는, 우리의 앞길에는 각자의 노력에 따라 무한한 가능성이 열려 있다는 희망을 리딩의 기록들이 준다는 점이다.

앞의 장에서 은행에는 고객이 예금해놓고 찾아가지 않은 엄청난 돈이 동결 자산으로 있다는 것을 말했다. 물론 우리가 자유롭게 쓸 수 있는 자산은 인생이라는 은행에 전에 맡겨 두었던 노력의 값이다. 이런 계산은 뒤로 소급해서 정확히 산출할 수 있으니, 앞으로 돌아올 것 역시 계산이 되어야 마땅하다. 사실 과거로 소급하면 현재 자산의 금액을 정확하게 산출할 수 있는 것과 마찬가지로, 현재의 상태를 기초로 하여 미래의 자산액을 정확하게 계산할 수가 있다. 현재 어떤 재능을 얻기 위해 투자하는 시간과 에너지, 신중한 생각과 배려는 모두 자신의 예금 통장에 저축되어 미래에 쓸 수 있는 자산이 되는 것이다.

세상에는 도저히 실현될 것 같지 않다는 사실을 알면서도 청년 시대에 품었던 꿈을 계속 동경하며 추구해 나가고 있는 사람들이 얼마나 많은지 모른다. 통상적인 관점에서 본다면 그 꿈이 실현되지 않는다는 현실은 몹시 쓸쓸하다. 그러나 이것을 카르마의 연속에서 본다면 그 쓸쓸함도 줄어들게 마련이다.

가령, 어떤 노인이 꽃을 훌륭하게 피워 보려고 계속 노력은 하고 있지만 아무리 애써도 원예 경진대회에서 상을 타기는커녕 세상에 별로 알려지지도 못할지 모른다. 그러나 이 노인은 앞으로 몇 번인가 환생하는 사이에 언젠가는 뛰어난 식물학자나 원예가가 될 식물학의 지식을 기초로 쌓아 올리고 있는 것이다.

어떤 부인의 예술에 대한 어처구니없을 만큼의 노력은 가족이나 친구들에게 끊임없는 농담거리를 제공하는 것뿐만 아니라, 미래에 어떤 궁전에 벽화를 그리게 될 능력의 기초를 쌓고 있는 것이다.

화려한 무대에서 연주하며 우레와 같은 박수갈채를 한몸에 받는 꿈을 버리고 날마다 참을성 있게 아이들의 피아노 레슨을 해주고 있는 보잘것없는 음악 교사가, 결국 그렇게 하는 것이 미래에 세계적 명성과 갈채를 받는 길로 통한다는 것을 깨닫는다면 훨씬 더 성실하게 지금의 일을 계속할 수 있을 것이다. 메트로놈의 똑딱 소리는 그녀의 깊은 의식 속에 정확한 리듬감을 새겨 나간다. 속도 연습이나 손가락 연습·소나타·즉흥곡·푸가 따위를 해마다 되풀이하는 것은 그녀의 음악적 기억 영역에 깊은 조화로움을 인식시켜 나간다. 그리하여 다음 생에서 또는 다음다음 생에서 놀라운 대연주가가 되고, 그 천재적 즉흥 연주나 비범한 리듬 감각은 그 시대 청중들을 경탄시키고 매료시킬 것이다.

윤회의 개념에 따른다면 어떤 노력도 결코 헛되지 않다. 만약 카르마가 나쁜 짓을 한 것을 징벌함에 있어 공평한 엄격함으로 임한다면, 그것은 건설적인 노력을 한 것을 보상하는 데 있어서도 마찬가지의 공평한 엄격함으로 임할 것이다. 이 중요한 사실을 인식한다면 절망 따위는 사실상 있을 수 없다는 것을 깨달을 수 있다. 어떠한 순간에도 사람은 자기 자신의 미래를 창조하고 있는 것이며, 그 미래의 기초를 닦고 있는 것이다. 미래는 지금 이 순간에 적극적으로 그리고 건설적으로 노력을 하고 있느냐, 아니면 표면적인 장애에 굴복하여 소극적인 태도가 되어 버리느냐에 따라 결정되는 것이다.

이런 개념에는 필연적으로 다음과 같은 결과가 따르게 된다. 즉 늙음이라는 인생 후반기의 특징인 체념이나 무기력 내지 자기는 이제 아무 쓸모도 없어졌다는 느낌이 필요가 없다는 생각을 여기서 하게 되는 것이다. 보통 생각하는 노년(老年)이라는 것은 하나의 미신적 관습에 불과하다.

케이시 리딩에 따르면 기원전 10000년 무렵의 이집트에서는 평균 수명이 100년 이상이었고, 올바른 식사와 바른 사고방식에 대한 지식이 발달해 있었기 때문에 노쇠를 나타내는 시기가 지금보다 훨씬 늦었으며, 또 그다지 심한 노쇠 현상도 보이지 않았다고 한다. 지금으로서는 일견 과장인 듯한 이런 말을 확인하는 근대 과학의 증거는 얼마든지 있다.

오늘날에는 실험적 연구로서 먹는 것이 건강과 체력과 수명에 주는 영향에 대한 혁명적인 발견이 나오고 있어, 노쇠는 대부분 그릇된 식이 습관과 생활 방식, 사고 습관에 원인이 있다는 것, 또한 늙으면 쓸모가 없어진다고 늙기도 전부터 생각하고, 나이가 많아지면 한계에 도달했다고 느끼거나 이미 젊은 사람들이 대신 자리를 차지해 버렸다고 생각하는 데에도 원인이 있다는 것이 머지않아 정신 신체 의학 측면에서도 실증될 것이다.

그런 마음의 태도는 가로[橫]의 인생관, 곧 수평적 인생관에서 유래된다. 바꾸어 말하면 시간과 공간이라는 평면적 차원에서 자기와 남을 비교하는 습관에서 비롯되는 것이다.

그러나 윤회론에 따르면 유일한 참된 인생관은 세로[縱]의 인생관, 곧 수직적 인생관이다. 젊은 사람들과의 비교는 불쾌할 뿐더러 그럴 필요가 없는 것이다. 왜냐하면 모든 사람은 오직 자기 자신을 능가하기 위해 노력하고 있는 것이므로, 어떤 의미에서 진보란 남들과의 상대적 관계에서의 진보가 아니라 오로지 인간과 신과의 관계에서의 진보인 것이다. 이것이 진리임을 정말로 인식한다면 현생에서 자기와는 다른, 어쩌면 더 유리한 지위에 있는 사람들과 자기를 비교하며 속을 썩이는 일은 없어질 것이다. 경쟁이란 유물론자들의 환상에 불과하다. 영적 사실에 있어서는 보다 낮은 자기 자신과 경쟁하고 있는 것이다.

장차 사회가 어떤 형태로 바뀔 것인지는 예측할 수 없지만, 어떤 연령에 이르면 임금 노동에서 은퇴한다는 관습은 젊음을 유지하는 지식이 더 많이 발달하기까지는 그대로 계속될 것으로 생각된다.

아무튼 사회의 관습이나 제도야 어떻든, 노인은 좀약과 함께 옷장 속에 넣어 버리는 철 지난 옷처럼 치워져야 할 인간이라는 따위로 스스로 생각해서는 안 된다. 오히려 반대로, 가정적인 책임이나 직업적인 의무 때문에 전에는 하고 싶어도 하지 못했던 일을 연구하거나, 새로운 능력이나 재능의 창문을 열어 나가는 데 조용히 시간을 바쳐야 한다. 그렇게 함으로써 미래에 환생했을 때 누릴 내적 부의 기초가 닦인다는 것을 확신해야 한다. 또 이것은 '땅에 보배를 쌓아두지 말고 하늘에 보배를 쌓아두라'는 예수의 말씀에 대한 해석의 하나이기도 하다. 천국이란 해탈한 의식 상태를 가리키며, 보배란 정신적 능력과 영적 능력을 말하는 것이다.

이것이 리딩의 견해임은 구석구석에 암시되어 있을 뿐더러 아주 분명한 말로 표현되어 있기도 하다. 우리는 이미 60에 가까운 사람이 보석의 치병 효과에 대하여 연구하도록 권고 받은 예를 보았다. 이와 같은 경우는 케이시 파일에 많이 있다. 정년에 가까운 어떤 경찰은 그대로 계속해서 범죄 수사에 도움이 되는 화학 공부를 하라는 권고를 받았다. 63세가 되는 할머니는 젊은 사람들의 장래를 위해 적극적으로 도와주라는 말을 들었다. 역시 63세인 또 다른 할머니는 이미 오랫동안 해 오던 꽃집을 그대로 계속하면서 글쓰기 능력을 기르도록 권고 받았다. 그것은 그때까지 그 할머니가 생각지도 못했던 일이었다.

케이시 리딩은 때때로 분명하게 인간은 그 삶의 마지막 순간까지 건설적이어야 한다고 말한다. 대표적인 예를 들어 보자.

무슨 일에서나 정도를 지나치지 않고 중용(中庸)을 얻도록 하십시오. 그렇게 하면 당신은 98세까지 살 수 있습니다. 하긴 그만큼 오래 살 만한 가치가 있는 생활을 한다면 말입니다. 그러나 당신은 남에게 줄 수 있는 무엇을 가지고 있습니까? 줄 수 있는 무엇인가를 가지고 있지 않다면 오래 살아서 남들을 방해할 권리는 없을 것입니다. 뭔가 줄 수 있는 것을 갖도록 하십시오. 그렇게 하면 당신에게 가치가 있는 동안은 살 수가 있을 것입니다.

질문 노후를 위해 무엇을 준비하는 것이 가장 좋을까요?
대답 현재를 위해 준비를 하는 것입니다. 늙음은 자연히 당신을 무르익게 해 줍니다. 사람은 마음과 목적이 젊으면 젊은 것입니다. 젊음을 유지하고 싶다면 언제나 따뜻하고, 친절하며, 매사에 충실하도록 하십시오.

질문 어떻게 하면 저는 노후나 고독의 근심을 떨쳐버릴 수 있을까요?

대답 자신의 일을 자신이 할 수 없는 사람들을 위해 자진해서 뭔가 도와주십시오. 자기를 잊고 남을 행복하게 해주십시오. 남을 도와줌으로써 당신은 그 막연한 걱정에서 해방됩니다.

질문 어떤 취미를 가지면 좋을까요?

대답 누군가 남을 도와주는 취미가 가장 좋습니다. 집 밖에서 화초를 가꾸는 것도 당신의 취미로서는 좋겠지요. 그러나 자신의 일을 스스로 할 수 없는 사람들을 위해 매일 뭔가 조금씩 도와주도록 계획해 보십시오. 병상에 누워 있는 사람들의 말상대가 되어 주는 것만으로도 당신을 위해 좋은 일이 될 것입니다.

요컨대, 일반적인 영혼 불멸이라는 말로 막연하고 비현실적으로 생각되던 생명의 연속이 윤회의 원리에 따라 인간의 재능이나 노력이라는 구체적인 면에서 보다 깊은 심리학적인 의미를 갖게 된 것이다.

사람의 재능은 모두 그 사람이 스스로 벌어들인 것이며 하나의 삶에서 다음의 삶으로 지속되는 것이라는 진리에서 필연적으로 나오는 또 하나의 중요한 사실은, 선망(羨望)이라는 것은 불필요한 감정에 불과하다는 것이다. 에머슨이 "인간에게는 각자가 진보해 나가는 길목에서 남을 부러워하는 것이 어리석은 짓이라는 것을 깨달을 때가 온다."고 한 것은 윤회의 지식으로써만 완전하게 이해되는 진리를 말한 것이다. 남을 부러워하는 것은 그 사람이 지닌 어떤 능력이 바로 그 사람이 과거에 노력한 결과라는 사실을 모르기 때문이다. 아름다움·능력·사랑·명성 등 남이 소유하고 있는 것은 모두 그것을 자기가 갖출 만큼 필요한 노력을 하기만 하면 지금 당장이라도 자기 것이 된다.

현재의 문명이나 영적 이해의 단계에서는, 흔히 선망의 감정이 동기가 되어 다른 동기로는 도저히 될 것 같지도 않은 일을 해내는 경우가 적지 않다. 그러나 선망으로 인해 악의·증오·비난·중상·원망 및 그와 유사한 저속한 감정으로 이끌리게 된다면 그것은 바람직하지 않다. 누군가 다재다능한 사람을 보면 대개의 경우 부러워하기 마련이다. 더구나 어떤 사람이 여러 분야에서 스스로의 가치를 드러내려고 노력한 결과 여러 분야에서 상당히 훌륭한 능력을 나타내고 있는 것을 보면, 어떤 한 분야에서만 능력을 발휘하는 사람보다 더 크게 부러운 법이다. 그런 사람은 그 다재다능함을 통해 남들이 찬양해주기를 기대하며, 실제로 많은 사람들이 그에게 칭찬의 말을 해 주기도 한다. 그러나 동시에 그런 사람은 남들에게서 강한 적의와 미움을 산다. 왜냐하면 그 사람은 남들이 가진 가치에 대한 주장을 무색하게 하기 때문이다.

그러나 모든 재능은 어느 것이나 인간 누구나의 손이 닿는 곳에 있다는 사실이 보다 널리 알려지게 된다면, 부러워하는 감정은 엷어지고 정말로 다재다능한 인간이 이 세상에 늘어날 것이다. 우주의 영적 질서는 이 세계의 어떤 경제 구조처럼 가지지 않은 다수의 희생 위에서 가진 소수가 나온다고는 결코 말하지 않는다. 모든 자질은 그것을 이기적으로가 아니라 순수하게 쓰기만 한다면 누구나가 평등하게 쓸 수 있도록 되어 있는 것이다.

나아가 직업 능력이란 노력에 따라 발달하는 것임을 안다면, 선망이라는 괴리감을 감소시키는 데 도움이 될 뿐만 아니라 칭찬이라는 일체감을 증대시키는 데에도 도움이 될 것이다. 자기가 현생에서는 다른 일 때문에 시간이 없어 발휘하지 못하는 여러 가지 것들을 다른 사람이 표현해주고 있다는 사실은 함께 기뻐해야 할 일인 것이다.

예컨대 자신이 현생에서 떠맡은 의무 때문에 가정 살림에만 갇혀 있는 여성이 마음속으로 무용가가 되고 싶다고 동경하고 있을지도 모른다. 영화에서 발레 장면을 보거나 신문에서 무용가들의 우아한 모습을 보거나 하면, 무용이 아니라 살림에만 매달려 있는 운명이 매우 원망스러운 순간도 있을지 모른다. 그러나 만약 그녀가 2~3세기쯤 지나면, 또는 그 전에라도 무용가가 될 수 있다는 것을 안다면, 부러워하는 감정은 사라지고 대신 자기가 무용가가 될 때까지 다른 사람들이 그녀의 소원하는 바를 표현해주고 있다는 사실에 오히려 더없는 감사를 느낄 수도 있을 것이다.

'그대가 바로 그것이니라(Tat twam asi)'라는 우파니샤드의 격언은 여러 면에 인용되지만, 그 직접적인 의미의 하나는 인간의 모든 종류의 재능을 바라보는 가운데서 오로지 자기 자신의 잠재 능력이 꽃피어나고 있음을 보는 것이라는 사실이다.

삶을 거듭해 갈 때마다 직업적 능력이 성장한다는 설에서 필연적으로 나오는 세 번째의 중요한 결과는, 실망은 선망과 마찬가지로 별로 필요가 없다는 사실이다. 영혼이 형상의 세계에 갇혀 있는 한, 거기에는 말할 것도 없이 욕구 불만이 있을 것이다. 그러나 들국화의 가련한 모습 속에 나름대로의 한 조각 거룩함이 깃들어 있는 한, 그것은 달리아가 아니라 들국화이어야만 한다. 백합은 장미의 선명한 색채를 동경하며 바라볼지도 모른다. 장미는 또 장미대로 백합의 우아한 선을 감탄하며 바라볼지도 모른다. 있는 모든 것이 각각 그 자체로서 완전하더라도 자기 자신의 형상의 한계를 인정하지 않을 수 없는 것이다.

그러나 시적인 공상을 제외한다면, 꽃이 자기와는 다른 종류의 꽃이 되고 싶다는 동경 때문에 시들거나 말라죽는 따위의 일은 결코 없다. 인간도 일반적인 경우에는 그런 일 때문에 죽지는 않지만 고민은 한다. 그리고 그런 욕구 불만이 매우 강하고 신경이 매우 예민해지면, 그것이 원인이 되어 정신적·육체적으로 병이 되는 수도 있다.

이와는 반대로 욕구 불만은 선망과 마찬가지로 그 자체의 중요한 심리적 작용이 있다. '필요는 발명의 어머니'라면 우리는 같은 의미에서 '욕구 불만은 창조의 어머니'라 할 수가 있다. 거기에서 노래가 지어지고, 약이 발견되고, 대륙 탐험이 시작된다.

19세기 영국의 정치가 겸 소설가인 불워 리턴이 그의 이상향을 문학이 없는 나라로 묘사했을 때 – 왜 그런가 하면 욕구 불만을 느끼는 사람이 전혀 없다면 남의 고민이나 만족에 대하여 읽거나 쓰고 싶다는 욕구는 생기지 않기 때문이다 – 그는 매우 뜻깊은 하나의 가능성을 꼬집어 보이고 있는 것이다. 욕구 불만은 증기 기관처럼 인간의 에너지에 여러 가지 모양을 부여하는 경로의 구실을 한다. 인간의 에너지라는 것은 그냥 멋대로 분산되도록 내버려 둔다면 결코 어떤 모양을 이루는 일은 없을 것이다. 현상계의 다른 모든 실제와 마찬가지로 욕구 불만도 그 자체의 유익한 면과 해로운 면을 가지고 있다. 그것이 인간으로 하여금 새로운 특질을 발전시키고 새로운 예술 형태를 창조하도록 부추긴다면 욕구 불만은 좋은 것이다. 그러나 그것이 인간으로 하여금 정신의 균형을 잃게 하고 생명력이 내부에서 침체되게 한다면 욕구 불만은 나쁜 것이다. 직업 능력은 하나의 삶에서 다른 삶으로 연속되는 것이라는 믿음은 이 후자의 욕구 불만의 나쁜 면을 깨는 데 도움이 된다.

달팽이의 비유가 있다. 정월의 어느 추운 날 아침 달팽이가 벚나무의 얼어붙은 줄기를 기어오르기 시작했다. 그가 천천히 나무를 기어올라가고 있는데 딱정벌레가 갈라진 나뭇가지 틈에서 고개를 내밀고 말했다. "이봐, 그래야 시간 낭비야, 아무리 올라가도 버찌는 아직 없어." 그러나 달팽이는 태연히 계속 올라가면서 말했다. "내가 위에 가 닿을 즈음에는 버찌가 있어." 이 달팽이의 침착하고 참을성 있으며 멀리 내다보는 확신이야말로 직업 능력 연속의 원리를 철두철미하게 믿고 있는 사람의 내적 속성인 것이다.

마음의 올바른 태도를 보여 주는 또 하나의 좋은 예는 19세기의 위대한 바이올린 연주자인 니콜로 파가니니의 일화 속에서 볼 수 있다. 전하는 말에 따르면 그는 2년 동안을 빚 때문에 감금되어 있었다고 한다. 그렇게 감옥에 갇혀 있을 때 어떤 경로로인지 그는 낡은 세 줄짜리 바이올린을 손에 넣었다. 그 불완전한 악기로 끊임없이 연습을 하는 것이 그에게 허락된 유일한 소일거리였다. 드디어 그가 감옥에서 풀려나와 다시 무대에 올랐을 때, 그는 일찍이 누구도 발휘한 적이 없는 격렬함과 완벽한 기교를 가지고 연주했다. 그리하여 그 비교할 바 없는 솜씨는 당시의 청중들을 매료시켰다. 어떤 때는 어려운 곡을 한창 연주하는 도중에 바이올린 줄이 하나 끊어졌지만 나머지 세 줄만 가지고도 끝까지 연주를 해낸 일도 있었다. 그의 그런 전대미문의 연주 능력은 바로 2년 동안의 감옥살이에서 기초가 닦였던 것이다.

물론 투옥이란 상황은 그에게 심한 실망감을 주었을 것이다. 그러나 거기에 대한 그의 반응은 소극적이 아니라 적극적이었다. 인간은 각자 미래에서 아직은 상당기간 동안 스스로 일구어 놓은 징벌의 카르마 때문에, 또한 명백한 존재로서의 당연한 제약 때문에 필연적으로 좌절에 부딪치지 않을 수 없을 것이다. 그러나 좌절에 부딪쳤다고 해서 꽁무니를 빼거나 진보를 멈추거나 움츠러들 필요는 없다. 족쇄를 채워도 무용을 공부할 수가 있으며, 감옥 속에서도 노래를 연습할 수가 있다.

좌절이 불가피한 경우에는 참을성 있게, 그리고 적극적으로, 때로는 기쁨을 가지고 그것을 받아들일 수 있는 마음가짐을 배워야 한다. 그렇게 함으로써 때로는 모태(母胎) 속에서 아직 잠자고 있는 우리들 자신의 미래 문명을 성취하기 위한 바탕을 쌓아 올릴 수가 있는 것이다.

제22장

성격의 카르마

　　인생은 재미있는 소설의 줄거리처럼 그 모순과 투쟁 때문에 흥미로운 것이다. 원시인에게는 투쟁이 주로 자연의 여러 가지 힘에 대한, 그리고 다른 인간에 대한 싸움이었다. 그러나 인간이 진화함에 따라 그 투쟁은 차츰 내적 요인에서 생겨나게 되었다. 이 내적 투쟁은 각 시대에 따라 선과 악, 영과 물질, 이성과 감성, 양심과 충동, 의식적인 마음과 무의식적인 마음의 대립으로 묘사되어 왔다.

　　그런 묘사에는 모두 어느 만큼의 진리가 담겨 있지만, 윤회론이 말하는 의미에서의 투쟁은 설명되어 있지 않다. 윤회론에서 보면 투쟁의 근본 원인은 인간이 스스로를 이른바 물질이라는 차원의 존재라고 착각하기 때문에 저지르게 되는 잘못에 있는 것이다. 물론 인간은 스스로를 진화시키기 위해 그 물질을 통해 자기를 표현해야 한다. 하지만 그런 그릇된 인식이 이기적이고 차별적인 행동을 낳고, 나아가서는 보복의 카르마를 작동시키게 되는 것이다. 카르마의 작용은 인간의 그릇된 행위를 객관화시킨다. 인간은 그 속에 갇혀 자유를 잃고 만다. 이 자유의 상실이 인간의 정신적 고뇌의 근본 원인이 되는 것이다. 인간이 스스로에게 지운 그 보이지 않는 감옥인 속박과의 투쟁이 내적 갈등의 기본형이다.

케이시 리딩은 이밖에 또 하나의 투쟁 원인이 있음을 밝혀 준다. 잊어서는 안 되는 것은 카르마에는 보복과 연속이라는 두 측면이 있다는 사실이다. 그리고 그 연속성 때문에 많은 부조화와 충동이 계속 이월되면서 인간의 내면세계에 새로운 갈등의 원인을 만들어 나가는 것이다.

리딩에 따르면, 충동이란 뭔가 과거생의 경험에서 나오는 강한 욕망이나 욕구를 말한다. 예를 들어 어떤 사람은 과거의 어떤 생애로부터 음악적 표현에의 충동을 지니고 현생으로 태어났는지도 모른다. 그리고 또 다른 전생으로부터는 교육에의 충동을 가지고 왔는지도 모른다. 이런 모순되는 충동 곧 욕구가 직업을 선택할 때 그의 의식 속에 갈등을 일군다. 음악가가 될 것인가 교사가 될 것인가, 그는 자기가 무엇을 해야 할지 오랫동안 고민할지도 모른다. 그러다가 겨우 두 충동이 결합되어, 또는 마음에 새로 생긴 어떤 목적을 위한, 또는 오직 경제적 필요를 충족시켜 줄 어떤 직업을 선택함으로써 고민이 해결될지도 모른다.

모순되는 욕구로 생긴 투쟁보다도 더 어려운 것은 충동이 완전히 진정되지 않은 때이다. 예를 들어 어떤 사람은 어떤 과거생에서 피정복 민족에 대해 전제적 권력을 휘둘렀기 때문에 오만한 경향을 지니고 있을지도 모른다. 그러나 그는 다음의 생에서 빈민가에서 절름발이 아이로 태어나 그 오만함이 일단 정지되고 반대로 관용과 동정심을 어느 정도 가꾸게 된다. 그러나 이 정도의 교정으로는 아직 완전치 않다. 때문에 현생에서는 두 가지의 모순되는 욕구가 의식 속에 잠재해 있다.

그러므로 이 사람의 인간성 속에는 오만과 관용의 두 가지 태도가 번갈아 나타나며 겉으로 모순을 보이고 있다. 이 사람 자신도 차츰 그런 모순을 깨달아 갈 것이다. 그러다가 인간은 모두 형제라는 사상이 그의 마음속에 싹트게 된다면, 그는 보다 의식적으로 과거로부터 이월되어 있는 오만이 북받쳐 오르는 것을 억제하려고 투쟁하기 시작할 것이다. 그러나 많은 경우 인간은 자기 자신의 모순을 깨닫지 못한다.

충동과 그 교정의 불완전이라는 이런 개념은 케이시 파일에 수록되어 있는 무수한 경우들을 광범위하게, 그리고 철저하게 살펴볼 때 저절로 수긍하게 된다. 무수한 단편적인 단서들이 이것을 뒷받침하고 있다. 몇몇 개인을 그들에 대한 라이프 리딩에 비추어 직접 꾸준히 관찰해 보면 이것이 확인된다. 아마도 그 중에서 가장 두드러진 예는 다음의 경우일 것이다.

이 사람의 성격에는 두 가지의 기본적인 모순이 있다. 첫째는 어떤 때는 은둔적이고 내향적이며 침묵 · 냉담 · 비사교적 · 학구적 · ·

초세속적인가 하면, 또 어떤 때는 아주 상냥하고 외향적이며 명랑하고 솔직하며 관능적이라는 것이다. 리딩은 이 기묘한 분열이 두 가지의 분명한 경험의 흐름 때문이라고 한다. 그의 비사교적인 경향은 영국의 수도원에서 수도승으로 살았을 때 형성되었으며 명랑하고 솔직한 성질은 중세의 십자군 전사였던 전생에서 생겨난 것이라고 했다. 성격상의 이런 이상한 이중성은 대개 사람들이 싫어하기 마련이다. 오늘은 솔직하고 명랑하지만 내일은 냉담하고 무뚝뚝할지도 모르는 사람이라면 누구든 가까이 하기를 주저할 것이다.

성격상의 둘째 모순은 분명히 충동의 불완전한 교정에서 생기는 것 같다. 이 사람은 먼 과거생에서 이집트의 임금 자리에 있었던 적이 있다. 으스대고 오만한 태도, 의젓하고 자신만만한 행동거지 따위는 그 경험에 유래한 것이었다. 그러나 그는 다음 생에서 팔레스타인에 태어나 예수라는 이름의 목수에게서 큰 감화를 받았다. 그 위대한 스승의 인격은 그에게 엄청난 감명을 주었고, 그는 예수와의 교류를 통하여 사회 봉사에 대한 강한 충동과 인간은 모두 형제라는 이성적인 믿음을 얻은 것이다.

그의 경우 현생에서 우세한 것은 이 후자 쪽의 충동이다. 그는 평생의 사업으로서 종교나 사회 봉사 분야에서 지도자로 일하는 길을 택했다. 복음 전도의 새로운 방식을 세워 그는 지금도 꾸준히 노력하고 있다. 또 고민하는 사람들의 상담자로서도 아주 친절하고 진지하며 많은 도움을 주고 있다. 그런데도 그는 이따금 저 이집트 시대의 사나운 오만에 사로잡히곤 하는 것이다.

왜냐하면 그 성질이 팔레스타인이나 그 밖의 전생에서 반밖에는 고쳐지지 않았기 때문이다. 이렇게 잠재해 있는 모순된 성질을 깨닫고, 그는 지금 그것을 극복하려고 열심히 노력하고 있다. 그렇게 노력을 계속하노라면 차츰 조화로운 사람이 되고, 아직 청산되지 않은 성질도 차츰 자기완성과 봉사라는 새로운 목표에 따라 향상되어 갈 것이다.

이렇게 모순을 자각하는 것, 어떤 성격적 경향이 가장 바람직한가를 분별하는 것, 그리고 대립되는 성질을 극복하려고 노력하는 것 등이 뿌리깊은 갈등을 해결하는 올바른 방법일 것이다. 이런 경우들을 면밀히 살펴 나가면 누구든지 "먼저 당신이 사는 목적을 정하시오."라고 리딩이 거듭해서 권고하는 까닭을 갈수록 뚜렷이 알게 된다. 이것은 과연 극히 건전한 말이지만, 동시에 너무 평범하고 유치한 말 같기도 하다. 그러나 신중하게 끝까지 음미해 본다면, 이 평범한 말의 뜻이 인격의 통일과 조화를 향해 가는 여정에서 일어나는 어떠한 문제보다도 가장 근본적이고 중요하다는 것을 알게 된다.

일단 이상 내지 목표가 정해지면 항해에 필요한 나침반을 가진 것과 같다. 즉 그것은 무의식의 마음속에 있는 어떠한 모순되는 생각의 소용돌이라도 다스리고 조화시키고 초월하는 도구인 것이다. 그 투쟁은 어쩌면 빛과 어둠의 투쟁, 영과 육 또는 선과 악의 싸움이라고 여겨질지도 모른다. 그러나 보다 현대적인 표현으로 말해 본다면 그것은 무의식의 심층에 들어 있는 과거의 생각과 행위가 갖는, 아직 청산되지 않은 힘과 계몽된 의식과의 싸움인 것이다.

한 인격이 본능적으로 지니고 있는 이상이 그 영혼이 이 세상에 육체 인간으로 태어난 근본 목적 – 초의식적 목적이라고 해도 될 것이다 – 과 완전히 일치하는 경우도 있을 수 있을 것이다. 그러나 때로는 의식적으로 설정한 이상 – 그것은 진화의 목적에 맞는 것이기는 하겠지만 – 이 태어나기 이전에 영혼이 초의식적으로 정한 목적과 완전히 일치하지는 않는 경우도 있을지 모른다.

이런 경우를 보여주는 예로서 조지 엘리엇을 들 수 있다. 그녀는 모순되는 충동을 나타내 보인 좋은 예이다. 이 위대한 영국 작가를 동정적으로 관찰한 사람 가운데도 그녀가 몇 가지 뿌리 깊은 모순을 지니고 있었다고 보는 이가 많다. 여기서 그녀의 각기 다른 전기의 말을 인용해 보자.

조지 엘리엇은 반은 정교도이고 반은 이교도였다. 그리고 이런 두 가지 면이 그녀 안에서 어우러지지 못했기 때문에 그녀는 늘 우울과 고민에 사로잡혀 있었다. 조지 메러디스는 일찍이 이렇게 말한 바 있다. "조지 엘리엇은 사포(그리스의 여류 시인)의 마음을 지니고 있었다. 그러나 길쭉한 코와 묵시록의 말 이빨 같은 뻐드렁니를 가진 그 얼굴은 동물성을 나타내고 있다."

조지 엘리엇······. 늘 의자를 난롯가에 가져다 놓고 앉아 있었다. 나긋나긋한 느낌의 여성스러움, 그 몸놀림이나 태도에서 엿보이는 매력적인 여자다움은 그녀를 만나는 행운을 얻은 모든 이들의 마음을 사로잡았다. 그녀는 기분 좋은 웃음과 미소를 지니고 있으며, 목소리는 분명하고 성격은 매우 동정심이 풍부했다.

엘리엇의 초상화에는 달베르가 그린 것 말고도 버튼과 로렌스가 그린 것이 있다. 후자는 『아담 비드Adam Bede』가 출판되고 나서 그려진 것이다. 인간성에 대한 날카로운 안목을 가진 어떤 사람은 후자의 초상화를 한참 들여다보더니 "이 그림에는 그녀의 꿰뚫어 보는 날카로운 눈의 무한한 깊이를 보여주는 것이 하나도 표현되어 있지 않고, 또 때때로 그 눈 속에 오가는 냉담하고 음산한 무의식적인 잔인성이 전혀 표현되지 않았다."고 말했다.

이런 관찰들을 바탕으로 하여 윤회론자의 입장에서 하나의 가설을 세울 수 있다. 즉 반은 정교도이고 반은 이교도적인 욕구는 그녀가 어떤 전생에서는 이교도의 삶을 살았고(어쩌면 매춘부나 가수, 또는 무용가나 아테네의 어떤 정치가의 정부였을지도 모른다), 또 다른 전생에서는 고행자(아마도 중세의 수도승)의 삶을 살았을지도 모른다는 것이다. 그 인간성에 있어서는 이교도적인 충동은 그 얼굴이나 모습 때문에 자유로운 표현이 불가능했을 것이다. 게다가 빅토리아 여왕 시대에 목사의 딸로 태어났다는 환경적인 영향이 수도승으로서의 그녀의 경험에서 얻은 정의에 대한 충동이 앞서게 했을지도 모른다. 그녀의 이목구비가 거칠고 동물적인 것은 아마도 이교도로 살았던 전생에서 자신의 아름다움을 남용한 카르마의 결과였을지도 모른다.

조지 엘리엇의 인격의 고결함과 적극적인 친절성을 아는 사람은 누구도 그녀가 잔인하다고 비난하지는 않을 것이다. 그러나 만약 인간성을 날카롭게 관찰하는 사람의 눈을 믿는다면, 그녀의 표정에서는 이따금 냉담하고 교활한 무의식적인 잔인성이 엿보였을 것이다. 여기서 중요한 것은 '무의식'이라는 말이다. 왜냐하면 윤회론자의 해석은 눈에 띄게 친절하고 고상한 이 여성의 무의식층에 전생의 경험에서 유래하는 어떤 냉담하고 교활한 잔인성의 충동이 박혀 있음을 암시한다고 보기 때문이다.

인격적으로는 엘리엇의 의식적인 인생 목적은 아마도 책을 쓰고, 인류에 봉사하고, 다른 사람들의 도덕적 책임감을 일깨우는 일이었을지도 모른다. 그러나 '한얼[大靈]'이라 할까 '영원한 자아'라 할까, 아무튼 그녀의 초의식적인 인생 목적은 그런 어떤 것도 아니었을지도 모른다.

빅토리아 여왕 시대에 목사의 못생긴 딸로 태어난 그녀가 그렇게 태어나면서 품은 목적은 잔인성으로부터 친절성으로의 진화를 완성하는 것이었을지도 모른다. 또는 호색(好色)의 죄를 보상하기 위해, 또 수도자의 지성과 보다 인간적인 감성과의 조화를 이루기 위해서였을지도 모른다.

그러므로 초의식적인 인생 목적이 삶의 중심적 통일 원리이고, 이것이 한 인격이 선택한 표면적인 목적과 거기에 연관되는 모든 외적 사건을 이해할 수 있게 해주는 것이다. 이 견해가 충분히 받아들여진다면, 전기(傳記) 작가는 개인의 삶의 정확한 연대기적 기술이나 그 개인이 밖으로 드러내 보이는 인간성 묘사 이상의 것에 관심을 돌릴 것이다. 그리하여 한 인격으로서의 의식적 인생 목적과 아울러 그 초의식적 인생 목적까지 찾아내는 일이 전기를 쓰는 첫째 과제가 될 것이며, 둘째로는 주인공이 그런 인생 목적을 선택함으로써 그 생애로 집중되는 카르마의 힘을 가려내는 일일 것이다.

전생에서 이월된 갖가지 욕구의 상호 작용을 캐보는 것은 주인공의 성격의 모순적인 구성 요소를 밝히는 데 도움이 되는 것이다. 물론 전기 작가 자신이 투시 능력을 갖추고 있지 않다면, 그는 주인공 생애에 관한 모든 자료를 모아 그것을 바탕으로 하여 주인공의 인격의 구성 요소들을 찾아낼 필요가 있을 것이다. 그러려면 앞에서 하나의 보기로써 살펴본 카르마의 원리에 대해 철저한 이해를 할 필요가 있을 것이다.

전기 작가와 그 일에 대한 이러한 개념 부여는 정신과 의사를 비롯하여 인간의 성격 분석이나 지도에 종사하는 사람들에게도 물론 해당된다. 그러나 윤회론자가 보는 초의식적 인생 목적과 정신 분석학자들이 일반적으로 생각하는 무의식적 인생 목적을 구분하는 것이 중요하다. 이 구분을 명확하게 하기 위해 하나의 가상적 예

를 들어보자. 한 여성이 신경 쇠약으로 괴로워하다가 마침내 정신
과 의사를 찾아갔다고 하자. 정신 분석을 통해 의사는 이 부인이 끊
임없이 남들을 지배하려는 욕망을 지녀 왔음을 알았다. 그녀는 오
랫동안 애정이라는 가면을 쓰고 남편과 네 아이들에게 횡포를 부려
왔다. 그러나 지금은 남편이 죽고 네 아이들도 모두 어른이 되어 더
이상 그녀의 지배를 받지 않으려 한다. 그리하여 그녀는 아이들의
독립적인 태도를 배은망덕한 태도라고 여기고, 자기가 학대받고 이
제는 누구에게도 소용이 없어져서 살 이유가 없어졌다고 쓸쓸하게
느끼고 있다.

정신 분석가는 그녀가 갓난아이 때나 소녀 시절에 어떤 사건을
겪음으로써 감정이 매우 불안정해졌기 때문에 남들을 지배하는 것
으로써 권력을 휘두르고 싶은 욕망을 일으킨 것이라고 판단한다.
그런 것이 그녀의 무의식적 인생 목적이었다는 것을 보이고 나서,
의사는 자식들이나 남들을 지배하려는 것을 멈추고 무엇인가 자선
사업에 헌신하도록 권한다. 이 부인은 비로소 자신의 무의식적 인
생 목적이 밝혀진 것을 본다. 그녀는 의사의 권고를 받아들여 자선
사업에 헌신함으로써 노이로제를 극복한다.

이제 이 경우를 윤회론자의 입장에서 분석해 본다. 윤회론자는
그녀의 그와 같은 심리는 갓난 아이 때보다도 훨씬 더 먼 과거에 원
인이 있다고 인정한다. 현생에서 이 부인이 남들에게 권력을 휘두
르고 싶다는 강렬한 욕망을 일으키게 한 어떤 원인이 전생에서의
경험에 있다고 추정하는 것이다. 전생에서 그녀는 오만한 권력자의

자리에 있었기 때문에 그 권력의 절대성을 다시 한 번 실현해 보려는 욕망을 품고 있을지도 모르며, 반대로 그녀가 전생에서는 아주 억눌린 위치에 있었기 때문에 현생에서 남을 이기고 자기의 존재를 돋보이게 하려는 욕망을 가지게 된 것인지도 모른다. 어느 쪽이든 그녀는 횡포를 휘두르고 싶다는 충동을 전생에서 받아 가지고 온 것이다. 이것은 무의식의 충동이며, 아마도 무의식적인 인생 목적일 것이다. 그러나 이것은 윤회론자가 말하는 초의식적이며 전체적인 인생 목적 그것은 아니다.

이 부인이 현생으로 환생하기 전에 마음에 그렸던 전체적인 목적은 바로 남을 개인적 소유물로 보거나 개인 의지의 비참한 존재라고 보아서는 안 된다는 것을 배우고, 결국 자기와 남들을 함께 살리는 길을 배우는 것이었을지도 모른다. 그리하여 그 지배하려는 강력한 욕망을 극복하는 길을 배우기 위하여 현생의 인생 계획 속에 아이들의 반항이라든가, 가정이라는 작은 세계에서 그녀가 휘두르던 전제 권력이 무너진다든가, 결국 신경 쇠약에 걸린다든가 하는 일들이 포함되어 있었을지도 모른다.

따라서 윤회론의 정신 분석은 일체의 인생 경험이 탄생 이전의 '한얼[大靈]' 곧 '영원한 자아'에 의하여 세워진 인생 계획과 일치하고 있다는 견해를 취한다는 점에서 통상의 정신 분석가와는 다르다. 만약 한 인격이 생활 환경에서 주어지는 교훈을 저항하지 않고 받아들이기를 배우기만 한다면 어떤 경우에나 실망할 필요가 없다. 좌절이 생기는 것은 오로지 성격의 완고함이 앞뒤가 모두 막힌 극한적 상황 속에서 무너져 내려, 그의 행동이 영원한 자아가 세운 인생 목적에 일치하도록 인도되기 위해서이다.

정신 분석가가 생각하는 무의식적 인생 목적은 대개 차별적 성격, 즉 자아가 그 자신의 안전이나 자기 보존을 위해 품고 있는 이기적이고 유물적인 목적이지만, 초의식적 인생 목적은 영성의 획득과 영적 교훈을 배우기 위한 것이어서 결코 유물적이지 않다. 만약 한 인격이 자기가 이 세상에 태어난 내적 목적을 자각한다면, 의식적 인생 목적과 초의식적 인생 목적이 같아져서 그의 진보는 훨씬 빨라질 것이다. 왜냐하면 그렇게 될 때 그 인격은 인생이 주는 경험에 그다지 저항을 하지 않게 될 것이기 때문이다.

무의식의 심층에는 때로 서로 모순되는 충동이 있다는 것은 윤회론적 심리학에서는 기본적인 개념이다. 이 개념에는 몇 가지 중요한 의미가 있으며 이것은 현대 심리학의 어떤 영역들에 큰 도움을 줄 수 있을 것이다. 왜냐하면 이것이 이중 인격 및 다중 인격이라는 중요한 문제의 해결을 가능케 할 것이기 때문이다.

이중 인격은 스티븐슨의 『지킬 박사와 하이드 씨』로 일반에 널리 알려져 있다. 그다지 많이 알려져 있지 않은 것은 이중 인격뿐 아니라 삼중 인격, 다중 인격도 있어서 이상 심리학(異常心理學)의 예로 빈번히 나타난다는 사실과, 또 인격 변화의 대부분이 거의 지킬 박사와 하이드 씨처럼 극적이라는 사실이다. 서구 사회의 심리학자들은 이 문제에 흥미를 갖지만, 이 문제에 대한 결정적인 해명은 아직 나오지 않고 있다.

케이시 파일에는 이런 종류의 이상 성격 예가 전혀 없기 때문에, 케이시가 여기에 대해서 어떤 설명을 줄지는 확신을 가지고 말할 수 없다. 그러나 다른 데이터들에 비추어 보아 다음과 같은 두 가지의 가능성 중 하나가 인격 변화에 대한 설명이 될 수 있을 것이다. 연속적으로 하나 또는 둘 이상의 사후령(死後靈)에 빙의된다는 것, 또하나는 그 사람의 전생에서의 기억이 비정상적으로 솟아 나온다는 것이다. 우리가 전자의 가능성을 추론하는 것은, 정신 이상자 가운데에는 케이시가 빙의 현상에 그 원인을 돌리고 있는 경우가 조금 있기 때문이다. 그런 경우들은 부분적이고 또한 매우 독특한 빙의 현상인데, 어떤 조건 하에서는 완전한 빙의, 다중성 빙의도 있다는 것을 반증하는 데이터는 없다. 후자의 가능성, 곧 전생의 기억의 습격은 하나의 생에서 다음 생으로 충동이 이월된다는 현상에서 말하는 것이다.

전생의 충동이라는 개념이 갖는 두 번째의 중요한 의미는, 심리학에서 '특성의 특수성'이라고 하는 것과 관계가 있다. 심리학자들은 인간의 특성이 일반적이라기보다는 오히려 특수적이라고 판단한다. 예컨대 한 사람이 정직하다는 것은 절대적이고 일반적인 성질이 아니라, 오히려 개개의 특성이 모여서 그와 같은 성질로 나타난다는 것이 밝혀져 있다. 확실히 '정직'은 큰 윤리적 개념이지만, 이것이 한 인간에게서 나타나는 모양은 단순히 하나가 아닌 것이다. 한 사람 속에는 하나의 절대적인 정직성이 있는 것이 아니라 금전 문제에서의 정직, 시험을 치를 때의 정직, 놀이를 할 때의 정직, 이야기를 할 때의 정직, 인간 관계에서의 정직 등 여러 가지 개별적 정직이 있는 것이다.

심리학자들은 이와 같은 정직의 나타남이 특수한 것을, 그 사람이 가정이나 학교에서 어떤 특수한 사태에 반응하도록 훈련되었기 때문에 거기서 얻은 실망이나 만족의 경험이 그런 면에서의 반응을 조건지운 것이라고 설명하고 있다. 이것은 합리적인 설명이며 인간 속에 있는 성질의 모순을 납득시켜 준다.

그러나 윤회론자의 입장에서 본다면, 특성의 특수성은 단지 개인의 인격 형성기에서의 실망이나 만족에만 돌릴 것이 아니라 많은 전생에서의 교훈적 경험에도 돌려진다고 할 수 있는 것이다.

가령 금전 문제에 정직한 사람은 전생에서 금전 문제에서 부정직한 행위를 했던 것이 발각되어 겪은 수치스러운 경험을 통하여 철저하게 그 교훈을 배웠지만, 인간 관계에서의 정직은 별로 배운 것이 없는 경우도 있을 수 있다. 또한 인간의 생명을 존중한다는 교훈은 배웠지만 동물의 생명을 존중한다는 데 대해서는 아무것도 배우지 않은 경우도 있을 수 있다. 이와 같은 성격상의 편차는 모든 사람에게 있는 일이며, 윤회론적 심리학에 비추어보면 보다 더 잘 이해할 수가 있다.

어떤 매우 성실하고 선량한 청년이 가령 세계 평화나 사회 정의에 깊은 관심을 갖고 있을지도 모른다. 이런 사람은 누군가와 토론을 하다가 열기가 올라 상대방이 자신에게 성질이 근본적으로 잔인하다는 따위로 비난한다면 굉장히 노여워할 것이다. 그는 그런 비난은 전혀 믿지 않고 오히려 상대방을 경멸할 것이다.

그러나 나중에 뭔가 심상치 않은 환경에 놓임으로써 스스로는 깨닫지 못했던 잔인성이 실제로 자신에게 있다는 것, 그리고 그것이 남을 지배하려는 충동과 세상 사람들에게 위안을 주는 신앙 따위는 모두 뭉개 버리려는 맹목적인 노력으로 나타나고 있음을 알게 될지도 모른다. 그런 뜻밖의 자기 인식으로 인해 그는 스스로 몸서리칠 것이다. 그는 일반 사람들에 대한 자비와 이상주의가 일부 특수한 사람들에 대한 비정한 적의와 공존하고 있다는 것을 이해할 수가 없다. 그는 바로 토론 상대가 평했듯이 근본적으로 잔인한 사람일지도 모른다. 그리하여 자신의 이상주의와 그런 노력이 모두 자기기만적 위선 행위인가 하고 스스로 의심하게 될 것이다.

스스로 아주 너그럽고 대범하다고 여기는 돈 많은 부인의 예를 들어 보자. 이 부인이 인색하지 않은 것은 언제나 음식이라든가 옷이나 돈 같은 물질적인 것에 한해서이고, 남을 평가하는 데는 아주 인정사정없다는 것을 순간 깨닫게 되어 양심의 가책을 견디지 못하고 스스로 놀라워하고 있다.

이런 발견은 심리적으로 성숙한 사람들 사이에서는 흔히 있는 일이고 매우 까다로운 문제이다. 그 때문에 자신이 흔들리고 스스로의 성실성을 의심하며, 극단적인 경우에는 모든 노력이 마비되고 마는 경우가 있다. 이런 내성적 고뇌가 인간의 성장에 큰 도움이 되는 것은 말할 것도 없다. 성격상의 편차가 자기의 과거생에서의 온갖 경험에 따름을 이해한다면 불안은 사라진다. 이런 마음의 양상을 납득하게 되면 마음속의 분열도 태연히 바라볼 수 있게 되고, 그런 들쑥날쑥함을 고르게 다듬을 수 있는 힘이 자신에게 있다는 것을 평온하게 깨닫게 된다.

사실 인생의 괴로운 경험은 모두 그런 들쑥날쑥함을 평평히 고르기 위해 주어진다는 것은 틀림 없다. 결국 모든 특성은 영혼의 온갖 영역에 견주어 이해되어야만 하는 것이다. 그러나 우리는 단번에 모든 일을 다 할 수는 없다. 학교가 1주일에 5일, 1년에 9개월만 수업을 하는 것은 그래야만 할 충분한 이유가 있기 때문이다. 마찬가지로 우리들 마음속의 보상되지 않고 있는 것들을 보상하기 위해 여러 생애가 필요하다는 것은 충분히 이유가 있는 것이다.

이런 경향을 특성이라든가 동인(動因) 등의 심리학 용어로 말할 것인지, 아니면 케이시 리딩이 쓰는 충동이라는 말로 부를 것인지는 근본적으로 중요한 문제가 아니다. 충동의 편차나 각 충동 사이의 알력 또는 그 불완전한 교정 등등을 철저히 이해한다면, 자기 자신에 대한 이해나 남에 대한 이해도 엄청나게 깊어질 것이다.

전생의 충동이 있음을 아는 것은 또 하나의 의미가 있다. 그것은 '무죄의 착각'이라고 할 수 있는 문제와 관계가 있다. 인간은 몇 세기에 걸쳐 무죄(無罪)와 원죄(原罪)라는 문제로 고민해 왔다. 많은 철학자들이 인간의 본성이 원래 선인가 악인가를 따지는 일에 정면으로 맞붙어 왔다. 플라톤은 갓난아기의 마음은 전생에서 살던 상태의 기억으로 가득 차 있다고 생각했다. 로크는 갓난아기의 마음은 백지이고, 그 위에 사상(思想)으로 개념화될 온갖 인상들을 감각이 써 넣는다고 보았다. 신학자들은 모든 유아는 아담과 이브의 원죄로 더럽혀져 있으며, 원죄는 오직 올바른 영성체(領聖體)로만 씻길 수 있다고 한다.

윤회론의 견해는 모든 인간은 진정 죄의 유산을 지니고 태어나지만 그것은 자기 자신이 지어 놓은 죄이지 아담과 이브의 죄 따위의 비유적인 성격의 것은 아니며, 죄는 과거 자신의 행위에서 생기기 때문에 세례나 교회의 어떤 의식으로도 씻길 수는 없다고 한다. 물론 그런 의식에는 그 나름의 상징적 가치나 목적은 있지만, 제사나 의식이 상징하는 마음의 변화와 대체될 수는 없다.

올더스 헉슬리는 아프리카에서 잡혀와 비인간적인 취급을 받는 노예들을 돕는 데 평생을 바친 17세기 스페인 성자 베드로 클라베르가 흑인들에게 자신의 죄를 상기하라고 설교하곤 했던 사실을 논평한다. 그런 설교는 일견 부당한 것처럼 보인다. "그러나 그래도 클라베르가 한 일은 잘못이 아니었다." 헉슬리는 말한다. "자기가 놓인 환경이 어떤 것이든 인간은 보상해야 할 태만의 죄와 적극적으로 저지른 죄를 누구나 가지고 있는 것이라고 클라베르가 주장한 것은 옳다. 가장 잔인한 대접을 받고 있는 사람조차도 자기 자신의 결점을 깨닫는 것은 좋은 일이다."라고 그는 말하고 있다.

헉슬리는 여기서 무죄의 착각이라고나 할 매우 중대한 문제를 끄집어낸다. 우리는 대개 자기가 저지른 죄보다도 남이 자기에게 저지른 죄가 더 크다고 생각한다. 자기가 남에게 욕한 것보다 더 많은 욕을 먹었다고 느낀다. 모두들 자기는 죄가 없고 선량하다고 생각하는 것이다. 이것은 부분적으로는 조물주에 의하여 창조된 자가 원래 지니고 있는 자만심 때문일지도 모르지만, 대개는 우리가 '망각의 강'에 빠졌었기 때문이기도 하며, 사악한 과거를 자비로운 자연의 섭리가 우리 눈에 보이지 않게 가려 주고 있기 때문이다.

"나는 언제나 남들에게 친절을 베풀어 왔는데, 그런 나는 어떤 대접을 받고 있는지. 인간이란 정말 잘 잊어버리는 동물이야!" 하고 투덜대는 여성이 있다. 옳은 말이다. 당신은 현생에서는 친절했다. 왜냐하면 당신은 아름답지 못하므로 남자의 사랑을 받을 수 있는 유일한 길은 친절을 베푸는 것임을 알았기 때문이다. 그러나 그것은 당신이 현생에서 가꾸어 낸 미덕에 불과하다. 아름답고 냉정한 여자, 육욕을 마음대로 부린 여자로서의 전생을 보라. 당신은 그때 뿌린 씨를 지금 거두고 있는 것이다. 당신에 대한 사람들의 대접이 인간은 배은망덕한 존재라는 사실에 대한 증명이 되지는 않는다. 그것은 단지 당신 자신이 전에 남들을 대하던 방식으로써 지금 그대로 되돌아오고 있을 뿐이다. 이제부터 몇 번씩 환생해 나가는 사이에 지금 씨뿌리고 있는 무화과를 거두게 될 것이다. 그때까지는 엉겅퀴를 당신이 거두어야 할 수확으로 알고 받으면서 꾸준히 무화과를 심어 나가야 한다.

인간의 성격을 예리하게 느낄 수 있는 사람은 어떤 인격의 드러나지 않는 천박함과 배반의 나락이 어디에 있는지를 알아 낼 수 있을 것이다. 어떤 사람에게서는 약탈적인 지배욕 또는 얼음 같은 냉담함이 엿보인다. 젊음이나 미모, 부나 지식이나 관능의 만족 따위와 형식적인 상냥함으로 만족하고 있는 개성은 자기 내부에 이런 악덕이 있음을 깨닫지 못한다. 그러나 개성을 지탱해주는 외적 안정성이 흔들려 무너져 내리면 인격은 자기 내부에 깊이 박혀 있는 사악한 것이 드러남을 보고, 그것을 보상하기를 강요하는 운명에 다소곳이 따르게 된다.

괴로운 경험이 생기면 사람들은 '나는 이런 꼴을 당할 짓은 아무것도 안 했는데'하고 불평하기 일쑤다. 그러나 자기는 죄가 없다는 생각은 착각에 불과하다. 그런 사람은 부모를 죽이고 재판을 받을 때 죄를 고백하면서 '저는 고아입니다. 살려 주십시오' 라고 애원한 어떤 프랑스인의 논리처럼 우습기만 하다. 개성은 자기 죄를 고백하지 않는다. 그것을 전혀 깨닫지 못하기 때문이다. 그리고 나는 고아라며 살려 달라고 애원한다. 그렇게 된 것은 모두 자기가 지어 놓은 죄 때문인데도 말이다. 그는 틀림없이 이런저런 잘못을 저질렀다. 아니면 불행이 그에게로 닥칠 턱이 없다. 자기 내부에 잠재해 있는 악이 파동적으로 불행을 끌어오지 않으면 불행은 절대로 찾아들지 않는다.

성격의 변화는 삶의 변화와 유전의 – 그것이 전쟁이든 질병이든 홍수와 같은 외적 재난이든, 또는 미묘한 내적 갈등이나 투쟁이든 – 계몽적인 목적이다. 심리학이 진화의 나선형 계단 위에 서서, 이 모든 인생의 부침(浮沈) 속에 들어 있는 목적을 인정한다면 그것은 위대한 진보를 이룩하리라.

마찬가지로 종교 실천자들 – 승려든 목사든 랍비든 바라문이든 – 도 삶의 내외적 작용에 대해 철저한 이해를 가져야 한다. 절망에 빠진 사람이 그에게 인생 비극의 의미를 물을 때, 그들이 과학적 기반 위에서 수학 방정식같이 명쾌하고 세밀한 설명을 하여 위안을 줄 수 있으려면 말이다.

제23장

카르마의 다양한 얼굴

윤회나 카르마를 처음으로 안 사람이 갖게 되는 하나의 의문은 '그것이 유전과는 어떤 관계가 있을까?' 하는 것이다. 유전에 대해 밝혀진 많은 사실들은 카르마의 추정적 사실들과 모순되는 것처럼 여겨질지 모르지만 사실은 조금도 모순되지 않는다.

유전의 법칙이 카르마의 법칙에 대하여 종속적인 역할을 하고 있다는 사실을 비유로써 설명해 보면 이렇다. 아프리카 정글에 살고 있던 원주민을 갑자기 뉴욕 한복판으로 데려다가 화려한 극장 정문 앞에 세워 놓았다고 가정해보자. 그는 극장 간판 테두리에서 조그만 전등불들이 서로 따라잡기를 하며 뛰고 있는 것처럼 끊임없이 반짝거리는 것을 볼 것이다. 그것은 마치 한 전구가 다음 전구에게 부딪치면서 불이 켜지고, 그렇게 불빛이 차례차례로 이어져가는 것처럼 보이는 것이다. 그것은 전체 전구들의 동작이 그렇게 보일 뿐이고, 실제로는 각각의 전구들이 일정한 순서대로 연쇄 효과를 나타내도록 정확하게 불이 켜졌다 꺼졌다 하도록 되어있는 데에 인과관계의 원리가 들어 있음에 불과하다.

비유란 대개 그다지 정확한 것은 못 되니 이 경우에도 아주 확실하다고는 할 수 없다. 그러나 겉으로 드러나 보이는 인과 관계는 그 속에 들어 있는 보다 깊은 사실과는 일치하지 않는다는 것을 보이기에는 충분할 것이다. 육체적인 유전의 흐름은 극장 간판의 테두리를 달리는 빛의 흐름과 같다. 일종의 자력(磁力)의 법칙이 작용하고 있기 때문에 영혼은 자기의 요구에 가장 잘 호응해주는 가족의 무리나, 이것이라면 갈 수 있겠다 싶은 육체에게로 반드시 끌려가게 마련인 것이다. 따라서 유전과 그 밖의 육체적 근인(近因)은 실은 카르마의 강제적인 자력에 의존하고 있는 것이다.

인간의 모든 성향을 유전으로 돌리고 모든 질병을 육체적 근인으로 돌리는 것은, 이런 견해에서 볼 때는 마치 연회에 초대된 손님이 훌륭한 대접을 받으면 음식을 나르는 하인에게 고맙다고 인사를 하는 것과 같다. 실제로 식탁에 요리를 날라 오는 것은 하인이지만, 그 하인은 주인의 명령에 따라 그렇게 하는 것에 불과하다.

카르마에 대해 일반적으로 제기되는 또 하나의 의문은 윤리적인 의문이다. 제4장에서 본 맹인 바이올린 연주자의 경우, 그가 맹인으로 태어난 원인은 전생에서 야만인이었을 때 벌겋게 달군 부젓가락으로 적의 눈을 찔러 장님이 되게 했기 때문이라고 했다. 그렇다면 당연히 다음과 같은 의문이 나올 것이다. 즉 그 시대의 관습에 따라 한 행위에 대해 어찌하여 도덕적 책임을 져야 하는가 하는 의문이다. 사회적 의무를 다했을 뿐인데 왜 징벌을 받아야 하나?

프랑스에서 단두대로 목을 자르는 사람은 국가가 그 일을 하도록 고용한 사람이다. 형무소에서 사형 집행을 하는 사람도 마찬가지이다. 그 사람들은 국가 형법이 정한 대로 집행을 한 행위에 대해서 개인적인 책임이 있어 내생에서 언젠가는 징벌을 받아야만 하는가? 만약 이에 대한 대답이 '아니다'라면, 페르시아의 야만인이 적군 포로의 눈을 멀게 한 것도 이것과 다를 것이 없지 않은가하고 묻고 싶어질 것이다.

그것은 지당한 의문이다. 이런 의문에 대한 해답을 부분적으로는 이미 제11장에서 말했다. 즉 카르마를 결정하는 것은 행위가 아니라 동기이며, 말이나 글이 아니라 정신이라는 것이다. 그런데 이에 더하여 사회적인 죄라는 것도 있다고 생각할 수 있을 것 같다. 왜냐하면 만약 사회의 관습이 최종적인 의미에서 잘못된 것이라면, 그 사회를 이루고 있는 구성원들은 모두 어느 정도 그 죄를 나누어 갖고 있기 때문이다. 만약 궁극적 의미에서 남을 노예로 삼거나 죽이거나 상처를 입히는 것이 잘못이라면 – 고대의 지혜는 남의 자유의지를 침해하는 것이 절대적인 악이라고 한다 – 그런 사회에 속하는 모든 사람에게 죄가 있는 셈이다. 적극적으로는 죄가 없다 할지라도 소극적으로는 있는 것이다. 그리고 그 죄는 만약 그 사회 구성원들이 그런 관습이 갖는 도덕적 의의를 자각하고도 악을 제거하지 않고 그대로 방치한다면 더더욱 커질 것이다. 또한 그들이 그런 조건 하에서 적극적으로 악을 행한다면 그들의 죄는 그만큼 더 커질 것이다.

종족간의 싸움에서 어쩌다 포로가 된 적의 눈을 부젓가락으로 찌르는 따위는 분명히 잔인한 행위이다. 만약 그런 일을 맡은 사람이 그런 잔인한 행위를 스스로는 하기 싫지만 종족에 대한 의무 때문에 어쩔 수 없이 했다면 아마도 그가 카르마의 징벌을 받는 일은 없을 것이다. 그러나 만약 그가 내심으로 그런 행위를 시인하고 있었다면, 즉 그런 관습의 잔인성과 상통하는 잔인성을 그 자신이 지니고 있다면 그는 카르마의 원인을 지어 놓게 될 것이다.

이 문제는 『바가바드기타』에서 훌륭하게 다루어지고 있다. 『바가바드기타』는 카르마의 개념을 바탕으로 새로운 행동 윤리를 세우는 일에 관심이 있는 사람이라면 누구에게나 권하고 싶은 아주 훌륭한 논문이다. 그 주된 논점은 다음과 같다. 행위 그것은 개인적 관심을 갖지 않고 초연히 있는 데에 미래의 카르마를 지어 내지 않는 비결이 있다. 사랑조차도 냉정한 사랑, 중립적인 사랑, 집착이 없는 사랑, 애정이 있는 무관심 등이 아니면 안 된다. 그렇지 않으면 미래에 새로운 굴레를 만들어 놓는 것이 된다.

만약 예의 맹인 바이올린 연주자가 적의 눈을 찌르는 의무를 현자(賢者)가 모든 일을 할 때와 같은 희생 정신으로 한다면, 그리고 스스로의 잔학한 지배욕을 만족시키는 따위는 생각하지 않고 한다면 카르마는 지어지지 않았을 것이다. 그리하여 우리는 이렇게 결론짓지 않을 수 없다. 즉 그가 실제로 카르마의 결과를 받고 있는 이상, 그는 사회적 관습으로 강제된 그 직무상의 행위와 같은 수준에서 심리적으로 긍정한 죄를 저질렀음이 틀림없다고.

우리는 제19장에서 리딩이 출산 때의 손상으로 불구가 되는 것은 어떤 경우에는 카르마에 원인이 있는 것이 아니라고 분명히 말한 것을 보았다. 그런데 이것은 카르마의 개념을 완전히 이해하는 데 매우 긴요하므로 조금 더 자세히 살펴볼 필요가 있겠다. 윤회를 믿는 사람 가운데는 인과 관계가 모두 과거에 있다고 오해하는 사람이 있다. 즉 그런 사람은 현재의 불행이나 질병은 전생에서의 어떤 죄의 결과가 밖으로 나타난 것이라고 믿고 있는 것이다. 그러나 이것은 잘못된 믿음이다. 인과 관계는 아주 가까운 과거에 있을 수도 있고 먼 과거에 있는 경우도 있다. 더구나 그 원인의 종류 내지 단계도 육체적인 것, 감정적인 것, 정신적인 것, 윤리적인 것 등 모두 다르다.

그밖에도 고려해야 할 것은, 적어도 케이시 리딩을 기초로 한다면, '우연'이라는 요소가 만물이 창조되는 데에도 확실히 있을 수 있다는 점이다. 때로는 출산 때의 손상이나 그 후의 생활에서 다치고 상처가 나는 것은 그 사람 자신이 지어놓은 원인과 본질적으로 아무런 관계가 없다는 의미에서 순전히 우연인 경우가 있는 것이다.

예를 든다면, 10세 여자아이로 젖먹이 때부터 한쪽 눈이 멀고 귀가 들리지 않는 경우가 있다. 그 아이에 대한 피지컬 리딩의 일부를 인용해 본다.

참으로 딱한 상태로군요. 그러나 그것은 카르마가 아니라 우연입니다. 간호사가 깨끗이 씻어 주지 않았기 때문에 태어난 지 얼마 안 되고부터 그렇게 된 것입니다. 그때 쓴 방부제 같은 것을 잘 씻어내 주지 않아 그것이 눈과 귀에 작용하여 염증을 일으켜서 그 기능이 망가진 것입니다.

출산 때 날카로운 핀셋을 쓰다가 상처를 내어 결국 정신 이상이 된 또 하나의 경우에서는 다음과 같이 말하고 있다.

이것은 의사가 실수를 한 것입니다. 결국 이 일로 누군가가 비싼 대가를 지불해야 합니다. 이 사람은 참을성 있게 오래 치료를 해야 합니다. 그리고 되도록이면 환경을 바꾸어 주도록 하십시오.

이따금 몸을 다친 사람이나 병자가 카르마에 원인이 있는 것이 아닌가 하고 물어 오는 일이 있다. 그런 사람들에게 해준 리딩 몇 가지를 보자. 객혈을 한 사람이 "이것은 카르마에서 온 것입니까, 아니면 저의 현재 생활 속에 어떤 원인이 있습니까?"하고 물었다. 대답은 "자극이 강한 음식을 너무 많이 먹었기 때문이다."였다.

귀울림에 시달리는 사람이 같은 질문을 했을 때는 다음과 같은 대답이 나왔다. "이것은 순전히 육체적 원인에서 오는 현상으로 카르마 때문이 아니다. 머리 쓰는 일을 쉬고 목 운동을 하라." 여기서 목 운동이라고 하는 것은 리딩이 시력이나 청각 회복을 위해 흔히 권하는, 세 가지 간단한 동작으로 되어 있는 운동을 말한다.

15세에 사고로 한쪽 다리를 잃은 남자가 "이 사고는 카르마의 부채 때문입니까, 아니면 다른 원인이 있습니까?"하고 물었다. 대답은 "이것은 당신의 마음의 눈이 열리기 위해 필요한 경험이다. 뭔가 부채를 지불하기 위해서가 아니라 당신을 해방시켜 주는 진리를 배우기 위해서이다."였다.

진행성 근육 위축증을 앓고 있는 어떤 남성에 대한 리딩은 다음과 같다.

이 병은 태아 때에 생긴 것입니다. 그러나 이것은 조상의 죄도 아니고 본인의 죄도 아니며, 이 사람이 현생에서 인내와 성실이라는 교훈을 배우기 위해서입니다. 따라서 보기 흉한 불구의 몸 때문에 우울해지고 비관하여 마음이 어두워지지 않도록 하십시오. 만사가 마음에 따라 어떻게든 변할 수 있다는 것을 잊어서는 안 됩니다.

이런 예들로부터 재난이 전혀 우연히 생길 수도 있다는 것을 볼수 있다. 또한 그런 우연한 사고의 괴로움은 뭔가 과거의 인과 관계에서 오는 결과가 아닌 전혀 예외적인 일로서, 영혼이 자라나고 새로운 힘을 얻을 수 있는 기회를 주기 위해서임을 알 수 있을 것이다.

그런데 앞에서 본 두 가지 경우에 대한 리딩은 맹인에 대해 제자가 묻는 말에 예수가 준 대답과 아주 유사한 내용이다.

예수께서 길 가실 때에, 날 때부터 눈먼 사람을 보신지라. 제자들이 물어 가로되, 랍비여, 이 사람이 맹인으로 난 것이 누구의 죄로 인함이 오니까. 자기 오니까, 그 부모 오니까. 예수께서 대답하시되, 이 사람이나 그 부모가 죄를 범한 것이 아니라 그에게서 하나님의 하시는 일을 나타내고자 하심이니라.(요한복음 9장 1-3절)

이 대목은 여러 면에서 매우 흥미로운 말이다. 제자들이 누구의 죄인가, 라고 물은 것은 바로 제자들이 영혼은 육체가 태어나기 전부터 존재한다는 것을 알고 있음을 나타낸다.

이에 대한 예수의 대답을 윤회론을 반대하는 사람들이 자주 논거로서 들고 나오는데, 여기에 대해서는 정확한 해석을 내릴 수가 없다. 왜냐하면 예수의 말은 의미가 모호하기 때문이다.

우리가 보는 성서는 예수에 관한 여러 가지 일을 후에 여러 사람이 기억을 더듬어 기록하고 이를 다시금 이중 삼중으로 번역한 글이다. 몇 번씩 번역을 하는 과정에서 원래의 뜻과는 정반대로 달라져 버린 말도 적지 않다. 그러므로 오늘날 우리가 보는 성서가 예수의 가르침을 원래대로 정확하게 전해주고 있다고는 말할 수 없다. 인간이 하는 말의 불확실성을 생각해 본다면 이것은 충분히 이해가 갈 것이다. 그러므로 성서의 이 대목은 고의든 우연이든 원래의 말이 달라져 버린 수많은 대목 가운데 하나일지도 모르는 것이다.

또한 만약 성서의 이 기술이 예수가 원래 말한 뜻을 조금이라도 정확하게 전하고 있다면, 이 말은 앞에서 본 한쪽 다리를 잃은 사람이나 진행성 근육 위축증 환자에게 준 케이시 리딩의 말과 거의 같다고 할 수 있을 것이다.

제18장에서 카르마 때문에 뇌수종이라는 희귀병을 가진 여자아이의 아버지가 된 사람의 경우를 보았었다. 그 사람은 전생에서 적극적으로 잔인한 죄를 저지른 것은 아니고, 다만 소극적인 무관심의 죄를 저지른 것뿐이었다. 그러므로 그런 간접적인 카르마의 결과는 아마도 그의 성질을 보다 민감하게 하고, 인간의 괴로움이라는 것을 더 잘 이해시키기 위해 그에게로 오는 일련의 심각한 경험 가운데 최초의 것일지도 모른다.

이렇게 해석한다면, 만약 그가 무서운 고통을 겪는 아이의 부모로서 현생에서 그 자신이 배워야 할 교훈을 끝까지 배우지 않는다면, 어쩌면 내생에서는 자기 자신이 직접 어떤 고통을 겪게 될지도 모를 것이다. 육체적 고통을 겪는 아이를 그가 가지게 된 것은 그 자신이 직접 나에게 그런 고통을 주었기 때문이 아니라, 그의 인간성의 천박한 부분을 보완해주기 위해 오는 경험이다.

우리는 예수와 그의 제자가 만난 맹인과, 한쪽 다리를 잃은 사람이나 진행성 근육 위축증 환자가 다 같은 이유로 괴로움을 겪는 것이라고 상상할 수가 있다. 아무튼 인생의 괴로움은 그것이 카르마에 원인이 있건 없건 항상 영혼의 성장 기회임을 인정해야 한다. 카르마를 결코 숙명이라고 해석해서는 안 된다. 그것은 맹목적이고 무자비한 힘이 아니다. 카르마는 제어 회로가 달린 자동 기계처럼 작용하지는 않는다.

카르마는 진정 정밀한 법칙이다. 그러나 그 목적은 길에서 벗어난 영혼을 다시 우주의 존재 법칙에 어울리도록 이끄는 데 있다. 그러므로 만약 영혼이 스스로의 결점을 자각하여 의식적으로 자진해서 스스로를 조종한다면, 그 노력으로 획득되는 진보는 카르마가 자동적으로 가져다주는 경험을 통해 이룩하는 진보와 대체로 같을 것이다.

카르마의 목적은 잘못을 바로잡는 데 있다. 말하자면 책을 인쇄하기 전에 원고에서 여기저기 잘못된 것을 정밀하게 교정하는 것과 같은 의미의 바로잡는 과정인 것이다. 만약 카르마의 진정한 목적이 이와 같은 의미에서의 교육이고 교정임을 깨닫는다면, 그것이 가져다주는 징벌이 결코 멋대로의 무자비한 것은 아님을 이해할 수 있을 것이다. 따라서 자기가 놓인 고통스러운 처지 속에 들어 있는 영적 교훈을 적극적으로 배우려는 노력 없이 다만 주어지는 징벌을 수동적으로 받아들이는 태도는 취하지 않게 될 것이다.

이런 점에서는 물체의 운동 법칙이 매우 깊은 뜻을 보여준다. 하나의 물체가 운동을 하기 시작하면 그것은 어떤 일정한 선을 따라 움직여 나간다. 만약 처음의 운동 방향과 다른 방향에서 다른 힘이 가해지면 그 육체는 새로운 선에 따라 운동을 하게 된다. 즉 두 가지 힘의 합성력에 따르는 것이다. 이 경우 에너지는 전혀 손실되지 않고, 또 새로운 운동은 어떤 법칙에도 어긋나지 않는다. 한 방향의 힘이 다른 방향의 힘과 어울려서 물체의 운동 경로가 달라질 뿐이다. 카르마도 이와 마찬가지이다. 새로운 방향의 힘이 가해짐으로써 – 이때, 새로운 힘이란 올바른 생각 및 올바른 행위이다 – 원래의 카르마의 방향이 달라지고 그 힘은 약해지는 것이다. 따라서 카르마에 대하여 될 대로 되라는 식의 태도를 취하는 것은 옳지 않으며, 오히려 더 큰 고통을 불러들이는 태도인 것이다. 이것은 자기 자신을 돌이켜볼 때 납득이 되는 일이지만, 그러나 남의 카르마에 대해 취해야 할 태도를 생각해 보면 뭔가 새로운 윤리적 과제가 나온다. 이미 제11장에서 카르마의 작용을 인정하고 받아들이면 필연적으로 사회적 모순에 접어들게 된다는 것을 말했다. 전생에서 권력을 남용한 것이 현생에서 가난과 궁핍을 겪는 원인이 되어 있음을 몇 가지 예로 볼 수 있었다. 대부분의 비극적인 고통은 과거생에서의 어떤 종류의 도덕적 태만에 기인한다는 것을 믿는다면, 지금 괴로워하는 사람에게는 어떤 태도를 취해야 하며, 남들의 사회적 상태에 대해서는 어떤 태도를 취해야 할까?

과학적 논리에 따라 "당신은 당연히 받아야 할 괴로움을 겪고 있을 뿐이다. 당신이 당연한 보복을 받고 있는 것을 내가 간섭할 수는 없다."고 얼른 외면해 버려야 할까? 또는 동정은 시대에 뒤떨어진 감상이며 사랑 역시 카르마의 원리에 따라 낡은 미덕이 되었다고 생각해도 좋은 것일까?

이런 의문에 대해 성급하게 또는 감정적으로 해답을 내려서는 안 된다. 만약 근시안적 감상가가 판사가 되어 극악무도한 살인범을 6개월 후에 석방해주라는 판결을 내린다면, 그 범인은 필요한 교훈을 배울 수가 없을 것이다. 아버지가 주는 정당한 벌을 어머니가 언제나 가로막아 준다면 아이는 더욱 나빠지기만 할 것이다. 불구나 불행이라는 모양으로 인간에게 가해지는 속박이 실은 우주의 교육 목적의 나타남이라고 믿는다면, 우주의 법칙이 작용하는 것을 방해할 수는 없을 것이다.

예컨대 무서운 병에 걸리고 가난 속에서 허덕이는 불쌍한 사람이 있다. 그런 사람을 보면 동정심으로 가슴이 미어질 것 같다. 그러나 카르마에 기초한 견해를 안다면, 그 고통받는 사람을 다른 각도에서 볼 수가 있다. 상상력을 과거로 돌린다면 '현재'라는 좁은 무대의 장막 뒤에 현재의 배우들이 다른 의상을 입고 다른 배역을 맡아 다른 시대에서 살고 있는 모습을 볼 수 있다.

케이시 파일의 예들로부터 유추한다면, 다리를 움직일 때마다 경련을 일으키는 불쌍한 환자는 제정 러시아의 오만한 왕자였을지도 모른다고 상상할 수가 있다. 키가 크고 강하며, 호색한이고 잔인하며 변태인……. 엄청난 재력 속에 버티고 앉아 그 부를 낳아주는 백성의 궁핍에 대해서는 냉혹하고 무관심하며, 자신의 힘을 알기에 남들에게는 거만하며, 육욕을 만족시키는 데는 파렴치하며, 그의 눈밖에 난 사람들을 학대하는 데는 무자비했던 것이 그의 과거 인간성이었을지도 모른다. 더구나 우리는 그의 주위에서 왕자의 포악한 변덕 때문에 시베리아 벌판으로 보내져 쓰러져간 사람들의 시체를 볼 수 있다. 패인 눈과 깡마른 얼굴에서 농노의 비참함과 굶주림을 말해주는 아이들이 보인다. 그 몸서리쳐지는 지옥도를 볼 때, 이 사나이가 언제 어디선가 자기가 저지른 죗값을 치르게 되었으면 하고 혼잣말을 하게 되는 것도 무리는 아닐 것이다.

그런 생각을 하다가 순간 우리는 현실로 돌아선다. 그리고 조금 전에 가슴이 미어지도록 동정했던 그 절름발이를 바라본다. 그 사나이에게 조금 전처럼 무조건 뜨겁게 동정할 수가 있을까? 그에게 "내가 도와 드릴까요?"라고 말할 수 있을까?

언젠가 윤회의 원리가 인정받게 된다면 끝내는 보편적인 표현으로 옮겨져야 하는 것이지만 이 하나의 예가 보편적인 표현으로 옮겨졌다고 생각해 보자. 그때 우리는 나날의 삶을 살아가는 데 있어 당장 정면으로 대해야 할 아주 중요한 심리적, 윤리적, 사회적 문제를 발견하게 된다. 사회학 체계를 연구해 본 일이 있는 독자라면 이 문제가 적어도 한 나라, 즉 인도에서는 이미 어떤 해답이 나와 있음을 상기할 것이다. 이 문제는 윤회 사상을 접한 지 아직 일천(日淺)한 서구인들이 보기에는 이제야 겨우 어렴풋이 드러나기 시작한 문제지만 인도에서는 몇 세기도 전에 이미 해결을 본 문제이다.

인도의 대중은 이 문제를 해결함에 있어 천벌에는 간섭하지 않는다는 태도를 취하고 있다. 인도 사람들이 언뜻 보기에는 괴로워하는 자를 냉담하게 방관하고, 의지할 곳 없는 자를 오히려 몰아내듯 하는 것은 대부분 여기에 까닭이 있다. 인도의 계급 제도는 위대한 입법자요, 철학자였던 마누의 고대 법전에 의해 세워진 것이다. 마누는 플라톤과 마찬가지로, 사회는 당연히 직업상 필요한 어떤 계급 조직으로 나누어져야 한다고 주장했다. 이 가르침이 사회의 관습이 되고, 그 관습이 사회 질서로 결정된 것이다. 그리고 민중의 90%가 문맹이기 때문에 전통과 미신이 손을 맞잡고, 이 관습의 결정을 극도로 편협하고 엄격한 것으로 만들어놓고 말았다.

가장 천한 일, 남의 하인 노릇만 하는 사람들의 집단인 가장 낮은 계급을 '불가촉천민(不可觸賤民)'이라고 한다. 그들이 지금 그런 하층 사회에서 태어난 것은 전생에서의 오만과 악업을 보상해야 하기 때문이라는 논리에서 이런 이름을 붙인 것이다.

카르마의 비극적인 재난이 닥치는데도 그대로 내버려 두고 간섭하지 않는다는 논리가 바로 여기에서 나오는 것이다. 카르마는 필연적으로 현생에서 마땅히 있어야 할 자리로 인간을 끌어다 놓는다는 힌두교의 제1전제를 인정한다면, 또 사회의 계급 제도라는 그들의 제2전제를 승인한다면(이것은 가톨릭교회에서도 지키고 있는 우주에 관한 초자연적 진리를 바탕으로 한 것이지만), 그들의 결론이 논리적임을 이해할 수가 있다.

하지만 이렇게 모든 지당한 논리를 다 늘어놓아도 이 해결은 뭔가 조금 슬프게 느껴진다. 이런 입장으로만 산다면, 인간은 라이프니츠가 말하는 '단자(單子, monad)' 처럼 각기 다른 단자의 진보에는 관심을 갖지 않고 자기 속에만 들어앉아 있으면서, 우주 속에서 자기 자신의 의지와 자기 자신의 궤도를 좇고 있는 창문 없는 조그만 캡슐이 되고 만다.

이런 모순에 생각이 미치면 어떤 사람은 아마도 「나는 앉은 채로 세상의 모든 고뇌를 바라본다」라는 휘트먼의 시를 상기할 것이다.

> 나는 앉은 채로 세상의 모든 슬픔을 두루 본다.
> 온갖 고난과 치욕을 바라본다.
> 나는 스스로의 행위가 부끄러워
> 고뇌하는 젊은이들의 가슴에서
> 복받치는 아련한 흐느낌을 듣는다.
> 나는 어미가 짓눌린 삶 속에서
> 아이들에게 시달려 주저앉고
> 앙상하게 마른 몸으로 죽어감을 본다.
> 나는 아내가 지아비에게 학대받는 모습을 본다.

나는 젊은 아낙네를 꾀어내는 배신자를 본다.
나는 숨기려 해도 고개를 내미는 시새움과
일방적인 사랑의 뭉클거림을 느끼며,
그것들의 모습을 땅 위에서 본다.
나는 전쟁·질병·압제가 멋대로 벌이는 꼴을 본다.
순교자와 죄수를 본다.
나는 바다에서 난파선을 본다.
뱃사람들이 물에 빠진 사람을 건져주는 일에 목숨을 걸고
나설 차례를 정하려고 주사위를 굴리는 모습을 본다.
나는 오만한 인간이 노동자와 빈민과 흑인에게 던지는
경멸과 모욕을 본다.
이 모든 끝없는 비열함과 고통을 나는 앉은 채로 바라본다.
보고, 듣고, 침묵한다.

휘트먼은 윤회를 믿었다. 이것은 그의 전기에서 알 수 있으며, 또 그의 시 속에서 분명한 증거들을 얼마든지 찾아낼 수가 있다. 그리고 끝없는 세상의 고뇌를 바라보는 그의 숭고하고 초연한 태도와 침묵 속에서, 모든 결과 속에 원인을 보고 온갖 원인 속에 결과를 보는 사람의 참된 예지를 인정할 수가 있다.

철학에는 무위(無爲)가 따르기 마련이다. 그러나 이 무위는 냉담이나 태만에서 오는 것이 아니라, 인과의 사슬 속에 본질적으로 있는 필연성을 보는 능력에서 나온 무위이다.

휘트먼의 이 시는 인간에게 필요한 고뇌를 눈앞에 볼 때 찾아드는 침묵의 무위, 그 무위의 예지의 선언이라 할 수 있을 것이다. 그러면서도 우리는 휘트먼이 남북전쟁 때 싸움터에서 부상병을 돌보는 일에 몇 년씩 봉사한 것을 알고 있다. 그의 이상하리만큼 고독한 인생은 그로 하여금 그 고독을 버리게 할 만큼 관대하고 자기 헌신적인 인생이기도 했던 것이다. 따라서 이 시는 그의 세계관 전체의 표현이 아니라 다만 그 일부를 묘사한 것에 불과하다.

그것은 하나의 기분이고, 멀리서 본 산꼭대기의 그림이며, 또한 아마도 그의 일상생활의 보다 활기찬 선율과 대조를 이루는 저음의 반주인 것이다. 왜냐하면 그 인생은 고통받는 동포에 대한 무위의 인생이 아니었기 때문이다. 이것은 그가 사랑이라는 위대한 미덕을 넘치게 지니고 있었다는 증거이다. 지적으로 매우 합리적인 것처럼 보이는 무관심의 논리를 초극한 것은 실로 사랑이다.

이것이야말로 예수 그리스도의 핵심적 참 의미이다. 괴로워하는 사람을 고쳐주고 어리석은 사람을 가르치는 일에 바쳐진 그리스도의 생애는, 괴로워하는 자의 죄가 어떤 것이든 우리가 그에게 도움의 손을 내밀어야 한다는 것을 몸소 보여주었던 것이다. 에드가 케이시의 초의식적인 마음은 확실히 그리스도와 같은 범주에 속하는 것은 아니지만, 그러나 마음에 고뇌를 지닌 자, 육체에 고통이 있는 자를 40년이라는 세월에 걸쳐 끊임없이 도와준 것은 바로 그리스도의 정신을 그가 또 다른 모습으로 예증한 것에 불과하다.

무수한 리딩에서 한결같이 드러나는 가장 두드러진 특징은 첫째, 인생의 과학적인 하부 구조는 동양에서 받아들여지고 있는 카르마의 법칙이라는 것을 분명히 말했다는 점이고, 둘째는 그리스도의 가르침의 바탕인 사랑과 봉사의 삶을 재확인했다는 점이다.

곧 어떤 사람이 전생에서 어떤 행위 또는 죄를 저질렀건 그가 카르마의 법칙에서 나오는 눈에 보이지 않는 장애 때문에 곤경에 시달리고 있다는 것을 안다면, 그리고 남의 괴로움에 대해 냉담한 것이 스스로 카르마의 징벌을 끌어오는 원인이라는 것을 안다면, 우리는 남을 도와주도록 노력해야 한다.

어떤 의미에서는 자기를 둘러싸고 있는 외계와 타인은 자기가 배워야 할 모든 교훈과 미덕을 배울 수 있게 해주는 실험장이다. 마찬가지로 자기 자신도 타인이 배워야 할 미덕을 배우는 실험장이다. 앞의 말을 인정한다면 자신의 선행은 이만하면 충분하다는 따위의 착각이나 자만에는 빠지지 않게 될 것이며, 뒤의 말을 인정한다면 스스로 겸손과 위엄을 느끼게 될 것이다. 남의 결점이 나에게 고통을 주듯 나의 결점은 남에게 고통을 준다. 그러나 내가 남에게서 배우고 있는 것과 마찬가지로 남도 나의 결점에서 뭔가를 배우고 있는 것이다.

이런 미묘한 문제가 갖는 또 하나의 측면은, 인간의 의지는 절대 자유이며, 역사는 세밀한 점까지 숙명론적인 의미에서 모조리 예정되어 있는 것은 아니라는 중요한 사실이다. 그러므로 괴로워하는 사람을 도우려는 우리의 노력은, 그 괴로움이 육체적인 것이든 경제적인 것이든 사회적인 것이든 심리적인 것이든, 우리 자신이 애타적(愛他的) 미덕에 있어 자기를 완성시키기 위해 필요한 경험일 뿐더러, 남의 인생관이나 의식을 바꾸고 나아가서는 그의 인생 항로까지도 훌륭하게 바꾸어 줄 수도 있는 경험이기도 하다.

결국 카르마는 모두 마음에서 마음에 의하여 지어내게 된다는 것을 깨달아야 한다. 행위의 잘못은 의식의 잘못에서 생긴다. 행위의 완전한 변화는 의식의 완전한 변화에서만 생긴다. 그러므로 케이시 리딩이 말해주는 '마음은 창조자'라는 말은 진리이다. 왜냐하면 마음을 바꾸지 않으면, 특히 창조적 에너지에 대한 개념과 그것에 대한 자신의 관계를 바꾸지 않으면, 그는 결코 자신의 부정적 카르마를 청산할 수가 없기 때문이다.

우리는 여러 번 "당신은 당신 자신과 얼굴을 맞대고 있는 것입니다."라는 리딩의 말을 인용했다. 이것은 주목할 만한 말이다. 이 말은, 카르마란 일종의 거울 같은 것이어서 하나하나의 괴로운 경험은 바로 자기가 과거의 자기 자신의 그림자와 이상하게 마주친다는 의미이다. 다음과 같은 비유로써 조금 더 잘 이해될 수 있을 것이다.

우주만곡설(宇宙彎曲說)은 ― 이 설이 현재 과학계에서 어떤 위치에 있든 ― 다음과 같은 점에서 카르마의 법칙과 크게 일치한다. 만약 우주가 원형이라고 볼 수 있다면 그대로 카르마의 법칙과 일치하는 것이다. 이른바 카르마의 법칙은 모든 행위의 원운동(圓運動)의 최종 결과에 불과하다고 할 수 있다. 모든 행위, 즉 운동은 에너지를 필요로 한다. 카르마의 작용 또한 에너지의 운동이다. 인간의 의식에 의하여 어떤 외계의 대상에 부딪치도록 이끌린 에너지는 고체를 관통하는 X선처럼 그 대상을 곧바로 꿰뚫는데, 그리고 나서도 그것은 여전히 원운동을 계속하여 전혀 에너지의 감소 없이 마침내 출발점으로 되돌아온다.

따라서 고양이에 대한 인간의 친절한 행위는 고양이에게 객관적인 영향을 준다. 그러나 그 행위의 에너지는 그대로 운동을 지속하여 마침내 친절한 행위로 그 사람에게 돌아온다. 마찬가지로 잔혹한 행위는 대상에 객관적 결과를 낳아 놓지만, 그리고 나서도 계속 원운동을 하여 결국 출발점인 그 사람 자신에게 잔혹한 행위로 되돌아오는 것이다.

아무튼 이 원리는 단 며칠만이라도 생활해보면 누구나 알 수 있게 되는 사실이다. 만약 남에게 행한 나의 모든 행위가 원운동을 하여 시발점인 나에게로 돌아옴으로써 끝난다는 것을 인정한다면, 내가 일으킨 어떤 운동 곧 행위는 바로 그 행위 성질 그대로의 징벌을 받고, 또 어떤 행위는 놀랍도록 직접적으로 고귀해진다는 것을 깨달을 것이다.

카르마의 개념은 참으로 중요한 개념이다. 왜냐하면 그리스도교뿐만이 아니라 다른 모든 종교에서 내세우는 권선징악의 가르침에 과학적 근거를 주기 때문이다. 폴 브런턴이 서양 문명의 안전과 존속은 카르마 사상이 대중의 마음속에서 부활하는 데에 달려 있다고 한 것은 결코 과장된 말이 아니다. 카르마의 지식은 바르게만 이해한다면 그것을 아는 사람에게 인생 문제에 대한 원만한 해결, 즉 미신이 아니고 조잡한 유물론적 해결이 아닌 진리적 해결을 주는 것이다. 카르마 사상은 인간에게 인내와 모험에의 용기를 준다. 인간은 정적(靜的)이 아닌 동적(動的) 체관(諦觀)을 가지고 자신의 과거 행위의 결과를 받아들일 수가 있다. 어떤 순간에서 하는 어떤 행위도 새로운 과정을 만족시킬 수 있는 힘이며, 새롭고 보다 풍요로운 운명을 창조하는 힘이라는 것을 우리는 알고 있기 때문이다.

궁극적인 의미에서는 신이 인간을 창조한 것이지만, 다른 면에서 본다면 인간은 스스로의 창조자이다. 카르마는 인간의 자기 설계와 자기 창조의 한계를 나타낸다. 그런 동시에 카르마는 인간의 해방자이며 벗이다.

이것을 알았기에 붓다는 인생의 변화 유전(流轉) 속에서 고요히 말한다. "나는 법(法) 속으로 피난한다." 모든 법칙 속에 들어 있는 광대무변한 자비를 이해하는 사람에게는 이 말이 설령 아무리 비인간적으로 보일지라도 "나는 주에게서 피난처를 찾는다."는 그리스도의 말처럼 감동과 위안과 격려에 넘치는 말이다. 왜냐하면 계율은 주요, 주는 계율이기 때문이다.

제24장

행복한 삶의 철학

케이시의 집으로 배달되는 편지는 거의 모두가 도움을 요청하는 비통한 외침으로 넘쳐 있다. 편지는 국내에서만 오는 것이 아니라, 드디어는 온 세계에서 밀려들게 되었다. 남미·캐나다·영국·알래스카·오스트레일리아, 그리고 전쟁 때에는 유럽과 태평양 전선에서까지 편지가 날아왔다.

그 편지들을 읽어 보면 누구든 마음의 충격을 받지 않을 수 없다. 시험 삼아 그저 일부분을 읽어보는 것만으로도, 오랜 세월을 그런 편지를 받고 그 모두에 남김없이 리딩을 해주었던 케이시의 심신이 얼마나 고달팠을까를 저절로 느끼게 된다. 그가 이 일에 조금도 몸을 아끼지 않았다는 데에 인도주의자로서의 케이시의 면모가 엿보인다. 편지 가운데는 교양 있는 사람에게서 온 것도 있으며, 그런 편지는 복잡한 표현으로 괴로움을 호소한다. 그런가 하면 전혀 무지한 여성이 문법이나 철자가 엉망인 문장으로 호소한 것도 있다. 교양이 있건 없건, 돈이 있건 없건, 그 편지 속에는 한결같은 인간의 고뇌가 담겨 있다. 내성적인 사람, 부끄럼을 타는 사람, 외로운 사람, 병든 사람, 사업에 실패한 사람, 모두가 운명을 어떻게든 개척해 보려고 여념이 없다.

케이시가 없는 지금, 그 놀라운 투시를 통해 개인적인 조언을 받는 것은 불가능하지만, 비슷한 경우에 주어진 그의 말을 잘 살펴보면 자신의 문제를 해결하는 데 크게 도움이 될 것이다. 케이시는 사람들의 고난의 궁극적 원인은 모두 그 자신 속에 있다고 한결같이 타이른다. 이것이야말로 괴로움 속에 있는 사람들이 받아들여야 할 첫 번째 교훈이라는 것을 말해 준다. 모든 문제는 결국 자기 자신이 일으킨 문제이며 자기 자신이 보상해야 할 일인 것이다.

이것은 극히 단순한 교훈이기는 하지만 받아들이기는 참으로 어렵다. 사람은 대개 자기 자신은 무조건 인정하고, 자기의 성질은 숨 쉬는 것처럼 당연한 것으로 돌리기 마련이다. 아주 특수한 예외 말고는 우리는 자신의 성격에 스스로 만족하고 있다. 무의식적 본능은 자기의 기질을 '완전'의 척도로써 적용한다.

불행하거나 불쾌하거나 하는 것은 자기 자신 속에서 뭔가 잘못된 것이 있다는 증거라는 것을 차츰 알게 되면 자기만족에서 깨어날 것이다. 그리고 외부의 사물에 책임을 돌리거나 외부의 무언가를 바꾸려고 불안해하는 것을 멈추고 자기 자신의 마음속으로 눈길을 돌려, 어디에 자신의 결점이 있는지 또한 어디에 배워야 할 교훈이 있는지를 철저히 연구하게 되리라.

어려움이 무엇이든, 그것이 외로움이든 사나운 남편이든 정신 박약인 자식이든 열등감이든 뜻대로 되지 않는 환경이든, 자기 자신의 개혁만이 사태를 변화시킨다는 것을 깨달아야 할 것이다.

먼저 자신의 태도를 바꾸고, 행위가 변해야만 한다. 비판적이고, 보복적이고, 거만하고, 무관심하고, 소극적인 태도여서는 안 된다. 이기적이고, 경솔하며, 반사회적인 행위여서도 안 된다. 외적인 고난은 그 사람의 마음과 얼의 부족한 특성을 개발하고 끌어냄으로써만 해결되는 것이다.

그러나 자기 교육과 자기 개혁은 우주의 조직적 개념과 우주 대 인간의 관계를 이해함으로써 가장 효과적으로 이루어진다. 그런 조직적 개념이 모든 케이시 리딩 속에 여러 가지 모양으로 살며시 나타나 있으며, 무수한 라이프 리딩을 꿰뚫는 한 가닥 색실처럼 드러나 보인다. 하나하나의 리딩에서 이 색실을 뽑아내어 보면 그것들이 하나의 분명한 원형을 이루고 있음을 깨달을 것이다.

이 원형은 창조적 에너지, 곧 신의 존재를 바탕으로 하고 있다는 점에서 종교적이다. 또한 인생·우주·인간의 운명에 대하여 분명한 체계적 견해를 취하고 있다는 점에서 철학적이다. 그리고 생활 환경에 대한 영혼의 반응이라는 실제 문제에 구체적 해결 방법을 제시하고 있다는 의미에서 심리적이다.

이 원형을 개괄해보면 다음과 같이 된다.

신은 존재한다.

모든 영혼은 신의 일부이다.

(당신은 영혼이다. 당신은 지금 육체 속에 깃들어 있는 것이다.)

인생은 목적이 있는 과정이다.

인생은 연속적이다.

인생은 법칙 아래 진행된다.

(카르마, 윤회)

이 법칙을 성취하는 것은 사랑이다.

인간의 의지는 그 운명을 창조한다.

인간의 마음은 형성력(形成力)을 지니고 있다.

모든 문제에 대한 해답은 자기 자신 안에 있다.

위 원리를 받아들일 때, 인간은 다음과 같은 명령을 받게 된다.

먼저 우주의 창조적 에너지, 곧 신과 당신과의 관계를
이해하라.

인생의 이상과 목적을 세우라.

그 목적 달성에 노력하라.

적극적인 사람이 되라.

잘 참고 견디어 내라.

밝은 사람이 되라.

결과는 신에게 맡겨라.

어떤 문제도 피하지 말라.

남들에게 선(善)의 길이 되라.

신은 존재한다

정신 분석 이론에 따르면 '신'이란 인간의 마음이 만들어 내는 유아적 환상이다. 케이시 리딩은 이런 견해와는 맞지 않는다. 리딩은 일관되게 신은 존재한다고 주장하고 있다. 실제로 리딩에서는 '신'이라는 말보다도 '우주의 창조력' 또는 '창조적 에너지'라는 말을 더 많이 쓰고 있다. 여러 가지 면을 고려할 때 이런 표현을 쓰는 쪽이 현대의 성격에 맞는 것 같다.

우리는 자연의 힘이 천재들에 의하여 더욱 해방되어 가고 있는 시대에 살고 있다. 우리는 원자핵에서 상상도 못하는 에너지를 발견했다. 과학적 시야가 이렇게 확대된 세상에서는 우주의 창조적 에너지라는 용어 쪽이 모독과 남용으로 더럽혀진 전통적인 신이라는 말보다도 이해하기 쉽고, 또 보다 함축성 있게 들릴 것이다.

모든 현상계는 우주의 창조적 에너지의 표현들이다. 우리는 그 속에서 살고 움직이며 존재를 지탱하고 있다. 그리고 그 에너지 내지 신성(神性)을 모두가 나누어 지니고 있는 것이다. 그러므로 우리는 바로 '그것'과 하나임을 깨달아야 한다. 리딩에는 이런 개념을 나타내는 수많은 표현이 있다. 몇 가지 대표적인 것을 들어보자.

인생이란 무엇입니까? 신은 물질계에 현현(顯現)해 있습니다. 왜냐하면 우리가 살고 움직이고 그 존재를 지탱하고 있음은 우리가 신 속에 있기 때문입니다. 생명은 신이라고 하는 우주적 힘 내지 에너지의 물질적인 나타남입니다.

바로 이것이 불변의 진리임을 자기 자신을 분석함으로써 아십시오. 신은 존재하는 것이며, 우리는 먼저 신에게 끝까지 충실해야 합니다. 당신은 당신 안에 있는 신과 더불어 행동하느냐, 또는 신에 거슬러 행동하느냐의 어느 한쪽입니다.

전기(電氣)가 인간에게 있어 무엇이든 그것이야말로 신의 힘이라고 하는 것입니다.

모든 영혼은 신의 일부이다

리딩에 따르면 우리들 각자는 영혼이며, 우리를 존재하게끔 한 신성한 에너지의 일부이다. 인간과 우주의 창조적 에너지, 곧 신과의 관계는 한 줌의 햇빛과 태양, 한 방울의 물과 바다의 관계와 같은 것이다. 나와 육체의 관계는 인간과 집, 인간과 옷의 관계와 마찬가지이다.

영혼은 신성한 에너지의 한 부분이며, 따라서 그 에너지와 같이 영원합니다. 그러므로 들뜬 자기 만족의 시기가 오래 계속될 때, 인간은 자기 분열을 초래하고 신과의 관계가 무너집니다. 그러나 신을 예배하고 찬미하는 사람들은 '너는 나 이외의 어떤 것도 신으로 섬기지 말라'는 인간에 대한 첫 번째 명령을 잊어서는 안 됩니다.

다른 사람들은 자기가 원하는 대로 하리라. 그러나 나와 나의 집은 여호와를 섬기겠노라.

여기서의 집을 물질적인 집으로 알면 안 됩니다. 당신의 집이란 당신의 육체입니다. 곧 살아 있는 신의 궁전입니다. 이것은 신의 뜻에 맞게 만들어진 집 전체이기 때문입니다.

인생은 목적이 있는 과정이다

인생은 개인적인 의미에서나 보편적인 의미에서나 우연의 상태는 아니다. 인생의 최종 목적은 자기의 신성 의식 속에서 신과 하나되는 일이다. 우리는 모두 처음에는 신과 하나였다. 그런데 물질에 대한 어리석은 애착·부조화·오만·이기주의 따위로 인하여 신에게서 떨어져 나온 것이다.

인간은 누구나 우연히 태어난 것이 아닙니다. 왜냐하면 지구는 인과 관계의 세계이므로……. 지구에서는 인과율이 자연 법칙입니다. 영혼이 물질계로 육체를 가지고 태어나는 것은, 그 자신의 삶의 목적과 더불어 다른 영혼이 이 세상에 태어난 목적 또한 보다 잘 이해할 수 있도록 이런 진리를 깨닫기 위해서입니다.

당신은 처음에는 신과 하나였습니다. 그런데 물질적 욕망을 채우는 것만을 선택했기 때문에 신과의 일체성을 잃은 것입니다. 그러므로 당신은 주 예수가 말했듯이 몇 번이고 되풀이하여 지상에 태어나는 것입니다. 당신은 법칙을 성취시키기 위하여 온 것입니다. 신과의 일체성을 회복하도록, 당신을 이 세상에 태어나게 한 법칙을 성취하기 위하여 온 것입니다.

각각의 영혼에 지워진 사명은 나는 나 자신이라는 것, 그리고 창조적 에너지와 하나라는 것을 깨닫는 일입니다.

인생은 연속적이다

우리가 자기의 본성 속에 들어 있는 신성을 완전히 자각하여, 완전한 존재로서의 신과 다시 어우러지는 일은 당장에 가능하지는 않다. 의식의 완성은 천천히 진행되며, 그 마무리는 영겁을 통해서만 완결된다. 궁극적인 의미에서 시간이란 없다. 그러나 3차원적 의미에서는 시간은 있다. 우리들의 한계 때문에 취하지 않을 수 없는 견해에 따를 때, 인생은 연속적이라는 것을 이해해야 한다.

당신은 천국에 가는 것이 아니라 천국에서 성장하는 것입니다.

왜냐하면 인생은 연속이기 때문입니다. 중단은 없습니다. 우리는 진보하거나 퇴보하거나 어느 한쪽입니다.

인생은 연속적이며, 그 의식 상태나 존재의 진동율의 변화 때문에 다만 그 겉모양이 변화할 뿐입니다.

오늘의 그 사람의 상태는 며칠 전, 몇 년 전, 몇만 년 전의 그 사람의 경험이 낳은 결과입니다. 그것은 인생이 연속하기 때문입니다. 그러므로 그것이 물질적으로 나타나건 다른 의식 영역에 나타나건 모두 같은 것입니다.

다음과 같은 사실을 잘 배우고 이해하십시오. 첫째는 인생이 연속적이라는 것입니다. 구분된 시간이라는 것은 없습니다. 모두가 하나의 시간입니다. 구분된 공간이라는 것도 없습니다. 모든 공간은 하나입니다. 힘이라는 것은 없습니다. 온갖 모습으로 나타난 하나의 힘밖에는.

인생은
법칙 아래 진행된다

'인생의 연속'이라는 표현 속에는 3차원적 관점에서 우리가 윤회라고 부르는 경험이 리듬있게, 바꾸어 말해서 주기적으로 오간다는 뜻이 들어 있다. 삶은 환생의 법칙 아래 진행된다. 그리고 이 환생의 조건은 복잡하고도 정확한 카르마의 법칙에 지배되고 있다.

이 세계에는 불변의 영적 법칙이 있다는 것을 아십시오. 닮은 것은 닮은 것을 낳는다는 것입니다. 당신은 스스로 씨뿌린 것을 무엇이든 거두어들입니다. 신을 속일 수는 없습니다. 왜냐하면 지금 당신이 이웃을 대접하듯이 장차 사람들에게서 당신이 대접받게 되기 때문에.

살아 있는 것은 인생의 전부가 아닙니다. 죽음은 인생의 끝이 아닙니다. 전체 내지 중심에서 바라보면 죽음은 단지 다른 삶에의 탄생이며, 우주의 중심을 향하여 한 사람이 이동해 가는 경험에 불과합니다.

당신이 과거에 했던 행위들을 상기해 보십시오. 지금 당신은 그것들을 보상하고 있는 것입니다. 이것을 마음에 두고 생활하십시오. 당신이 아주 조금 법칙을 어겼다 해도 그것은 반드시 보상을 해야 합니다.

요한복음 14 · 15 · 16 · 17장을 읽으십시오. '내 아버지의
집에는 살 곳이 많다' 는 대목을 1분이나 1시간이 아니라 며칠
동안에 걸쳐 지그시 생각해 보십시오. 살 곳이라는 말은 무엇
을 의미하는가? 그의 집에는 살 곳이 많다고 하는 것은 무엇
을 뜻하는지, 어떤 집인지를 생각해 보십시오.

그것은 당신의 육체를 말합니다. 그것은 궁전입니다. 그 몸
에는 많은 살 곳, 많은 궁전이 있는 것입니다. 왜냐하면 그 육
체는 어떤 때는 대저택으로, 어떤 때는 보통 집으로, 또 어떤
때는 조그만 오막살이로 몇 번씩이나 지상의 경험을 되풀이
하기 때문입니다.

인생은 법칙 아래 진행된다는 명제의 당연한 결과로서 다음의
명제가 나온다. 곧, 우리의 현재가 어떠하든 그것은 우리가 발동시
킨 원인의 결과이기 때문에 우리의 성장을 위해 필요한 것이라는
명제이다. 인간은 항상 그 자신의 참 값어치만큼의 존재일 뿐이다.
과거에 그랬기 때문에 현재도 그런 것이다.

당신이 육체적 · 정신적 · 영적으로 어떠한 상태에 있건 그
것은 당신이 스스로 만들어 낸 것이며, 당신의 발전을 위해
필요한 것입니다. 결코 자기 연민에 빠지거나 누군가에게 학
대받고 있다는 따위로 생각해서는 안 됩니다. 당신은 스스로
씨뿌린 것을 거두어들이고 있는 것입니다. 당신이 남을 학대

하지 않는데 남에게서 학대받는 따위의 일은 없는 것입니다. 그것은 자연에 반하는 일입니다. 왜냐하면 닮은 것을 낳기 때문에.

당신이 지금 살고 있는 삶의 경험 속에 비열하고 무관심한 시기가 생기지 않도록 하십시오. 무엇이든 당신이 만약 그것을 창조적으로 이용하려고만 한다면 당신 자신의 진보와 향상을 위해 도움이 됩니다.

당신이 어떤 역경 속에 있든 그 현재의 순간이 당신에게는 최상의 것입니다. 이런 꼴을 당하지만 않았다면……, 하는 따위로 투덜대며 자꾸 과거를 생각해서는 안 됩니다. 오히려 고개를 번쩍 들고 지금 자신이 어디에 있는지를 확인하십시오.

이 법칙을 성취하는 것은 사랑이다

사랑에 있어 우리가 완전해지기까지 카르마의 법칙은 환생의 법칙과 마찬가지로 어김없이 작용한다.

빛의 아들은 무엇보다도 먼저 사랑을 해야 합니다. 왜냐하면 나에게 예언을 하는 힘이 있든, 나에게 미지의 언어로 말을 하는 힘이 있든, 또는 자신의 몸을 불길 속에 내던지든, 사람의 아들의 얼이 없다면, 즉 그리스도 의식이 없다면 나는 아무것도 아니기 때문입니다.

당신의 이상의 모범을 보여준 이를 따르십시오. '너는 마음을 다하여, 정신을 다하여, 생명을 다하여, 주이신 너의 신을 사랑하라', '너 자신처럼 너의 이웃을 사랑하라'고 한 이를 따르십시오. 그것이 계율의 전부이기 때문입니다.

인간의 의지는 그 운명을 창조한다

이 법칙과 질서의 우주에서 인간은 우주의 창조적 에너지와 그 세 가지 모습인 사랑·지혜·의지를 나누어 지니는 자유 의지적 행위자이다. 인간이 죄를 저지르거나 신의 오직 하나인 의지에 반하거나 하는 것은 인간의 의지에 따라서이다. 또 인간이 영혼의 방향을 바꾸어 다시 우주의 의지와의 조화를 회복할 수 있는 것도 인간 스스로의 의지에 따라서이다.

의지란 모든 것을 창조하는 창조 에너지의 의지와 어우러질 수도 있고, 또는 그것에 거스를 수도 있는 그 힘입니다. 그것을 자연이라 부르든, 신이라 부르든, 무엇이라 부르든 마찬가지입니다. 영혼은 그 힘과 어우러져 있는가, 아니면 거스르

고 있는가 또는 그것을 향해 진보하고 있는가, 아니면 퇴보하
고 있는가의 어느 한쪽입니다.

운명이란 영혼이 스스로의 의지로써 창조적 에너지에 대해
어떤 관계를 가져 나가는 과정입니다.

육체적이건, 정신적이건, 영적이건, 어떤 면에서나 자기가
하려고 결심한 일을 하는 데는 자기 자신의 의지보다 더 큰
충동이나 영향력은 없다는 것을 알아야 합니다. 어떠한 경험
에 있어서든 개인의 의지보다 더 큰 충동은 없다는 것을 알아
야 합니다. 왜냐하면 창조성은 자기 내부에 있기 때문입니다.
그리고 그 창조성이 외부의 거룩한 힘과 어울려 어떤 삶의 길
을 선택하도록 이끄는 것입니다. 모든 영혼은 처음부터 선택
능력이 주어져 있습니다. 어떠한 환경에 있든, 어떠한 상황에
있든, 어떠한 경험에 있든 변함이 없습니다.

인간의 마음은
형성력을 지니고 있다

따라서 인간은 우주의 법칙 테두리 안에서 자유 의지적 존재이
다. 형벌은 인간이 그 법칙을 어겼을 때에만 내려진다. 인간의 의지
는 그 운명의 추진력으로서 작용하지만, 마음은 운명을 이끌고 형

성하는 원인으로서 작용한다. 그러므로 자기 발견이나 자기 진화의
어떠한 계획에 있어서도 먼저 자기 나름의 이상을 세우게 되는 것
이다. 또한 마음은 만들어 내는 힘이요, 원인이다. 이것은 우리들의
마음이 우주의 마음의 일부이기 때문이다. 마음은 물질적인 것이
형성되는 원형의 창조주이다.

　　모든 사람은 그 마음의 작용을 통하여 시간과 공간 위에 행
　　위의 기록을 남깁니다.

　　육체적인 면에 있어서나 영적인 면에 있어서나 마음은 창
　　조주입니다. 그러므로 한 인생의 원형도 자기의 마음에 따라
　　형성됩니다.

　　생각은 물건입니다. 마음은 기둥이나 나무처럼 구체적인
　　것입니다.

모든 문제에 대한 해답은 자기 자신 안에 있다

'해답은 자기 안에 있다'는 말이 리딩에는 자주 나온다. 그것은
첫째로는 카르마의 법칙 하에서는 자기에게 일어나는 일체의 일이
자기가 만든 것이고, 자기가 당연히 받아야 할 것이기 때문이다. 외

적 환경은 내부에 있는 것의 그림자 내지 반영에 불과하다. 우리에게 무엇이 일어나든 우리는 그 속에서 자기 자신의 모습을 보고 있는 것이다. 그러므로 날카롭게 자기 분석을 해 본다면, 우리의 환경에서 일어나는 모든 일에 대처할 단서를 찾게 될 것이다.

둘째로, 무의식의 마음속에는 우리가 개체화되고부터 일어난 모든 일의 기억이 남아 있다. 즉 우리 내부에는 지식의 창고가 들어 있는 셈이며, 이것은 외적 감각을 가라앉히고 고요히 명상하는 과정에서 주의를 내부로 집중하면서 활용할 수 있는 것이다.

셋째로, 우리의 내부 깊은 곳에는 우리가 우주의 창조적 에너지와 하나될 수 있게 하는 거룩한 알맹이인 빛이 숨어 있다. 그러므로 모든 문제의 해결은 자기 내부로 마음을 돌려 자기 자신의 거룩한 알맹이가 지니는 그 방사(放射) 에너지에 의지하면 되는 것이다.

당신 자신을 잘 분석해 보십시오. 당신에게 닥치는 모든 문제의 해답은 당신 속에 있기 때문입니다. 왜냐하면 육체적 및 정신적인 여러 가지 성질을 지니고 있는 인간의 영혼은 위대한 우주의 한얼[大靈]의 일부이기 때문입니다. 그러므로 해답은 모두 틀림없이 자기 내부에 있을 것입니다.

이것을 아십시오. 모든 힘, 모든 치유, 모든 도움은 안에서 나온다는 것을.

당신이 신에 대하여 알 수 있는 모든 것은 당신이 그것을 깨달을 수 있도록 의식 속에 이미 존재하고 있습니다. 물론 지식의 물질적 힘은 이용해야 하지요. 그러나 동시에 전지전능한 존재에 대한 믿음이 있어야 합니다. 왜냐하면 위대한 입법자(立法者)는 '누군가는 바다를 건너 계시(啓示)를 가져다준다는 따위로 생각해서는 안 된다. 보라, 그것은 그대 안에 있다. 왜냐하면 마음과 얼은 태초부터 있기 때문이다' 라고 말하고 있기 때문입니다.

이상이 케이시 리딩이 말해주는 인간 및 인간과 우주의 관계에 대한 기본적 진리이다. 이와 같은 원리들은 우리가 일상생활의 모든 사물에 대처하고 심리적으로 적응한다는 보편적인 문제에서 동떨어져 있기는커녕, 오히려 현실적인 삶의 철학을 세우는 기초가 된다.

먼저 이 원리들을 실제 생활과 행동에 적용하는 데 있어서는, 인간이 우주의 창조적 에너지와 자기와의 관계를 이해해야 한다. 인간은 의식을 하든 안 하든, 자기의 기원과 본질에 대한 어떤 가정을 바탕으로 하여 항상 행동한다. 만약 그 가정이 잘못되어 있다면, 즉 기계적·유물적·무신론적이라면 그 사람의 인생이 그릇되고 일그러진 모습을 보일 것은 당연하다.

인간이 신의 모습의 닮은꼴이라는 말은 흔히 오해되기 일쑤이지만, 정말로 인간은 여러 가지 의미에서 신의 모습의 닮은꼴이다. 그러므로 자기의 소우주적 원형을 바르게 이해한다면 인간은 그만큼 더 소우주적 모습을 나타낼 것이다.

자기의 근원에 대한 인식과, 그것과 자기와의 관계는 온 생애에 안팎으로 모든 면에서 영향을 준다. 실은 자기의 육체와 그리고 이웃에 대한 태도, 시간을 쓰는 방식, 에너지의 방향 등은 궁극에 있어 인간의 본질 및 우주와 인간과의 관계에 대한 자신의 의식에서부터 나오는 것이기 때문이다.

물질계로 태어난 모든 영혼의 본래적 사명 내지 권리는 바로 남들에게 자아와 창조적 에너지의 관계를 보여주는 것입니다.

질문 어떻게 하면 아버지를 잘 도와드릴 수 있는지 가르쳐 주십시오.

대답 남을 돕는 최상의 방법은 당신의 생활에서 신이 나타나게 하는 것입니다. 이것이 봉사의 으뜸입니다. 즉 아버지인 신이 하늘에서와 마찬가지로 땅에서도 영광되게 하도록 당신의 인생을 활용하는 것입니다. 모두는 하나임을 명심하십시오. 당신이 이웃이나 친구나 적을 이해하고 싶다면, 당신 자신의 안을 잘 살펴보는 것입니다. 왜냐하면 당신이 이웃이나 친구나 적에게 해주는 것은, 바로 당신이 당신을 만든 창조주에 대해 품고 있는 생각의 반영이기 때문입니다. 당신의 인생은 거룩한 존재의 한 표현이며, 당신의 건강은 당신 자신 속에 있는 거룩한 존재에 대한 당신의 믿음과 소망의 나타남이라는 것을 잘 알고, 이런 진리를 생활하도록 하십시오.

자신의 영혼이 우주적 에너지와 하나이며, 따라서 우주적 에너지를 나누어 지니고 있는 다른 모든 영혼과 같다는 것을 이해한다면, 마땅히 인간은 육체적·정신적·영적으로 자신의 이상을 세우고 그것을 실현시키려고 노력해야 한다.

실천이 가장 중요한 것이다. 입으로만 봉사하거나 머리로만 이해하는 것으로는 소용이 없다. 행위가 성실의 척도이고, 참된 성장의 수단이요, 방법이다. '생명 없는 지식은 죄악'이라는 뜻의 말이 리딩에는 거듭해서 나온다.

자기의 이상이 무엇인지를 아십시오. 그리고 그것을 실천하십시오. 아무것도 안 하는 것보다 나쁜 짓이라도 하는 것이 낫습니다. 겨우 1달란트를 받아서 그것을 그저 감추어 두기만 한 사람, 꾸중을 들은 것은 바로 그 사람이었다는 것, 그리고 그것마저 다시 빼앗겼다는 것을 잊어서는 안 됩니다. (마태복음 25장 15-30절)

카르마의 법칙 · 영적 법칙 · 형벌의 법칙 · 사회의 법칙, 그 밖의 여러 법칙을 아는 것만으로는 소용이 없습니다. 아는 지식을 어떻게 쓰고 있느냐가 문제입니다. 인과(因果)를 회피하기 위해 지식을 쓰고 있는가, 남들을 이기적인 생각으로 이끌기 위해 지식을 쓰고 있는가, 아니면 남들에게 법칙을 이해시키기 위해 지식을 쓰고 있는가…….

운명 곧 카르마는 영혼이 깨달은 바에 따라 무엇을 했는가에 달려 있습니다.

남들도 모두가 당신과 꼭같은 권리를 이 세상에서 갖고 있는 것입니다. 설령 그가 학문적으로 별로 아는 것이 없다 해도. 무엇을 그저 알고만 있는 지식은 죄악입니다. 당신이 정말로 아는 것을 정의의 신의 영광을 위해 쓰도록 하십시오.

지식은 겉옷처럼 몸에 걸치는 것이 아닙니다. 그것은 이상으로 삼은 것을 향한 내적인 성장이어야만 합니다.

만약 이런 존재의 원리들의 속내를 충분히 이해한다면, 어떤 환경이나 상태에 있건 인내심이 강해지지 않을 수 없다. 그러므로 인내는 단지 수동적인 것이 아니라 능동적인 것이다. 그것은 그저 멍하게 가만히 있는 것이 아니라 언제나 태세를 갖추고 대기하고 있음이며, 소극적이라기보다 적극적인 덕목이다. 그것은 바로 시간과 공간은 어떤 의미에서는 하나의 망상에서 오는 제약이라는 것을 아는 영혼의 태도이다. 의식이 시간과 공간의 속박을 받지 않게 되었을 때 인내는 완성된다.

인내는 수동적이거나 소극적인 것이 아닙니다. 그것은 건설적이고 적극적인 활력입니다. 누가 당신의 뺨을 때리면 얼굴을 돌리라고 그리스도가 말씀하셨던가요? 아닙니다. 오히려 다른 쪽 뺨도 마저 대주라고 하셨습니다. 당신은 인내에 있어 적극적이어야 합니다. 당신의 동포와의 관계에 있어 적극적이어야 합니다.

당신의 마음에 얼의 씨를 뿌리십시오. 그 첫째는 인내입니다. 왜냐하면 인내를 함으로써 당신은 당신의 영혼을 진정으로 키우게 되기 때문입니다. 인내 속에서 당신은 육체란 단지 하나의 집이며 겉모양에 불과하다는 것을 알게 됩니다. 그리고 당신은 마음과 영혼이 당신과 끊임없이 더불어 살고 있는 것임을 알게 됩니다. 왜냐하면 각자의 영혼은 그 창조주와 자기와의 관계를 충분히 이해하기 위한 진보의 과정을 가고 있기 때문입니다.

언제나 기뻐하는 것은 자기의 본체와 법칙을 깨달은 사람이 보여주는 특질의 하나이다. "기뻐하라!"는 것은 "사랑하라!"는 것과 불가분의 명령이다.

창조적 에너지 속에서 사는 사람은 그야말로 마음속이 기쁨과 즐거움과 평화와 조화로 가득 차 있어야 합니다. 인생이란 신의 나타남이며, 그 사람의 인생은 그가 창조주에 대해 어떻게 생각하고 있느냐의 나타남입니다.

당신은 쓸데없는 잡담을 모나지 않게 피할 줄 알아야 합니다. 그러나 이것은 기뻐하지 말라는 뜻은 아닙니다. 웃는 능력을 잃는 사람은 기뻐하는 능력도 잃습니다. 그리스도의 생활 원리는 기뻐하는 것이었습니다. 주님은 언제나 웃었습니다. 그이는 갈보리로 가면서도 웃었지요. 그림에는 별로 그려져 있지 않지만, 그이는 웃었습니다. 그것이 사람들을 더욱 화나게 했던 것입니다.

익살을 알아볼 줄 아는 능력을 기르십시오. 그리고 언제나 웃을 수 있는 여유를 가지십시오. 주님은 언제나 미소짓고 웃지 않았던가요? 겟세마네로의 길을 가면서도 말입니다.

적극성이나 인내심과 더불어 기쁨과 일종의 초연한 태도도 지녀야 한다. 밭에 씨를 뿌리고 싹이 트고 있는지 궁금하여 파헤쳐 보는 따위로 결과를 빨리 보려고 서둘러서는 안 된다. 씨를 일단 뿌렸으면, 물만 잘 주면 신이 적당한 시기에 싹을 트게 해준다는 것을 잊어서는 안 된다. 보수를 받기 위해 착한 일을 하는 것이 아니다. 그것이 아름다운 일이고 조화의 법칙에 맞는 일이기 때문이다.

자기 스스로를 가엾게 여기거나 저주해서는 안 됩니다. 당신이 하는 일이 최선이 되도록 살고 행동하십시오. 그리고 결과는 모두 항상 완전하고 최선의 것을 베풀어 주는 신에게 맡기는 것입니다.

또한, 우리는 역경이 사실은 기회라는 것을 알아야 한다. 역경을 회피하는 것은 어리석은 짓이다. 머지않아 영혼의 필연적인 힘은 그것을 안에서 끌어내야만 한다. 그러므로 지금 끌어내도록 마음먹는 쪽이 더 좋은 것이다.

각자의 영혼은 결국 자기 자신의 행위를 보장하고 있다는 것을 알아야 합니다. 끝까지 회피할 수 있는 문제란 하나도 없는 것입니다. 지금 닥친 문제에 지금 부딪치십시오.

잘 조직된 체계는 모두 알기 쉽게 요약하고 단순화할 수가 있다. 따라서 위에서 본 원리들과 행동상의 도움말도 예외는 아니다. 그것들의 핵심은 예로부터 이어져오는 두 가지의 단순한 명령으로 집약할 수가 있다. 즉 "너희는 마음을 다하여, 정신을 다하여, 생각을 다하여, 너희의 주 신을 사랑하라." 와 "네 몸처럼 너의 이웃을 사랑하라." 는 명령이다.

이 두 명령은 신학적으로는 흔해 빠진 말이다. 그러나 실은 이 것은 모든 우주의 법칙의 알맹이인 것이다. 왜냐하면 만약 중심이 되는 창조적 에너지의 존재를 긍정한다면, 또한 우리 인생의 목적 이 자기 내부에 들어 있는 완전성을 자각함으로써 의식적으로 진화 시키는 과정이라는 것을 인정한다면, 이 지식은 분명히 다음과 같 은 예지의 말로 요약할 수가 있기 때문이다. 즉 "위대한 창조적 에 너지와 그 다양한 아름다움, 그리고 그 우주적이고 자비로운 목적 을 사랑하라. 당신이 그것과 하나가 되고, 당신의 존재 모든 면에서 그것이 나타날 수 있도록 하라." 는 말이다.

만약 카르마의 보복의 법칙이 어떤 일에서든 남의 자유 의지나 행복을 침해했을 때는 그대로 자기에게로 되돌아오게 작용하는 것 이라고 본다면, 이 지식은 다음과 같이 요약될 것이다.

당신은 자기의 행복을 사랑하는 것과 마찬가지로 남의 행 복도 사랑해야 한다.

이상으로, 연속적인 환생과 카르마의 법칙을 거쳐 영혼은 진화 한다고 하는 고대의 예지와 예수의 가르침의 중심이 일치한다는 사실이 분명해졌을 것이다.

　　그러나 단순화가 필요한 시대는 이미 지나갔다. 인류는 이미 어린아이가 아니다. 인류는 이제 지식이라는 보다 억센 먹이를 스스로 씹어먹어 소화해야 한다. 그리고 지금까지 살펴본 것은 하나의 엄밀하고 합리적이고 납득이 가는 지식이다. 그러나 이렇게 케이시 리딩에 의해 재확인된 동양의 종교적 세계관을 아직도 선뜻 받아들이지 않는 사람들이 많이 있다. 그렇지만, 케이시 리딩이 제공하는 증거보다 더 엄격한 과학적 근거가 없으면 그것을 인정하지 않겠다는 사람들도 이 윤회론의 견해가 매우 정밀하고 합리적이며, 심리학적으로 믿을 수 있고, 윤리적으로 건전하며, 과학적으로도 타당성이 있는 것처럼 보인다는 사실을 부정하기에는 어려움을 느끼고 있다.

　　한편 이것을 받아들이는 사람들에게 윤회론은 마치 먼 길을 가는 나그네에게 지침이 되는 북극성처럼 분명한 삶의 목적을 보여주며, 또한 미숙한 탓으로 인생의 수렁 속에 빠져 허덕이고 있는 사람들에게는 자신이 지금 아무리 절망적인 처지에 있다 해도 결코 길을 잃은 것은 아니라는 안심을 주는 것이다.

제25장

맺는 말

이제까지 에드가 케이시가 오하이오 주 데이턴의 한 호텔방에서 최면 상태에 들어 한 사람의 인생을 투시함으로써 '윤회'가 자연적인 사실임을 암시한 조그만 사건에서 시작된 이야기를 상당히 길게 말해 왔다. 그 사건을 기점으로 하여 연속된 일련의 사건들이 앞에서 윤곽을 보인 심리학과 철학 체계를 확립시킬 기초로 삼기에는 너무 약하다고 여겨질지도 모른다. 그러나 과학의 역사를 돌이켜 보면, 위대한 혁명적 발견이 아주 하찮은 일에서 시작된 예가 흔히 있다. 경련을 일으키는 개구리 다리나 곰팡이핀 빵 한 조각이 전지와 페니실린을 발명하는 단서가 될 줄은 누구도 몰랐을 것이다. 교회 천장에 매달린 등잔이 흔들리는 것을 보고 갈릴레오는 천문 시계를 발명했으며 욕조에서 물이 넘치는 것을 보고 아르키메데스는 유체 정역학(流體靜力學)의 법칙을 세울 수 있었다.

역사에는 비슷한 성격을 지닌 무수한 일들이 있다. 그러므로 우리는 진리가 하찮은 곳에서도 드러날 수 있다는 것을 인정해야 한다. 따라서 침대에 무의식 상태로 누워 있는, 교육도 별로 받지 못한 사나이가 혁명적인 인생 이론을 확인하는 중요한 추정 증거의 제공자였다고 해도 별로 놀랄 필요는 없는 것이다.

이제 케이시의 물리적 투시의 진실성을 논쟁의 여지가 없을 만큼 실증한 무수한 증거 외에, 라이프 리딩의 내용의 진실성을 증명하는 증거들을 요약해 보자. 이 증거는 7가지의 중요한 사항으로 이루어져 있다.

1. 성격 분석과 상황의 묘사가 수백 마일 떨어진 곳에 있는 수천 년 전의 미지의 사람들에게 있어 정확하다는 것이 판명되었다.
2. 직업 능력과 그 밖의 특성에 대한 예언이 나중에 어른뿐 아니라 새로 태어난 아이들에게 있어서도 정확하다는 것이 증명되었다.
3. 개연성을 인정할 수 있는 전생의 경험이라는 이론으로 각 개인의 심리적 특성이 그럴듯하게 설명되었다.
4. 22년에 걸친 케이시 리딩들은 논리적 일관성을 유지하고 있다. 언제 어디서 한 리딩이든 모두 그 기본 원리와 상세한 분석들이 한결같은 것이다.

5. 리딩이 말해주는 역사적인 사건이나 상황들이, 기록된 역사와의 대조를 통하여 사실임이 입증되었다. 애매한 과거의 인물들이, 리딩에서 어디를 조사하면 밝혀진다고 지시된 곳을 조사함으로써 확인되었다.

6. 리딩은 그것을 받고 그 지시하는 바에 따른 사람들의 삶에 유익한 변화와 영향을 미쳤다. 리딩이 말해준 것들은 모두 심리적으로, 직업적으로, 육체적으로 진실이었다.

7. 리딩 속에 암시되어 있거나, 리딩에서 추론할 수 있는 철학적, 심리학적 체계는 일관성 있고 모순이 없으며 정신 생활에 관한 모든 주지의 사실을 만족시킴과 아울러, 아직 설명이 제대로 되지 못하는 정신 현상의 이모저모에 대한 새로운 설명을 가능케 한다. 또한, 리딩에서 말하는 것은 동양에서 예로부터 설해져 온 훌륭한 철학적 견해와 일치한다.

이상 7가지의 강력한 추정 증거가 케이시의 라이프 리딩 그 자체와 그것이 확인하는 윤회의 원리를 입증하는 것이다. 추정 증거는 반드시 결론적인 것은 아니지만 흔히 진실인 경우가 많다. 지구는 둥글다는 증거도 단지 추론적인 것에 불과하다. 누구도 지구 전체의 모양이 둥글다는 것을 본 사람은 없었던 것이다. 또한 원자의 존재도 추론적으로 알아낸 것에 불과하다. 누구도 원자 그것을 본 사람은 없다. 그렇지만 그와 같은 추론을 근거로 하여 지구를 한 바퀴 돌 수도 있거니와 원자탄을 만들어 낼 수도 있는 것이다. 따라서 케이시 리딩이 보여주는 이런 추정 증거를 바탕으로 한 윤회의 과학적인 연구를 정식으로 해보도록 제안하는 것은 결코 그릇된 일이 아닐 것이다.

사실 윤회론자는 지금 당장은, 인생의 수수께끼에 대한 확실한 해답을 찾고 있는 사람들에게 일단 윤회설을 진지하게 받아들여 잠시만이라도 그 원리에 따른 생활을 해보고, 또한 자기 자신과 이웃 그리고 전반적인 인간의 실상을 이 단순한 그러나 우주적으로 뜻있는 원리에 따라 판단해 보라고 권할 수 있을 뿐이다. 만약 그들이 이런 실험을 해보고 완전히 만족할 만한 결과를 얻지 못한다 해도 별로 손해를 보는 것은 없다. 마치 현대의 상품들을 만족치 않으면 반품하면 되는 것과 같다. 그러므로 윤회론도 정말로 현대의 상품 광고처럼, "한번 써 보면, 좋다는 것을 알게 됩니다." 하고 대중들에게 호소라도 하고 싶은 것이다.

그러나 믿음이라는 것은 그 철학적 기초가 아무리 건전하고 과학적이라 해도 단번에 모든 사람을 만족시키지는 못하는 법이다. 그러므로 윤회론을 받아들이지 못하는 사람도 많이 있을 것이다. 그런 사람들은 현대의 메시아인 과학이 이것은 틀림없다고 단정할 때까지는 결코 납득하지 않을 것이다. 그렇기 때문에 먼저 심리학과 자연 과학, 두 영역의 과학자들이 케이시 리딩으로 추정 증거가 주어진 이 가설을 주목하게 되기를 바라는 것이다.

이 문제에 대해서는 당장 몇 가지 방법을 생각해 볼 수 있다. 적당한 테크닉을 적용하기만 한다면 실험실에서 윤회를 실증할 가능성도 있을지 모른다. 그러나 '실제의 새로운 단면들을 측정하려면 새로운 연구 기법이 당연히 필요'해진다.

가설은 확실히 가장 직접적으로 이용할 수 있고 가장 성과가 큰 테크닉일 것이다. 전생의 기억을 끌어낼 수 있는지 없는지를 판단하기 위해 많은 사람들을 대상으로 최면술을 시도해 볼 수도 있을 것이다. 만약 그렇게 해서 끌어낸 기억이 역사적인 기록이나 피실험자의 정신생활과 상황 속의 이미 알고 있던 사실과 부합한다면, 그 데이터는 윤회설을 확인하는 진정한 추정 증거가 될 것이다.

또 다른 가능성은, 숙련된 투시 능력자를 실험실에서의 실험과 임상 실험에 이용하는 방법이다. '투시'가 일단 인간의 정신 능력으로 공인된다면, 지식을 얻기 위한 새로운 기술로서 그것이 지닌 굉장한 잠재력을 누구나 인정하지 않을 수 없을 것이다. 심리학자나 의학자들이 투시 능력자와 함께 연구를 할 수도 있을 것이다. 개연성이 있는 전생의 인과 관계를 바탕으로 세워진 치료법의 임상 기록도 마찬가지로 귀중한 증거가 될 것이다.

그러나 그렇게 해서 나오는 증거들도 단 하나의 중요한 점을 제외하고는 케이시 리딩이 보여준 증거와 꼭같을 것이다. 케이시 리딩은 그것을 받은 사람들의 실생활에서 놀라운 성과를 올리고 있다. 많은 조사 보고서가 케이시 리딩의 정확성과 효과를 입증하고 있다. 그러나 정식 연구자에 의해 그 경과가 관찰된 적은 없었다. 체계적 추구도 가해지지 않았거니와 리딩이 주어짐과 동시에 정신 의학이나 심리학적 측면에서 그 대상에 대해 상관적 분석을 행한 일도 없었다. 만약 케이시와 같은 정도의 투시 능력을 지닌 사람이 전문적인 심리학자들과 긴밀히 협력하여 실험을 한다면, 결과적으로 나오는 데이터는 케이시 데이터가 지니는 모든 실증력을 갖추고 있을 것이고, 더구나 무한하게 발전해 나가리라.

윤회가 진정 인간이 완전을 향해 진화하는 과정에서 작용하는 삶의 법칙이라면, 그리고 만약 그것이 정말 인간 생활의 진리이자 삶의 괴로움이라는 수수께끼를 푸는 열쇠라면, 지금까지 인간이 만들어 낸 모든 신학이나 심리학이 하나의 일그러진 거울과 같다는 것을 알게 될 것이다. 그리고 그 거울 한가운데에 이 단순한 진리가 일그러진 모습으로 비추어져 있음을 우리는 보게 될 것이다.

명백히 이 가능성의 추구는 진지한 사람들이 다루어 볼 만한 가치가 있다. 왜냐하면 이것을 입증하는 것은 어둠 속에 빛을 가져오는 일이요, 생기를 잃은 마음과 몸에서 생기를 되살려내는 일이며, 밝은 변혁을 일구는 일이기 때문이다. 인간의 영혼이 정말로 '많은 살 곳'을 가지고 있다면, 모든 시대 가운데서 지금이야말로 그 진리를 알아야 할 필요가 있는 때이다. 왜냐하면 이 지식을 갖는다면 새로운 거룩함과 새로운 용기가 솟아나기 때문이다. 그리고 새롭고 보다 밝은 세계관, 새롭고 보다 깊은 인생관, 인생의 온갖 비극과 고난에 대처하는 새로운 방법도 여기서 싹터 나오기 때문이다.

윤회

지은이_지나 서미나라
옮긴이_강태헌
펴낸이_강인수
펴낸곳_도서출판 **피피에**

초판1쇄 발행_ 2020년 11월 3일

등록_2001년 6월 25일 (제2012-000021호)
주소_서울시 마포구 서교동 487 (209호)
전화_02-733-8668
팩스_02-732-8260
이메일_papier-pub@hanmail.net

ISBN 978-89-85901-92-5 03100